湛庐CHEERS

与最聪明的人共同进化

HERE COMES EVERYBODY

男孩的学习方式大不同

The Minds of Boys

Saving Our Sons from Falling Behind in School and Life

[美] 迈克尔 · 古里安　凯茜 · 史蒂文斯 著
Michael Gurian　Kathy Stevens

李悦菲 译

天津出版传媒集团
天津科学技术出版社

上架指导：教育 / 教养

天津市版权登记号：图字 02–2020–179 号

图书在版编目(CIP)数据

男孩的学习方式大不同 / (美) 迈克尔 · 古里安，(美) 凯西 · 史蒂文斯著 ；李悦菲译 . — 天津：天津科学技术出版社，2020.10（2022.1重印）

书名原文：The Minds of Boys

ISBN 978–7–5576–8263–7

Ⅰ . ①男… Ⅱ . ①迈… ②凯… ③李… Ⅲ . ①男性－学习方法 Ⅳ . ① G442

中国版本图书馆 CIP 数据核字（2020）第 115200 号

男孩的学习方式大不同

NANHAI DE XUEXI FANGSHI DA BUTONG

责任编辑：王　冬

责任印制：兰　毅

出　　版：天津出版传媒集团 / 天津科学技术出版社

地　　址：天津市西康路 35 号

邮　　编：300051

电　　话：(022) 23332377（编辑部）

网　　址：www.tjkjcbs.com.cn

发　　行：新华书店经销

印　　刷：天津中印联印务有限公司

开本 710 × 965　1/16　印张 19.75　插页 1　字数 311 000

2022年1月第1版第2次印刷

定价：79.90元

MICHAEL
GURIAN
迈克尔·古里安
全球最具影响力的
性别科学领域教育家
首屈一指的
男孩教育权威

最懂男孩女孩
内在优势的教育家

迈克尔 · 古里安是一名社会哲学家、家庭咨询师、企业顾问和《纽约时报》畅销书作家，曾出版过 32 本畅销书，著作涉及育儿、教育、心理、商业等领域，先后被译为 23 种语言，在世界各地流传。

在教育领域，古里安曾就职于美国冈扎加大学教育学院，并在那里开启了人生中第一堂性别生物学课程。他的经典书系“男孩养育专家古里安优势教养系列”（《核心天性教养法》《男孩女孩学习大不同》《男孩的学习方式大不同》《男孩的思维方式大不同》《男孩的人生目标大不同》）传递出一种观点，即“核心天性与性别差异是给孩子带来决定性影响的两个关键因素”，这一观点曾掀起全美激烈论战。古里安制作的教养视频被美国已有百年历史的非营利性组织“大哥哥大姐姐”采用。作为性别科学领域的先驱人物，古里安的学术活动遍布哈佛大学、斯坦福大学、约翰 · 霍普金斯大学、加州大学和科罗拉多大学等世界名校。

MICHAEL GURIAN

近 40 年来，古里安一直从事大脑生物学和性别差异领域的研究，尤其在男孩教育方面颇有建树。他研发的 Core 模式，即同情心（Compassion）、荣誉感（Honor）、责任心（Responsibility）和进取心（Enterprise），“10 条价值观”工具及三重家庭体系，影响了无数男孩的成长。他还与合作伙伴凯茜 · 史蒂文斯（Kathy Stevens）一起，研发出了名为“男孩女孩学习方式大不同”的课程。目前，已有超过 2 000 所学校以及全美数万名家长、教师尝试了这些教育方法。

享誉全美的“人民的哲学家”

此外，古里安还被誉为“人民的哲学家”，因为他以超强的能力将人们的普通生活与科学思维联系在了一起，并积极倡导将神经生物学和脑科学的研究引入家庭、工作、学校和公共事务的管理中。曾在欧洲、亚洲、美洲和中东地区生活、学习和工作的经历，使古里安的哲学思想受到了多元文化的熏陶。

经过近 40 年对两性亲密关系的观察和科学研究，古里安指出：男性和女性的思维及行为模式存在明显差异，这导致他们天生彼此不和，即便是关系很好的夫妻也可能因过于亲密而疏离。因此，正确理解男性和女性之间的思维及行为差异，是维持幸福美满婚姻的关键。他把婚姻分为 5 个阶段：浪漫期、迷惘期、斗争期、觉醒期和亲密的分离期。无数美国家庭因此受益。如今，古里安和妻子盖尔，两个女儿加布丽埃勒和达维塔幸福地生活在美国华盛顿州的斯波坎市。

性别科学解读领导力第一人

1996年，古里安创办了古里安研究所，之后相继推出了许多培训项目，旨在帮助更多人真正理解性别差异，并探讨如何最大化地利用男性和女性各自的优势，来提高工作效率。

古里安每年都会在大约20个城市的各种活动中发表主题演讲，并为社区、学校、公司、医院等机构提供咨询服务，他已成为北美地区最具活力的演讲者之一。古里安擅长基于科学的研究、务实的案例来阐述他的观点，为建设更好的领导力和市场营销团队提供性别科学方面的指导方案。古里安努力帮助与会者了解他们的领导能力和管理能力；了解性别差异可能造成的影响；理解在进行跨企业交易时，因性别差异造成的谈判风格上的不同；通过在两性之间建立信任关系，提高行政和管理团队的效率；通过改善沟通和解决冲突的技巧，提高男性和女性领导者的管理能力等。

古里安曾为谷歌、百事、NASA等大型企业和政府机构提供咨询及培训服务。

男孩养育专家
古里安优势教养系列

献 给

—

我生命中最特别的女性：

盖尔（Gail）、加布丽埃勒（Gabrielle）和达维塔（Davita）

我生命中最特别的男性：

唐（Don）、凯文（Kevin）、迈克（Mike）、马修（Matthew）

和罗德尼（Rodney），

以及光芒四射的阿斯彭（Aspen）

多年来与我们相遇的所有孩子和学生，

他们是我最大的灵感来源

测一测　你知道如何利用男孩的天性优势帮助他学习吗？

1. 在男孩的成长环境中，存在一些生理刺激因素，会直接影响他的大脑健康，妨碍他学习。以下不属于影响大脑发育的三大生理应激源的是哪一项？

A. 脑损伤　　B. 屏幕时间

C. 不良饮食　　D. 依恋缺失

2. 你的儿子明明很聪明，在学校却总是学不好，还产生了厌学情绪。以下关于男孩厌学的一般原因及解决办法，说法有误的是哪一项？

A. 大脑原因，他可能存在学习障碍或者注意缺陷，可以找医生开一些利他林之类的药物服用

B. 家庭原因，他可能因父母离异之类的压力事件而产生了抑郁情绪，需要其他亲友的特别关注，陪着他完成作业

C. 学校原因，他在学校自尊心受挫，如果非常严重，可以让他退学，在家自学

D. 社会原因，贫困会给孩子带来各种不良影响，需要社会更多的理解和帮助

3. 男生的语文成绩总是不如女生，为了帮助男生学好语文，老师可以采取以下哪种办法？

A. 不要把语文课安排在体育课之后，男生在体育课上大量运动之后很难静下心来学习

B. 要求学生自主完成学习任务，不要相互竞争，以免挫伤他们的自尊心

C. 为学生指定文学经典作为课外阅读篇目，让他们少读漫画和流行小说

D. 男女分班教学，针对性别采取不同的教学方式

4. 男生一般比女生更擅长数学，但也需要一些特别的方法帮助他们更好地学习。老师的以下做法中哪一项是错误的？

A. 将数学和体育相结合，鼓励男生计算自己喜欢的体育运动的比赛得分，尝试分析数据

B. 在出题时注意幽默感，可以出一些搞笑数学题，让男生觉得数学很有意思

C. 要求男生在做题时保持安静，培养他们有条理的思维习惯

D. 对于特别聪明的男生，可以鼓励他学习下棋

扫码测一测，
获得题目及解析。

理解天性，激发孩子的优势力量

在我心中，中国的语言和文化占据着特殊的位置。我的女儿加布丽埃勒在美国和平队（Peace Corps）工作时，曾在重庆待了两年，并在那段时间里结识了她的丈夫，也是一位美籍华人。中国是世界舞台上的重要一员，我很荣幸自己的这几本书能被中国读者了解。感谢湛庐文化将这些书引入中国，带入中国的家庭、学校和社会。

20 世纪 90 年代中期，当这个系列的第一本《男孩的思维方式大不同》写成时，我和我的代理人根本找不到一家愿意出版这本书的美国出版商。编辑们看过写作计划后，纷纷回复道："读者想看的不是有关男孩的书，而是有关女孩的。""男孩已经享有特权了，他们什么也不缺，我们需要的是写女孩而不是写男孩的书。"

在那些年里，美国主流出版商的数量比现在更多，但 26 家美国主流出版商都拒绝出版这本书——直到我跟一位编辑说："如果有必要，我宁愿不拿一分钱。世界上有半数父母在养育着男孩，这本书一定会有读者喜欢的。"

对方终于答应下来。一年多以后，《男孩的思维方式大不同》这本书一出版便立即在世界各地找到了读者。接下来的几年间，全世界出版了很多关于男孩的新书，都大获成功，我的《男孩的思维方式大不同》及后续作品《男孩的学习方式大不同》《核心天性教养法》《男孩的人生目标大不同》《男孩女孩学习大不同》都获得了好评。我想这是因为这些书对人们有帮助。我一向希望针对人们的需求来写作。

和女孩一样，男孩同样需要大量的帮助，这种需求并不比女孩多或少。除非文明社会把注意力集中在如何教育男孩上，否则将会有无数男孩被我们丢下，陷入失败、动力不足、抑郁、物质滥用、暴力及其他各种各样的深渊。抚养和教育男孩是一项神圣的任务，是文明的根基。每个迷失的男孩都会成为一个迷失的男人，每个迷失的男人都可能会伤害到别人和他自己。

这个系列中的每本书都结合了神经科学和社会科学以及应用心理学和教育心理学的研究。"培养天性"（nurture the nature）这个概念是这套书的基础。我并不想直接告诉父母和教师应该做什么，而是希望帮助父母、教师、政策制定者和读者成为"平民科学家"。这样一来，在家里、学校和运动场上，你就能为自己负责照看的孩子做出正确的决定。我的任务就是把科学和策略交到你手上。

我的理论是"基于天性的教养"（nature-based theory），它来自这样一种观点：人类社会最初只是培养孩子的天性，而这就是最成功的教养方法。这也就意味着，我们必须了解孩子天性中的性别差异：男孩和女孩的学习方式是不同的，成长方式也有差别，每个孩子作为男性或女性所产生的人生目标感也大不一样。在解释了这些大脑差异之后，我们就能培养出每个孩子真正的天性。

在培养天性时，我们会鼓励孩子拥有高自尊和目标感，在这个世界上找到自己的人生角色，热爱教育，努力奋斗，满足人类爱与被爱的需要。我们会将女孩培养成坚强、自信、有爱心的女性，也会将男孩培养成坚强、自信、有爱心的男性。共情和社会情绪的学习是人类发展的两个重要因素，对于男孩和女孩来说，这两个因素在某些方面有相似之处，但也有区别。

在这套图书中，有些主题我有所涉及但并未深入展开论述，其中一个是关于数字生活、科技、社交媒体和电子游戏对男孩和女孩大脑发育的影响。今天，我们在世界各地都能看到父母让刚刚学会走路的孩子玩手机，老师则在上课时让很小的孩子盯着笔记本电脑或显示器屏幕，时间长达 4 个小时甚至更多。虽然在一定程度上使用屏幕对孩子是有益的，但如果时间过长，就会对孩子的大脑发育产生负面影响。

在人生的舞台上，男孩和女孩面临着各自的不同挑战。对男孩来说，使用屏幕的时间过长会使他们更容易患上注意缺陷障碍（ADD）或注意缺陷多动障碍（ADHD）；对女孩来说，则会提高她们产生焦虑障碍的可能性；而无论男孩还是女孩，出现抑郁及其他类似问题的风险都会增加。男孩还有一个特殊倾向，即如果在学校和家庭中过度使用屏幕，包括玩电子游戏时间过长，他们将会学习动力不足。

还有另一个主题，你正在阅读的这套书中没有过多提及，但有必要引起重视，就是环境中的神经毒素对孩子大脑的影响，包括空气污染，农产品上的化肥及农药残留，扰乱内分泌系统的食品添加剂、洗涤液、护肤品等。这些神经毒素存在于生活的方方面面，影响着男孩和女孩的基因表达，导致男孩更容易患上大脑和学习障碍，女孩更容易患上焦虑和抑郁。

如今，男孩面临的问题和不良影响多种多样，其中之一就是我们都不希望看到男性暴力行为的增多。在抑郁时，男孩比女孩更有可能选择自杀或伤害他人。男性抑郁症如今已是一个重大的全球性现象，对此，这套书给出了帮助父母或养育者对抗孩子抑郁和学习动力不足的策略和方案。总的来说，我相信男性抑郁症是人类文明所面临的影响最深远的问题之一。

男孩和女孩都是妙不可言的。如果你在抚养、教育、指导孩子的时候，既能体会到他们的聪明可爱，又能感受到他们之间的些许不同，我希望你能在阅读这套书的过程中获得帮助，建立一个能够帮助孩子成长的长辈团体，激发出每个孩子的力量。这种力量就是孩子的“天性”。当培养孩子的这种力量时，我们不仅是在养育自己的孩子，也是在通过他们滋养整个世界。

THE MINDS OF BOYS

目录

总　序　理解天性，激发孩子的优势力量 - III

引　言　帮助男孩找到属于他的学习超能力 - 001

第一部分　为男孩打开学习新大门

01　直面男孩学习危机 - 017

挣扎在学业困境中的男孩 - 018

解除危机的关键在于家庭和学校 - 026

02　了解男孩如何学习 - 037

用性别科学解读男孩大脑 - 039

男孩与生俱来的学习方式 - 040

改变男孩，还是改变教育 - 048

终结性别可塑的神话 - 050

让男孩发挥自身学习优势 - 055

第二部分 0～6 岁，创建最能激发男孩潜能的学习环境

03 营造最适于男孩学习的家庭环境 _061

保护孩子大脑的学习潜能 _063

构建情感联结和依恋关系 _064

改善男孩依恋关系的 10 个策略 _069

“坏压力”VS.“好压力” _071

如何让男孩从小学会做选择 _074

促进小男孩的言语发展 _076

平衡精细运动与粗大运动的发展 _079

04 打造对男孩行之有效的学前教育 _082

提供对男孩友好的学习环境 _084

让教室的布置符合男孩的感官经验 _089

适度休息大脑，避免烦躁不安 _092

利用音乐激活全脑 _093

大自然是最好的户外课堂 _095

不要过于强调“语言的力量” _096

05 清除最不利于男孩学习的应激源 _098

应激源之一：脑损伤 _100

应激源之二：屏幕时间 _103

应激源之三：不良饮食 _109

远离应激源，重塑大脑健康之美 _114

第三部分 6～18 岁，找到最能发挥男孩优势的学习方式

06 如何帮助男孩学好语文和读写 _119

让男孩爱上读写，父母可以做什么 _ 121
让男孩爱上读写，老师可以做什么 _ 135
“英雄会读书写作吗？” _ 146

07 如何帮助男孩学好数学和科学 _ 148
让男孩爱上数学，父母可以做什么 _ 150
让男孩爱上数学，老师可以做什么 _ 158
让男孩爱上科学，父母可以做什么 _ 165
让男孩爱上科学，老师可以做什么 _ 171
艺术和体育在学习中的重要性 _ 177

08 有效运用单性别课堂 _ 179
追求男女平等必不可少 _ 181
单性别课堂的成功案例 _ 184
老师和家长的认可至关重要 _ 189
单性别课堂是开展性教育的重要场合 _ 193
把单性别创新教育引入学校 _ 194

第四部分 如何帮助“问题男孩”

09 拯救那些挣扎在障碍症里的男孩 _ 199
男性的大脑天生脆弱 _ 202
正视男女差异，保护脆弱的男孩 _ 207
借助现代科技得出正确诊断 _ 210
积极治疗，父母和老师应该怎么做 _ 217
保持乐观的心态 _ 222

10 帮助那些学习动力不足的男孩 _ 224

造成男孩厌学的四大原因 _ 225

当天才男孩学习动力不足时 _ 237

努力“点亮”男孩的大脑 _ 240

11 如何有效激励男孩学习 _ 242

让男孩爱上学习，父母可以做什么 _ 243

让男孩爱上学习，老师可以做什么 _ 252

如何激励天资聪慧却一事无成的男孩 _ 256

男性长辈不可或缺的作用 _ 260

不让任何一个男孩掉队 _ 263

12 理解那些内心敏感的男孩 _ 265

拥有桥梁型大脑的男孩 _ 267

对抗性别的刻板印象 _ 268

敏感男孩的情感世界 _ 270

帮助敏感男孩，父母可以做什么 _ 275

帮助敏感男孩，老师可以做什么 _ 280

选择决定成功 _ 285

后 记 为男孩的独特能量寻找成功的机会 _ 287

附 录 处理男孩群体中霸凌问题的 10 个建议 _ 289

注释与参考文献 _ 292

致 谢 _ 293

译者后记 _ 295

帮助男孩找到属于他的学习超能力

你可以肆意拉扯我，我的身体可以无限伸展，却不会破裂。

——《神奇四侠》（*Fantastic Four*）

当我还是个小男孩时，我喜欢超人、蝙蝠侠和蜘蛛侠。无论是在操场上、后院里，还是回到家，我都会和一同上学的小伙伴们交换着看漫画书。四年级的时候，我发现了《神奇四侠》。我被其中一侠的超能力迷住了：他的手脚有弹性，可以伸缩自如。就算敌人想杀死他，也无法将他撕碎，因为他是坚不可摧的。

我读到《神奇四侠》是在 1968 年。那一年，美国发生了很多大事。马丁·路德·金和罗伯特·肯尼迪遭枪击身亡；

每晚我们在家看电视，都会看见士兵们陷在血污之中的脸庞，直升机裹挟着强劲的气流在丛林草木中席卷而过。[①]1968 年，我家住在夏威夷瓦胡岛群山脚下一个名叫阿纳海纳的背风区域。我父亲是夏威夷大学的一名青年教授。那段时间，他常常悲戚不已地回到家，因为自己教过的学生牺牲在了大洋彼岸。每当在希卡姆空军基地附近的街上看见摇着轮椅的军人，我的心都因恐惧和困惑而抽搐着。

现在的我已经明白了，当时的我渴望成为一名勇敢且坚不可摧的超级英雄。我的这种渴望既来自人的天性，也源于目睹了这些受伤的军人和那场残酷的战争。

当然，还有其他一些原因。10 岁的我，在家和学校都面临着难题，内外交困。我家在贫困线上挣扎。父母常常吵架，会体罚我们，他们的婚姻也举步维艰。从 9 岁起，我就开始试图逃离这个家。在学校，我是一个无可救药的“管教困难户”，总被叫到校长办公室训话。快上五年级时，我去看了精神科医生，医生给我开了一种名叫“利他林”的药。没过几个月，我的老师科诺女士建议我停药。按她的话来说，利他林快把我变成一具僵尸了。她告诉我父母，她怀念那个活力四射的我。于是我停了药，但我在学校依然是个“问题儿童”：

- 我不能集中精力按照老师的要求做事。
- 我很难按照要求安静地坐着。
- 我想学着把一件事情做好，而不是在多项任务间切换。
- 我不想一本接一本地读教科书。
- 我很容易感到无聊、厌倦。
- 我想通过做事来学习，而不是通过听讲。
- 我不确定自己是否听懂了老师的要求，也从未成功完成过老师布置的任务。
- 我常常不明白自己为何非得上学。

① 此处指美国深陷越南战争的情形。——编者注

上七年级以后，我开始逃学。那时我家住在怀俄明州的拉勒米市，我父亲在怀俄明大学教书。十年级的时候，我们搬到了科罗拉多州的杜兰戈市，我每周在餐厅打工 20 个小时，挣来的钱作为房租付给家里，用来补贴家用。我上十二年级时，全家搬回了夏威夷火奴鲁鲁，随后，我被凯撒中学录取了。我的成绩好些了，我还进了辩论队，打赢过比赛。

但是，我在学校里的麻烦仍然没有减少。我的行为习惯虽然改善了，但直到高中毕业，我的写作能力仍然很差。大学第一年，历史课的教授给我的第一篇论文打的分是 F。他在评语中写道：“你的想法很好，但你不会写作。难道你高中一直在睡大觉吗？”

一直到了 1976 年，我记得自己和夏威夷大学的一位辅导老师聊起了我在学业上的持续败绩。我跟她讲起 10 岁时被送去看精神科医生，医生给我开了利他林的事。我跟她说，那时我家正在经历着内部危机。她是一个中年女性，有三个儿子，她向我询问了更多我在各所学校的情况。了解到这些年我在学校的困苦经历后，她说：“你遭遇的这些问题，是不是因为学校出了问题呢？我的两个儿子在学校也遇到了问题。”

她的话启发了我。我第一次意识到，我的困境可能不完全是自己造成的。现有的教育体系在培养男孩的方式上可能确有不妥。我接着问这位老师，她说的“学校有问题”指的是什么，她没再多说。于是我不得不反观童年的自己。我看见了一个想要变得有活力的小男孩，他竭尽全力地按照学校提出的方法、设定的目标去拓展自己，而那样的方法和目标却常常对他无所助益。我记得那样的教育体系曾让当时的我多么受伤和叛逆。

三年后，读研究生期间，我和同住一栋宿舍的同学成了朋友。大伙儿全是男生，在学校的时候，都曾“令人失望”“没能发挥潜能”“不积极、没动力”。这可使我开了眼了：原来“问题儿童”这么多。研究生院的一个朋友跟我分享了他父亲曾对他说的一句话："你不需要喜欢上学，也不用太在乎学校。你只需要熬过去，进入大学。小孩子能做到这一点就行了。"

这句话让我一时语塞。童年时起，我的内心就有这样一种声音。但现在作为成年人，我不再喜欢这种说法。有些东西确实出问题了。问题不仅在于我和我"出了问题的家庭"，也许还根植于我在学校和生活中所接受的教育里。

从那之后，把这些问题发掘出来就成了我职业生涯的一大追求。

现在的我可以借助更多的知识、更好的洞察力，但愿还有一点点智慧，来回顾自己的学生时代。过去的几十年，我致力于研究男孩自出生以来在校内外的种种表现。作为心理咨询师、教育工作者、哲学研究者和作家，我致力于修正家庭和学校培养男孩的传统方式，使他们在社会的文化环境中得到最好的成长。我写了一些书，其中《男孩的思维方式大不同》、《优秀的年轻人》（*A Fine Young Man*）和《好儿子》（*The Good Son*），呼吁父母、教育者、政策制定者一起来密切关注男孩。他们不论在家里还是在社会上，都面临着情感、精神、品行上的挣扎。《男孩女孩学习大不同》一书开始从脑科学、生物化学和儿童发展学的角度，解读关于性别和教育的最新发现。《他在想什么？》（*What Could He Be Thinking?*）呼吁社会去了解男人：他们是谁，他们为何而奋斗，尤其是他们该怎样和妻子、伴侣成功构建情感和婚姻关系。在本书中，在合著作者的帮助下，我恳请所有的父母、老师、政策制定者和其他相关人士一起来仔细观察一下，在如今的教育体系中，男孩身上究竟发生了什么。

如今孩子们所面对的教育体系，究竟是不是所有人想要的？凯茜·史蒂文斯是一位母亲、教育学者，也是古里安研究所的培训负责人。我和她共同创作了这本书，希望读者能从中找到答案。更重要的是，你能更好地了解到如何帮助你的儿子、学生，让他们在学校里做最好的自己。我和凯茜认为，如今有太多男孩在学校教育中走向荒废。越来越多的男孩学业不佳、中途辍学、能力欠缺。他们所接受的教育和具备的技能不足以支持他们在这个竞争愈发激烈、对人才要求日益严苛的社会中取得成功。我们相信，是时候终止这种颓势了，男孩的境遇可以变得更好。

本书是一本实用指南，致力于帮助男孩在学校里提高学业成绩，在生活中收获成功。这本书就像一个“操作系统”，供你立即“加载”到生活和孩子的教育中。

带儿子走出学业困境的母亲

凯茜和我一样，也致力于支持男孩女孩们的成长。她在女性发展规划领域工作了 30 年，最近当选了科罗拉多州斯普林斯市女性资源机构的执行董事。她曾负责运行过一项针对少女安全的辅导计划。

在读到我写的《女孩的奇迹》（*The Wonder of Girls*）一书后，凯茜联系了我。我们发现彼此都对儿童生活的跨文化研究感兴趣。过去的几十年间，我结合了神经生物学、人类学和心理学的研究方法，试图解释沿着平行轨迹成长的男孩和女孩如何走上了不同的道路。凯茜也在帮助女孩的工作中发现，女孩和男孩的奋斗历程是贯穿交错、相互影响的。

凯茜表示：“为了给女孩更好的呵护，我们真正应该了解的是男孩的行为。”她是一个看清全局的智者。巧合的是，我当时正好在为自己的研究机构寻找培训指导，就在那时认识了她。凯茜不仅承担了培训指导方面的工作，如今还帮助古里安研究所项目在美国、加拿大和澳大利亚推广拓展。本书中大部分实操性方案都出自她之手。

我的这位合著者不仅是位专业人士，还是两个儿子的母亲。当凯茜跟我说起她儿子的学业困扰时，我不禁想到我母亲在我完成学业的过程中经历的种种艰辛，更想到了全天下的父母、老师在帮助男孩成为最好的自己时的竭尽全力。凯茜的故事时而令我心灰意冷，时而又能振奋人心。从中你能感受到，它既充分展现了男孩们在对抗这糟糕的制度时爆发出的不屈力量，又体现出我们成年人想要保护他们内心世界的决心。

以下是凯茜亲述她帮助儿子克服困境、艰难成长的故事。

卡尔一出生就是个冒险家。他在我怀里总不安分。像是迫不及待准备闯荡世界。他的眼睛蓝蓝的，很漂亮，甜甜的微笑能点亮整个房间。就这样，他长成了一个活泼开朗的好奇宝宝。他喜欢四处探索，常常耗尽体力，再沉沉地睡去。一开始，他很喜欢上学。从幼儿园一直到小学三年级，老师们都很照顾他。他跟得上进度，也成长得很好。虽然他很调皮，但是成绩不错。

后来，卡尔开始上四年级。这一年的经历完全改变了他对上学的态度。老师不能理解他充沛的精力、他的学习方式、他的孩子气，以及他静不下来、坐不住的状态。在我看来这只是他的天性，但老师却认为这些都是严重的问题。她对卡尔非常严苛，这让卡尔觉得老师不喜欢自己，觉得自己是坏孩子。

卡尔开始不喜欢上学了。每隔一些日子，他就不想去学校。我找他的老师聊过，但是沟通无效。老师认为卡尔有行为问题。

眼看着这个顽皮活泼又机智聪明的孩子变得讨厌上学，我的心都碎了。直到今天，每当听别的父母说起自己儿子在学校里陷入同样的危机，我都会回忆起那段时间我家的遭遇。那一年，卡尔被确诊为注意缺陷多动障碍，虽然智力测验显示他的学术潜力处于中上水平。到了六年级那一年，老师建议他转入特殊教育班。校长提议我们咨询心理医生。卡尔在心理医生的推荐下开始定期服用利他林。在学校里，他被贴上了“问题男孩”的标签，开始接受医生的治疗。卡尔很讨厌上学，而作为家长的我们也非常困惑，不知道应该求助何方。接触过卡尔的专家们看起来已经尽力了，但卡尔却与快乐和成功渐行渐远。

六、七、八年级这三年可以算是卡尔和我们的人生中最痛苦的三年了。卡尔对上学的态度越来越消极。他所在的特殊教育班里都是程度不同的问题孩子，有的问题很轻微，有的很严重。他哭着求着要待在家里。卡尔快要进入青春期了，他正尝试着融入这个崭新又复杂的同龄社交群体，但总感觉自己格格不入。同学们嘲笑他笨，说他迟钝。用他自己的话来说，他觉得自己是个“彻底的失败者”。

不上学的时候，卡尔会打篮球、登山、滑滑板，享受全家旅行。有个夏天，我们扎帐篷露营了一周，卡尔在河里湖里尽情地钓鱼、划船。暑假期间，卡尔为邻居们修剪、整理草坪，帮着清理排水沟，挣了钱就去看电影或者买他喜欢的乔丹运动鞋。

但是一回到学校，他又变得郁郁寡欢。九年级时，他开始逃课，也几乎不做作业，最终导致了留级。这时比他大 6 岁的哥哥已经离家去上大学了，正好有个机会我们家可以从弗吉尼亚州搬到科罗拉多州。卡尔主张搬家，而且是马上就搬。于是我们打好包，开车西行。

我们开了三天的车。第一天路上，我们讨论着到达科罗拉多州以后想要什么样的生活。卡尔说，他想改变一切，包括名字。他不想再当“旧学校里的自己”了。在新学校，他想使用中间名：迈克。他求我在新学校里不要再让他读特殊教育班。我告诉他我只能尽力。因为这些年我总是感到无能为力，没有信心能达成他的愿望。

到科罗拉多州以后，一切确实在变好。我们得到了帮助，“卡尔”也变成了“迈克”。我们根据哪个学区对迈克最有利选定了住所。我们与霍姆斯初级中学一位优秀的咨询师聊了聊，迈克把自己的经历告诉了她。她问了很多问题，又一直耐心聆听。最后，她告诉迈克，因为目前已经落后了，迈克将在学业上面临很多困难，但她同意让迈克试试在常规班级学习。

咨询师说得对：迈克确实遇到了困难。但从那以后，他再没有吃过一次药，也没有再去特殊教育班。他的很多老师都很有耐心，很支持他。而且他开始打橄榄球了，这对他帮助很大。橄榄球让他找到了上学的理由。他有了动力，还能得到教练的指导。很快，他在同学中变得更受欢迎了。很多老师都喜欢他。他在青年教会小组也很活跃，还结交了不少新朋友。

迈克如今已经 28 岁了。他是一名有着 5 年军龄的退伍军人。为了以后可以成为一名老师，他正在学习大学课程。他说："我现在终于能分清当年在学校的那些经历，哪些是对的，哪些是错的。所以我希望帮助其他像当初的我一样在困境中奋斗的男孩。"

迈克又重新拥有了那久违的可以点亮整个房间的笑容。他又变得很外向，对一切充满了好奇心。他是一个冒险家。他在不断地和内心深植已久的自我怀疑作斗争。每当他前进一步，就离自己的梦想更进一步。这也是我作为母亲一直以来对他的期待：体验人生的成功。对他而言这种成功就是成为孩子们的老师。

听了凯茜与她儿子的故事，我热泪盈眶。与迈克相似的经历把我拉回了自己的童年。我不像迈克那么擅长运动，但我对他面临的太多问题都感同身受。

2002 年，我见到了迈克，他是个聪明热情的年轻人，让我印象深刻。尽管我比他大了 20 岁，我仍能理解他从"男孩的学校教育"中幸存下来的那些体验。我们的学习方式常常和老师教的不同。我们充沛的精力不是加分项，而是减分项。我们需要运动、需要少说多做、需要持续的新鲜事物来吸引我们保持专注、需要有针对男孩的情感支持和指导，而这些往往在学校都找不到。我们不是大多数老师希望出现在自己班上的那种男生。

如果说，与凯茜的初次相遇让我萌生了和她一起为男孩写一本书的愿望，那么和迈克的相识便让这个愿望变得完全清晰了。我和凯茜达成共识，是时候该写本书来帮助家长和老师们了：帮助他们了解在目前的教育文化体系下艰难挣扎着的男孩和他们的家庭，更重要的是，了解想要尽自己最大努力度过学生时代的每一个男孩。

凝聚 30 年的研究成果

每一本推动文化进步的书，都诞生于一颗被拉扯至破碎边缘的心。我和凯茜都被这影响了两代人的学校教育体系折磨得心碎了。我们的创作热情源于自己的生活故事。

同时，一本有用的书，也不能仅靠两个故事来支撑，而应该建立在现有情况下最精准的研究基础上。因此，为了创作这本书，我们潜心投入研究之中。我们的研究有时针对在学校里遇到问题的男孩，有时不只针对他们。我们相信，不是每一个男孩和他们的家长都经历了困境，我们也不会责难某一位老师或者某一所学校。很多男孩在学校过得很好，很多老师真切地关怀着男孩的内心世界。研究和著书的目的并不是为了抱怨。

相反，我们是要与你分享一个理论以及大量你可以马上操作的可行方案。我们理论的建立和信息的采集都得到了老师、家长和学校工作人员的帮助。这些盟友一致认同，尽管当前的教育体系在很多方面都很好，但是它打断了教育的“肋骨”，使教育的“心脏”失去了保护。这个“心脏”正是每个孩子需要的成功关键。

根据这几十年来对该领域的研究、评估、综合分析，我们认为，如今男孩们所处的教育体系，包括学校、家庭和社区，主要在如下 4 个重要方面不够完善：

1. 对男性学习方式的认知不足；
2. 男性的学习方式和现今很多教学手段可能不匹配；
3. 对任何国家的任何一代人来说，家长和社区都需要各自承担各自的责任，来保证男孩的教育；
4. 在学校和课堂上教育男孩，需要新的方法、策略和教学技巧。

我们会和读者一同在本书中探讨解决方案。第 1 章将首先讲述在当今教育文化背景下许多男孩面临的困境，也就是我以及凯茜的儿子迈克当年面临的同类处境。你可能会惊讶于有那么多的孩子身处困境。如果很不幸，你正在经历这种困境，这些共鸣会直接帮助到你。如果你没有经历过这些，我们也希望你能有所触动，留意身边的家庭、学校和社区，或许正有一个男孩身处在我们所描述的困境里，他的遭遇符合我们提出的理论：如今制度化的教育体系常常与男孩的自然学习规律相悖。

在第 2 章中，我们将带你开启一段直击男孩内心世界的旅程，了解他们真实的大脑结构，以及他们的大脑是如何工作的。由此可以了解男孩通常的学习状态是高效还是低效。我们将为你展示男女大脑的扫描结果。你会发现，男孩和女孩在学习数学、科学、阅读、写作和其他学科时有类似的地方，也有明显的区别。

随着探索的深入，本书将阐述由性别差异导致的不同学习方式在过去和未来教育中的培养模式。第 1 章和第 2 章是你在进入我们提供的实操性方案时，需要先了解的两个阶段。这两个阶段中提到的理论和研究，综合了 4 个学科的成果：神经生物学、人类学、社会学和教育心理学。我和凯茜都有在国外工作的经历，从上述学科中引用的信息均已在美国和其他很多国家得到了深入研究。

希望通过阅读书中不同学科、不同来源的信息，读者对“怎样做最有利于男孩的心理和学习”这个问题能得出新的观点。不管你是在哪里遇见这个男孩的，在小乡村还是大都市，不管他目前处于什么教育水平，你都会有同样的结论。本书探索的男性学习方式非常多元化，因为大自然并不是固化的，而是在丰富多元中蓬勃地发展。但是在研究男性教育时，你会发现，男孩们是多么“男孩子气”。由内而外地理解男孩的能量，对家长、老师和每一个关心男孩内心世界的人来说，都是大有助益的。我们相信，每个男孩体内都有一个擅长学习的英雄呼之欲出。我们相信，如果男孩得到了良好的教育，他们每一个人都可以学得很好。

如何科学、有效地解决男孩教育问题

前不久，我和妻子盖尔、孩子们以及他们的朋友一起去看了电影《蜘蛛侠 2》。

我很喜欢，孩子们也是。我们怀着英雄主义情怀走出电影院，感到自己像蜘蛛侠一样，尽管缺少自信，但仍心怀向善的勇气。蜘蛛侠的故事是漫画书式哲理的最好体现：简单、原始、充满力量。

我的大女儿加布丽埃勒知道我和凯茜在写一本关于男孩教育的书，她告诉我："爸爸，你注意到没有？蜘蛛侠彼得·帕克在学校成绩不好。"这个问题引发了我们的讨论，当今很多电影中的男主角都不是好学生。即便在备受欢迎的哈利·波特系列中，最优秀的学生也是个女孩，而男孩们学习都很费劲。在美国的文化中，像彼得·帕克这样虚构的男孩一定程度上放弃了学校和社区的传统教育模式；他们感到孤独，转而寻求内在的魔法。能像蜘蛛侠一样发现自己有超能力是多么幸运呀！但所有那些没有超能力的男孩该怎么办呢？学校给他们的成功机会太少了，而他们自己也并没有多少内在力量。

那天晚上，我觉得有些悲哀，但同时又感受到一丝鼓舞和安慰。沉浸在蜘蛛侠冒险的日子里，这本书正写到如何教男孩学语文的部分，讲了很多实操性方法。我突然受到了一丝启发：哪怕我已经 47 岁了，仍觉得自己可以拥有超能力。魔法本身并不能解决世界上的问题，但实操性的方法和勤奋努力却可以做到。这就是我追求的超能力，让我可以百折不挠、无坚不摧。这项"可实现的超能力"是每一个在学校身陷困境的男孩都可以拥有的。

希望对你来说，神经生物学、人类学、社会学和教育心理学这些学科也是有"魔力"的。我希望它们能像英雄一样救救男孩，帮他们在学校里好好学习，甚至热爱学习。希望在这本书中，你能感受到科学研究的魔力。

凯茜的儿子迈克告诉过我："在我噩梦般的校园生涯中，很奇怪的是，我一直想要喜欢上学，我真的很想。"

好样的迈克，我也是这样想的。难道不是所有的男孩都在某种程度上想要享受上学时每天 6 ～ 8 小时的校园生活吗？难道他们不希望在学校里、在做作业时，在学习这场冒险中拥有超能力吗？你的儿子、学生想要用他们的大脑和双手实现超能力。他们和你一样，也不是天马行空、不切实际的人，他们也在寻找实用的方法，来编织梦想之网、张开双臂，或是振翅飞翔。

前两章之后，本书将带你了解切实可行的方法：能够帮你的儿子、学生取得学业上的成功，这些都是直接、速效的方法。其中提到的大多数研究、观点和具体技巧都来自我们在古里安研究所的实践。

在孩子们的教育问题上，古里安研究所在凯茜的指导下，更倾向于提供实操性方案。研究所开发了一套能够帮助家长、老师、教育系统和社区用来关照男孩心理世界的实用方案。这套方案在美国十几个州的学校和家庭中得以实践，同时还成功推广到了英国、加拿大和澳大利亚等地。

本书后 10 章的主要内容可供你在家里和学校随时践行。根据下列问题，本书对相关信息进行了归纳：

- 营养摄入在男孩的成长教育中起到了多少作用？
- 家庭在帮助孩子学业成功方面扮演了什么特别的角色？
- 家长可以当孩子的老师吗？
- 孩子多大的时候，家长可以不再辅导他做作业？
- 什么样的教室环境最适合男孩？
- 看多久的电视对学习有好处？看多久有害？
- 电脑在男孩学习初期可以发挥什么作用？
- 有什么办法可以帮孩子对抗同辈竞争压力，防止他们因此不爱上学？
- 在教育男生时，老师需要得到哪些合理的支持？
- 单性别课堂对男孩有什么好处？可以避免因此伤害到女孩吗？
- 关于他们所需的教育，男孩们自己是怎么说的？

本书的第二、三部分将指导你如何调整家庭、学校和班级的环境，以便更好地适应男孩的学习方式和需求，包括改变家庭和学校的时间安排、规章制度、师生比例、教室空间布局以及课堂流程。每一个创意点子都经过了实验，真实可用。它们都是我们从几十年来的成功经验中精选出的效果最好的策略。

当你读到和使用书中的创新方案时，会发现很多人与你有一样的故事和际遇。你会遇到老师、家长、爷爷奶奶、热心人士，他们在学校、家中、公园、巷尾，每时每刻都用心引导、教育着男孩。他们的智慧与专家的研究成果一样，也可以给我们很多指导。从顺利推进项目的校长，到帮助孩子提高分数、减少纪律处罚的老师和家长，都对我们推荐的教育方法给予了首肯。

根据很多老师和家长的报告，孩子学习的某些关键领域值得重点关注。在本书的第三部分，我们专门就在家和学校如何学好阅读、写作、语言艺术、数学和科学等核心课程进行了讨论，包括艺术和体育对提高男孩学习能力的重要性。同时，我们仔细考察了男女分校教育在一些社区的运行情况，以及为什么要分校管理。我和凯茜都坚决支持男女同校，但是我们也认同，不管对男孩还是女孩来说，单性别班级都是教育版图中不可或缺的一块。书中会告诉你原因。

第四部分探讨的是困扰男孩的情绪问题。包括低成就感、校园霸凌、学业困难、学习障碍等。我们致力于为他们提供可行的实际帮助，这样才能真正实现不让任何一个孩子掉队。当你读到书中的操作性内容时，会发现一些章节被划分为两大部分：家长能做的和老师能做的。我们会和你一起探索家长主导的团队模式，包括父母、祖父母、邻居和导师，来帮助男孩在家里达到最好的学习效果。我们将探讨家长和老师如何各自分工又协同合作。同时，第四部分也为老师们提供了可以信手拈来的课堂指导方案。

在各章节的不同部分，我们把以下两项内容设计为专栏：第一个专栏是“你知道吗”，即想要突出强调的数据资料；第二个专栏是“试一试”，即重点推荐的创新方法。我和凯茜希望你能将专栏里的重点内容告诉身边的朋友和家人，放入学校的邮箱，或是在家长会上分享。希望这些内容可以帮助到你和周围关心男孩的人。

关照男孩的内心世界

对我和凯茜来说，帮助男孩成长已经成为事业和生活的重要目标。它是我们使命的核心。我作为一个男人，凯茜作为一个母亲，两个人经历了两代男孩缺乏保护的时光，这些经历带来了痛苦，也激发了我们爱护男孩的热情。

本书是我们合作的结晶，来自双方不同的视角和古里安研究所全体员工共同的努力。同时，我们明白，这本书的诞生也蕴含着你们的努力：所有深切关心着孩子成功的每一个人。你们之中有子女、父母、祖父祖母、老师教练、学校员工等。如果没有你们曾经当面或者通过邮件分享的众多故事和提出的创新方法，我们不可能完成这本书。

我们深深地感谢那些信任我们，愿意把自己的故事分享给我们的每一个人。似乎以某种方式，我们已经认识了你的儿子、学生，甚至是此刻正在你身边徘徊，想要寻求帮助、寻找魔法的孩子。你和我们一样明白，男孩的处境岌岌可危。我们共同呼吁社会承担起应有的责任，呼吁成年人来关照男孩的内心世界。

现在，让我们一起来研究男孩这个群体，为他们服务。他们承受不了不停地被打击和折磨，也无法不停地疾驰和飞翔。我们无法承担失去或者即将失去他们的代价，不能眼睁睁地看着这些男孩在郁郁寡欢中结束学业，成为又一批内心空虚的成年人。我们必须彻彻底底、充满激情、有理有据地做点什么。

此时此刻，让我们从这里开始。

THE MINDS OF BOYS

第一部分

为男孩打开学习新大门

If we want
boys to succeed,
we need to
bring them back to
education
by making education
relevant to them.

如果我们想让男孩成功，
就需要让他们回归教育，
让教育与他们
息息相关。

THE MINDS OF BOYS 01

直面男孩学习危机

男孩喜欢冒险的天性，让妈妈们总是随时准备应对各种日常小危机。但是我儿子遇到的教育危机，却着实令我大吃一惊。

——凯茜·史蒂文斯

幼儿园门口的指示牌上写着“欢迎每一个孩子”。一对父母带着3岁的儿子开车进了停车场。在家附近的众多幼儿园里，他们为孩子选择了这一所。今天是儿子入园的第一天，他们的心咚咚直跳。他们迈出车门，解开儿子的安全带，把他抱出来，一起走向幼儿园的大门。

一位年轻女士走来迎接新学生和他的父母。男孩突然颤抖了一下，意识到父母要把自己留在这里了。他抱着他们哭了一会儿，但很快便跟着这位新老师走了。老师热情地牵着他的手，把他介绍给别的小朋友。男孩回过头，向爸爸妈妈挥挥手。他们也冲他挥了挥手，然后默默地离开了。

这个小男孩还不能完全理解父母的期望与梦想。他不知道父母多希望这所幼儿园以及今后他将就读的每所学校，都能激发他的灵感、丰富他的思想。父母相信，他们信赖的教育系统中的老师和员工在教育男孩方面都接受过专业的指导。当他们从幼儿园离开，就已经开始想象在未来 12 年甚至更长的求学生涯中，儿子的心智将获得怎样的成长，想象他将会取得好成绩、面对优秀的老师、增长知识和智慧、体验对生活的热爱。家长们把儿子托付给了这个被历史证明了充满希望的教育体系。

对他们的儿子来说，这一教育体系也很可能带来希望。

但相反的情况也同样可能发生。这一天，可能是这个家庭面临教育危机的开始。而他们并不是唯一经历这种危机的家庭。

挣扎在学业困境中的男孩

如今，“危机”这个词处处可见，需要谨慎对待。实际上，我和凯茜本不想用它，我们在想：“很多男孩都过得好好的，目前的状况可以称作危机吗？”我们之前也说过：“不错，古里安和史蒂文斯两家都遇到了问题，我们忍受、拼搏，最终战胜了困难，但是这真的是一个全美乃至国际性的危机吗？”我们回顾了哥伦拜恩校园枪击案。案件发生后的数月间，媒体采访了古里安研究所的工作人员和其他教育专家，请他们分析惨案为什么会发生。那时候我们发现，“危机”这个词会给孩子们的生活制造出莫名的恐惧，这种情绪会给学校和家庭都带来伤害，扩散绝望无力的氛围，对帮助人们从伤痛中走出来毫无裨益。

尽管有种种顾虑，最终我们还是使用了“危机”这个词。是的，不得不遗憾地告诉大家，危机确实已经存在。在本章中，希望你能认同，用这个词不只是一种消极警示，还要唤起积极的改变。以下是一些家长和教育工作者对当前教育体系中男孩们面临状况的描述。

来自威斯康星州尼纳市的洛里是三个孩子的母亲。她写信给我们说："我有一个 13 岁的儿子，他上的中学我只能形容是'反男生的'。每天的作业、纪律和节奏都与他的个性相悖，让他疲于应对。"

来自肯塔基州马里恩市的专业人士妮蒂来信说："我的职业是成长干预，评估和治疗儿童发育迟滞。我发现，我的客户名单上大多数都是男孩。"

弗吉尼亚州两个孩子的母亲琳达写道："让我越来越感到恐慌的是，大量男孩被诊断为'有问题'，包括信息加工困难、注意缺陷多动障碍、学习障碍、适应障碍、焦虑和注意力问题。我在我家附近一所新建的学校中碰巧发现，三年级的 20 个学生中，有 8 个在服用利他林。"

可怕的真相

这让家长和教育工作者们感到害怕。他们也确实该感到害怕。美国社会出现了让人心痛的情况，相关数据列入了下面的"你知道吗"专栏中。[1][①]

你知道吗 THE MINDS OF BOYS

- 在大多数学校，考试得 D 和 F 的大部分都是男生。在有些学校，这一比例甚至高达 70%。
- 有纪律问题的学生中，80% 是男生。
- 被诊断为学习障碍的儿童中，70% 是男孩。
- 被诊断为行为障碍的儿童中，80% 是男孩。
- 服用利他林和其他类似药物的学龄儿童中，80% 是男孩。2004 年，美国服用利他林的男孩数量已经接近 500 万。利他林在美国的使用

① 本书注释均通过数字上标方式标注。扫描书后"注释及参考文献"页所附二维码，即可下载全部注释及参考文献内容。——编者注

量占全球产量的 80%。

- 根据美国教育部评估，男孩在读写能力方面比同龄女孩落后一年至一年半，而女孩在数学和科学方面落后于男孩的差距却并不大。
- 在美国，高中辍学者中有 80% 是男生。
- 目前美国的大学生中，男生的比例不足 44%。

在学校里，不同经济水平、不同种族的男孩都面临着问题。虽然我们可能会推测高收入家庭中的白人男孩表现更好，但实际上并非如此。一所私立贵族男子高中曾经寻求古里安研究所的帮助。这所学校里的学生大多数都来自经济地位较高的白人家庭，但是各个年级都有半数学生至少有一门课得了 D 或 F。即使是白人男孩，在学习上也面临困难。

非裔男孩是另一个明显经历着危机的群体。相比其他男生，他们更容易被认定为学习困难，从而进入特殊教育班；没能力参加高中的大学预修课；在数学和科学课上表现得不如其他男孩；在统考中成绩低于所处年级应有水平。

哈佛大学教育学院的教授佩德罗·诺格拉（Pedro Noguera）针对非裔男生的学业表现进行了研究。研究报告显示，90% 接受采访的学生“非常希望”取得学业成功，但只有 22% 的学生表示他们在“为了取得好成绩努力学习”，42% 的学生“完全不认同学校老师关心或支持自己取得成功”。[2]

不只美国存在男孩的教育危机。经济合作与发展组织（OECD）开展了一项为期三年的研究，通过国际学生评估项目（PISA）对 15 岁学生掌握的知识和技能进行测试，[3] 主要测试阅读、数学和科学素养三个方面。在美国、英国、加拿大、澳大利亚、德国、法国和日本等 35 个发达国家中，女生在主要教育指标上的表现均要好于男生。在阅读和写作的基础能力上，男生的测试值大大低于整体水平。

1993 年，加拿大开始周期性地推动学业成就指标计划，用以评估学生的数学、阅读、写作和科学素养。在 2002 年的测试中，男生和女生在写作成绩上相差很大。[4] 女生几乎在每个水平上都优于男生，这与国际学生评估项目的测评结果一致。

2002 年 10 月，澳大利亚发布了一份名为《男孩：回到正轨》（*Boys：Getting It Right*）的报告，聚焦国内男孩的教育问题。由于男孩的学业表现不断下滑，澳大利亚众议院决定举全国之力发掘背后的原因。听证会面向全国举行，200 多名发言人陈述了研究结果和数据，得出了一系列结果，并给出了建议。总的来说，这项研究发现，当前澳大利亚基于性别的权益架构并不能很好地反映男孩的社会和教育需求。[5]

英国也开展过类似的研究，结果显示，在大多数的学科和年龄段中，女孩的成绩都比男孩好。结果证实，男女学生间的差距在所有种族群体中都有所体现。科研人员指出："出问题的不是男孩，而是学校。"[6] 有意思的是，加拿大、澳大利亚和英国的这些重要发现几乎都被美国媒体屏蔽了。

当然，确实有一部分男孩在任何环境中都可以学得很好：他们很有天赋，能赢得拼写比赛和辩论赛，一周以内可以读完一本"哈利·波特"系列的新书。但是，在无数班级中，成绩不好的孩子大多都是男生。那些挣扎、困惑、失败到需要家长和老师帮助辅导学业的学生也主要是男生。

在全州或全美统考中拉低了平均分数的主要是男生；猛烈抨击当下教育体系的主要是男生；老师们感到最没法对付的孩子，主要也是男生。

专家的发现

对男孩在教育和心理成长上面临的危机深感不安的，不只我和凯茜。关于早期教育，哈佛大学研究员丹·金德伦（Dan Kindlon）和学校心理医生迈克尔·汤普森（Michael Thompson）在《培养高情商男孩》（*Raising Cain*）一书中写道："从幼儿园到小学六年级，每个男生每年在学校度过了上千小时……为了在发展和学习方面达到学校课程的期望，一个天赋普通的男生面临着特别的困境……有些男孩领先于其他同学，也有些女孩落后了，但是当我们把男女生的平均水平进行比较时会发现，男生的发展状况在早期教育的环境中处于劣势。”[7]

哈佛大学心理学家威廉·波拉克（William Pollack）是《真正的男孩》（*Real Boys*）一书的作者。他针对初高中男生在学业方面的自尊进行了研究，表示：“近期研究结果表明，跟女孩相比，男孩不仅自尊心更加脆弱，对学习能力的信心更加不足，还明显更容易违反纪律，被勒令休学，甚至直接退学。”[8]

在《针对男孩的战争》（*The War Against Boys*）一书中，作者克里斯蒂娜·萨默斯（Christina Sommers）注意到，业内规模最大的保险公司之一美国大都会人寿保险公司的一项调查显示，在美国现今的教育系统中，女孩比男孩更渴望得到好的教育。31% 的男孩认为老师听不进去他们的声音，而只有 19% 的女孩也这样认为。[9]

萨默斯同时提到了一项美国教育部的研究。八年级和十二年级的学生参与了关于职业期望的调查，这两个年级的女生都比同年级的男生抱有更高的自我期望。也就是说，更多女生相信自己会读完高中、进入大学、顺利毕业或接受职业培训。

政府教育研究员戴安娜·拉维奇（Diane Ravitch）这样概括美国教育系统的状况：“孩子们一年年地坐在小学、中学的教室里观察着自己所处的环境。无论是男生还是女生，都一致认为学校更加偏爱女生。”[10]

古里安研究所的研究成果与上述其他研究结论相符。此项研究历时 20 年，实验项目遍布全美各个学区，也推广到了加拿大和澳大利亚。结论显示：不管男孩的成绩好坏，都面临着风险。因为负责教育、管束、指导他的这个体系可能会认为他是有缺陷的，而且并不知道怎么去修补这种男孩的缺陷。

如果不立即直面这样的困境，那么它将给男孩们带来困扰，也将在未来几十年给西方文化带来日益严重的影响。从家长把儿子送到幼儿园的第一天起，他们就会渐渐发现孩子终将面临教育危机。

特里是一位来自亚利桑那州的母亲。她写信告诉我们："我儿子和他的三个朋友自从上初中以后开始频繁逃课。我已经尽力了，但如今不知道该如何是好。"

来自底特律的父亲以赛亚写信说："我发现非裔男孩在学校存在很大的问题——他们不适应学校。不只是因为种族的原因，还有别的因素。现在我们社区里黑人男孩退学的比例已经是黑人女孩的两倍了，他们的不适应还跟性别有关。"

特雷斯是俄勒冈州的一名高中新生。他对学校的咨询师讲："作为一个学生，我是失败的。我知道，我父母知道，我的老师也知道。但我无能为力。"

这些人已经完全身处危机之中了，他们对教育的信任在一定程度上已经被摧毁。而这些邮件只是我们和其他研究者不断收到的成千上万封来信中很少的一部分而已。

你所认识的男孩

调查数据、别人家的故事和危机感等，这些离你都还太遥远。除非你认识那些正在饱受折磨的男孩，了解他们的学校和家人，才能了解真相。你的学校、家庭和社区又是怎样的情形呢?

作为家长：

- 你认识聪明但是成绩差的男生吗？
- 你认识在家里或其他地方完成任务的能力很强，但是在学校缺乏动力的男生吗？

- 你认识成绩中等或差等、学习越来越跟不上进度、不能或者不愿完成作业的男生吗？
- 有没有男孩很擅长某些学科，比如数学，但是另外一些学科却落后很多，比如阅读？
- 在你孩子的学校，有多少男生在服用利他林或者阿德拉（Adderal）？这些男孩是经科学诊断为注意缺陷障碍或注意缺陷多动障碍了，还是仅仅通过用药来克服一些男孩在学校普遍存在的问题？
- 你认识在教育问题上常年焦虑的男孩和家庭吗？
- 你认识没有做好准备争取一份好工作，甚至更让人心痛的是，没有准备好有活力地迎接健康快乐的一生的青春期男孩吗？

作为老师或者教育工作者：

- 班上长期表现不好的男生是否多于女生？
- 在你的学校，成绩差的男生是不是比例更大，尤其是在阅读、写作、语言艺术等学科？
- 把服药作为首选或者次选治疗手段的男生是不是远远比真正需要服药的更多？
- 你班上有没有放弃学习的男生被贴上了“自暴自弃”的标签，因而受到更糟糕的待遇？
- 你是否注意到了有很多天资聪颖的男孩不打算上大学？

美国的教育系统在很多方面非常优秀。但是，几乎每一个班级里，都至少有一个“迈克尔·古里安”或者“卡尔·迈克”。他们表现得与其他男孩、大人、女孩都不相同。当他们逃课时，也许别的孩子也会跟着逃课。当他们遭遇失败，会强行给自己的内心世界“断电”。他们对学校里的任何东西都不再感兴趣，这往往导致对整个社会都不感兴趣。其中有些男孩把对学习和生活的愤怒转化成暴力来发泄，在学校食堂或者课堂上对人舞枪弄棒、拳打脚踢。更多的时候，这些男孩只是学习跟不上，掉队了，“退出了”。他们转而接受特殊教育，或被诊断为学习障碍，开始服药，一些人甚至不得不退学。很多人没能拥有成功的人生。他们终究还是变成了我们百般努力不想让他们成为的那种人。

考不上大学的男孩

在美国的很多高等学府中，史上第一次出现了男生的录取比例低于 44% 的现象。[11] 在过去的几个世纪中，高校中女生的比例不足。但是现在，历史的钟摆朝向了相反的方向。从 20 世纪 90 年代中期开始，考入大学和大学毕业的人数中，男生占比已经降低至 50% 这个所谓的男女平等标准以下。如果说“上大学没什么价值”，这倒也不成问题。但是实际上，最新研究结果同我们的直觉一致，上大学对成人获得成功至关重要，而与此同时，有极大比例的男青年没能考上大学。

位于波士顿的东北大学的劳动力市场研究中心开展了一项新的追踪调查，揭示了大量年轻男性被剥夺学业成功的机会所产生的长远影响。[12] 根据研究结果，如果当前的趋势持续下去，高中毕业、进入大学的男生将越来越少，男大学生的比例甚至将低至 30%。

你知道吗 THE MINDS OF BOYS

根据东北大学劳动力市场研究中心的调查，即使目前全美的大学生中仅有 44% 是男生，这一代男青年依然会面临以下情况：

- 越来越高的失业率和越来越低的就业率；
- 薪酬始终大大低于同龄人；
- 始终缴纳更少的社会保障金和个人所得税，这些税收收入的规模会随着教育水平的降低而同步缩减；
- 比受教育水平更高的同龄人更加依赖非现金福利，如食品券、公共医疗补助、租房补贴等；

- 更有可能生育非婚生子女，不和子女住在一起，无法为他们提供支持；
- 在激烈的社会竞争中，更难成功实现个人目标和社会目标。

上大学是男孩取得成功的必由之路吗？并不一定。比尔·盖茨大学就没毕业，但他是一个公认的好父亲、成功的企业家和卓有成就的公共服务者。呼吁大家关心男性的大学入学率，并不意味着否认某些个人的杰出才能，也不是为女性成功提高大学入学率、职业酬劳和获得财务自由而感到不满。我们仅仅是想说明，在工业和后工业时代，接受大学教育仍然是衡量一个成年人的个人以及社会价值的最好的基础指标，而大学之门对越来越多的男孩已经逐渐关上了。

解除危机的关键在于家庭和学校

我们在教育男孩的方式上存在问题。各项研究表明，在幼儿园、小学、初中、高中甚至大学教育中都存在问题。那么到底是哪儿不对劲儿？我们该如何定义这场危机？可以追根溯源把它弄明白，然后想办法解决吗？

你将在本书中发现，古里安研究所的研究显示，这场危机是系统性的，不是某一个人或者某一个群体的责任：不怪老师，不怪家长，也不怪孩子。责怪如同坚冰，冻结了问题，却不能带来改变。责怪是表面，而问题在深层。

同时，我们会揭示“不对劲儿的地方”到底在哪儿，定义问题所在，追根究底，解决问题。这个过程的第一步就是重述集体记忆：让我们暂时回到一切的开端，看看我们曾经怎样养育男孩，家长和学校在男孩的心智开发中扮演的角色发生了怎样的变化。

危机从何而来

如果回顾一下祖先们是如何接受教育的，你会发现，大约 100 年前，世界各地的男孩接受的教育主要来自家庭、部落和大自然，而不是坐在教室里听某个老师讲课。不管你的家族来自欧洲、非洲、亚洲还是其他地方，男性的主要任务都是打猎耕种、保卫家园、部落之间共同协作，在这个过程中，男孩被培养成了男人。几千年前，随着经济等级差异的日益加大，男人需要承担更多需要智力和逻辑训练的工作。城市中心开始出现新建的学校，一部分男孩在学校中接受教育，但大多数男孩都没待多久。经过了几年的“求学”，他们在童年都还没过完时，就开始在田间劳作、工厂做工。

在 19 世纪，大多数男孩仍然是从父母和其他有经验的人身上，或者从自己的实际工作中，学习需要掌握的知识。他们模仿比自己年长的人，然后不断练习，从实践中学习。大约 200 年前，工业革命后，印刷和手抄的书本开始逐渐成为男孩接受教育的主要素材。

杜克大学美国资优儿童协会的执行董事玛格丽特・盖尔（Margaret Gayle）与教育咨询师休・奥斯本（Hugh Osborn）在《洛杉矶时报》（*Los Angeles Times*）上联合发表了一篇文章，毫不避讳地将标题定为“让我们关掉学习工厂”。文章把当今学校教育中很多问题的根源描述为“工业化教育”的发展：“实业家们为社会打下了经济基础，也促使学校成了把孩子培养成工人的地方。孩子的生活按时按点，上学就像上了传送带一样，尤其重要的是要学会如何服从指令，以便能在快速扩张的工厂中工作。”[13]

这种工业化模式下的教育有其存在的逻辑。人口增长和国家建设需要所有孩子都去上学。教室和学校的工业化在几十年间迅速普及。传统的父母、祖父母和部落导师的作用在教育工业化的进程中落伍了。孩子们在生活环境中接受教育的机会大大减少了，很少再依赖家长的指点，也很少在部落中当学徒了。学习中需要亲手操作、耗费体力、基于经验的内容少了。坐在自己的座位上阅读、写作成为教育的趋势，也成了年复一年考察大量入学新生的统一标准。

过去几十年来，数百万的男孩尝试着适应这种教育，有些人成功了，但是也有很多人失败了。男孩曾经通过和亲人一起打猎、管理农场、修理机器、发明新工具供部落使用等途径来学习，这是他们熟悉的方式。而现在他们发现自己坐在教室里，像是被困在盒子中一样。对公立学校中的大多数男生来说，像过去那些年轻的思想家那样，针对城邦中最重要的事件进行口头辩论，这种经典的学术模式已经成为过去。

同样成为过去的，还有理解自己儿子或学徒内心世界的家族长辈们：父母、大家庭的成员和部落里的长辈。他们曾经主导着孩子的教育，一开始为他在家庭和社会群体中提供早期教育，接着又安排他的学徒期。现在，一个班里有很多学生，却只有一位老师。对这些年轻学生来说，这位老师要充当父母、祖父母、顾问、导师等所有的角色。工业化的巨大力量迅速造就了这样的教学模式，直到现在我们才认识到它可能存在的缺陷，而这一缺陷从一开始就缺乏人性考虑，那一刻早已注定。

谁来为男孩的教育负责

一位教过我的教授曾引用哲学家伯特兰·罗素的话来教导我："没有任何生活经历能与家庭之爱相提并论。对我来说，任何事情都没有为人父母重要。"大概每一个有孩子的人都在养育孩子的过程中向人表达过类似的感慨。这些话让人感动。我的这位教授积极参与着自己孩子们的生活，他对我说："对孩子教育的重视尤为值得，我认为这是我的责任。"大家也许也都怀有这样的责任感，但大多数人都不是受过训练的老师，这导致今天我们教育孩子的方式并不正确。

今天，对孩子的教育最终负责的人是不是父母？除非我们自己就是老师，否则回答“是”根本就不现实。确切地说，我们实际上一边回答了“是”，认同作为父母对孩子教育的重要性，一边相信着当前的教育体系能为孩子在成年时踏入现代社会准备好必需的技能。我们交税，让孩子可以就读公立学校，或者交学费让孩子就读私立学校。家长们对这些学校怀有很高的期望。

大多数人送孩子离家，进入摆好了书桌和课本的教室里。孩子们在那儿学习阅读、写作、数学、科学、计算机编程和其他一些成功必备的科目。放学以后，他们回到家，回到了父母的养护中。也许大人们也工作了一天，像孩子们一样离家在外。不管父母、祖父母、家庭成员，还是一家人的邻居或者朋友，无论是在职，还是已退休，我们都没有花多少时间来思考男孩的教育问题。对男孩们造成的这一切伤害并不是家长和学校的阴谋，仅仅是“现实如此”。

但是，现实只能如此吗？在孩子的教育中，家庭的地位往往被工业化的体系所取代，这是否在不知不觉中成了导致眼前危机的一大原因？我们放弃了教育的责任，是不是意味着打破了对孩子的承诺：全心全意爱他们、呵护他们的承诺？

家庭在教育中的角色缺失

回顾久远的家族历史，你会发现，无论你的家族发源于维京、日耳曼、非洲地区、古罗马、印度、日本还是中国，无论来自哪个大洲、属于哪个种族，人类的祖先们都生活在数代同堂的大家庭中，长辈们与孩子很亲密，负责教育他们生活和工作的意义，传授必需的技能。

无论你的祖先生活在哪里，他们都曾依靠团队来教育后代。团队主要由父母和大家族的族长领导，男孩的教育由这些人最终负责。在男孩的教育过程中，几乎没有陌生人参与。因为孩子被视为父母、祖父母和部落的延续，他的教育也被视为血缘关系的延伸。即便要把孩子的教育权交给部落外的人，也一定不会是在他三四岁的年纪，而是很久之后，在他童年接近尾声或者进入青春期的时候，根据协议让他跟着远方的师父当学徒。

20 世纪著名的生物学和人类学家康拉德·洛伦茨（Konrad Lorenz）探索了各个物种的家庭如何保护后代。后来，他的研究与其他研究人类依赖性的人类学成果结合了起来。这种利用生物学手段对人类家庭进行的研究，从根本上解释了家庭对于子女教育的重要作用，也警示了人们，游离于亲密关系和家庭责任之外，会导致怎样的危机。

大多数父母的直觉也得到了生物学研究的解释和印证：家庭至关重要。过去的几十年间，研究亲密关系领域的科学家证明，子女人生的成功有赖于父母和近亲的影响。我的父母分别是社会学家杰伊·P. 古里安（Jay P. Gurian）和人类学家朱莉娅·古里安（Julia Gurian），在他们合著的《依赖倾向》（*The Dependency Tendency*）一书中，他们把洛伦茨和其他生物学家的观点以及人类学研究结果结合在了一起。他们指出，从生物学的角度看："人类的家庭不仅仅是一种情感需求的联系和集合……家庭是一个互相联系的生活共同体，一个人的幸福与生俱来就同另一个人的幸福相关。与流行观点不同的是，从依附关系的角度，父母不会让自己可有可无，孩子在成长中也永远无法完全摆脱上一代人的影响。祖父母和其他同辈的人也从来不会'摆脱'自己在家庭生活的圈子中负有的责任和享有的特权。"[14]

这是一种生物人类学的家庭模式，而不是工业化的模式。我和凯茜就是基于这种模式写作本书的。因为在全美各地的社区和学校中，这种模式运行得非常有效。它并不会削弱学校的重要性，学校依然对孩子的教育负责。但同时，家庭也负有同样的责任：孩子的心理健康与他们的家庭息息相关，家庭需要呵护孩子的内心世界。在这种模式下，如果家庭放弃了担当孩子内心世界的守护者，而把权力交给结构庞杂的社会或者某个教育机构，就是不尽责的，因为社会和学校无法真正了解每一个孩子。家庭和学校是帮助孩子心智成长的共同导师。

在工业革命中，这种古老而普遍的家庭模式靠边站了。对于男孩，我们系统性地把教育他们的责任交给了教育机构。这些机构并无恶意，实际上，孩子们能够在这里遇到最好的人。但从生物社会性上看，这些机构并不能为每个孩子的成功负责，因为它们原本也不是为了关心孩子的个人成功而设立的。

男孩在学校中的危机，是否源于家长赋予了学校过多的责任，从而把孩子的心智发展托付给了学校？而解决男孩的教育危机，是否可以从重新担起一部分我们曾经对男孩的责任开始？

我和凯茜相信，答案都是肯定的。有效应对男孩教育危机的第一步，就是认识到我们作为父母和家庭成员所遗失的责任。

教育中家庭角色的回归

为了带领男孩走出成绩不佳、不守纪律和精神萎靡等困境，首先要请家长和老师反思家庭在人类教育史上的角色。这样做并非要否认学校和老师在帮助男孩成长中发挥的作用，我们像支持家长一样支持老师。现在的期待是，让家庭在教育中的角色得到回归，成为领导男孩成功的团队，发挥比目前更加深远的影响。

我们希望能够帮忙在家庭这个第一学校与正式的教室这个第二学校之间，重新建立重要的合作关系。为此，后面的章节将为家长和老师分别提供建议。

由于如今父母的工作地点常常离家很远，工业社会的流动性又将很多小家庭带离了祖父母、部族和大家庭，再加上离婚率的提高和价值观的转变，家庭的凝聚力面临新的压力。工业化教育模式的好处，是孩子确实需要在远离父母、祖父母、姑姨叔伯和部落导师的情况下得到更多的监管。这与 1 000 年前不一样了，他们现在更加依赖学校。很显然，我们无法再回到祖辈们成长和学习的小部落了。

但是如今，孩子们笼罩在压抑不安的教育阴影之下，我们应该对曾经有助于教育孩子的所谓“父母主导型教育团队”进行修正和创新。让我们更严谨地界定这个团队。通常，孩子的父母是团队的领导者，而整个团队的成员还包括：

- 祖父母；
- 其他亲戚，比如姑姑阿姨、叔叔舅舅、堂表亲和姻亲亲属；
- 家庭教师；
- 教练；
- 邻居；
- 朋友；
- 服务机构；
- 兄弟姐妹；
- 其他同辈导师。

任何个人和机构都可以加入这个由父母主导的团队，以父母和孩子为中心，共同来教育孩子。如果这个团队准备到位，不管家里的男孩面临着或将要面临什么样的危机，他迷失在这场教育危机中的可能性都会大大降低。在学校的体系之外，他已经拥有了十来个可以信任的人，帮助他共同面对。

组建父母主导团队是面对危机的第一步

作为面对危机的第一步，组建这个由父母主导的团队，可以借助身边已有的资源。如果有近亲在更好，但也不一定全然依靠他们。

下面是一些团队在家庭和邻里间有机运作的例子。

- 祖父乔治是一位退休的工程师，住在佛罗里达州。你的儿子住在加利福尼亚州，在数学和科学课上遇到了困难。你可以联系乔治，请他每周通过电话或者网络对儿子进行一次辅导。

- 祖母埃丝特尔居住在距离你家几小时路程的地方，她热爱阅读。你的儿子在语文课上遇到了麻烦。祖母埃丝特尔可以每周到家里来一次，帮助你的儿子提高阅读和写作能力。
- 你儿子最好的朋友叫马克斯，住在几个街区之外。马克斯的父亲是一位计算机程序设计师。每周一到两次，你儿子可以和马克斯一起坐在计算机前，向马克斯的父亲学习相关的知识。
- 你是一位单身母亲，或许有两三个儿子，其中一个在学校遇到了问题，另一个儿子或者女儿也许已经成年了，在外地上大学。你可以安排这个遇到问题的儿子通过网络每周联系哥哥姐姐至少一次。他们可以帮他检查作业，监督他完成快到期的论文，辅导他完成有困难的科目。

解决如今男孩们面临的危机，要从组建由父母主导的团队开始。跟随阅读进程，你会从书中学到：如何确定你的家庭学习小组是否能担负起责任，确保男孩获得了学习必需的帮助；是否有亲近的导师和顾问陪伴他接受学校教育。

华盛顿州迪尔帕克市一位名叫桑德拉的母亲正在组建一个父母主导团队。她写信说：

> 我有5个儿子。在第5个儿子出生后，我意识到自己必须减少工作时间，给予孩子需要的最好的培养和教育。学校已经做到最好了，但是儿子们也需要我的引导。
>
> 现在，我每天花很多时间辅导他们，也花很多时间开车带他们去各种地方，花很多时间倾听，试着帮助他们。如果不知道答案，我还会花很多时间来寻找可以帮助他们的人。

最后这句话非常打动人。桑德拉组建了一个由她主导的团队，这些人能陪她的儿子共同面对并处理学校教育中面临的困难，取得成功。

作为父母，无论你是从工作中抽时间陪孩子，还是把孩子的教育作为首要关注目标，为了使父母主导团队有效地发挥作用，你和伴侣至少要在一段时间内集中精力来组建这个团队，负责团队的沟通和计划。你所付出的努力将取得最好的回报。当团队组建起来以后，不要等到发生问题再求助于成员们，这一点非常重要。你会发现，定期举行聚会，庆祝儿子生活中里程碑式的事件，是很有趣、很值得的。

父母主导团队对女孩来讲也很有意义。其实这个团队对男孩女孩同样有益。我们在讨论男孩的学习问题时，之所以请大家关注父母主导团队，是由于过去的几十年来，女孩在教育上获得了越来越多的平等对待，而数据显示，男孩们正在渐渐落后。

THE MINDS OF BOYS

试一试

以下是在评估一个人是否适合成为你的团队成员时需要思考的一些问题：

- 这个人真的喜欢小孩吗？尽管是亲戚，也并不意味着他就喜欢和孩子在一起。
- 这个人对于什么对孩子的成长有益，有基本的理解吗？
- 我的孩子看起来喜欢和这个人待在一起吗？
- 当孩子有需要时，这个人会把参与到团队中来视作首要任务吗？

凯茜和我向很多家庭和社区传授了为男孩组建这种团队的方法。当男孩的学习进步了，在人生中获得成功有了更多保障，家庭就能收获成就感、责任感和快乐，我们很荣幸可以将之与你分享。佐治亚州的一个家长团队分享了他们的成果：

> 我们是一个包含5个家庭的团队，每家都有男孩，其中3个家庭的男孩正面临着问题。另一个家庭里，一个女孩在学校遇到了麻烦。第5个家庭的孩子们已经成年了。10年前，孩子们在同一所小学里互相交了朋友，我们也因此成了朋友。
>
> 我们打算共同实现“家长团队”这个概念，于是把家长和孩子召集起来开了会。我们描述了这个团队是什么样的，自称为“学习部落”，然后根据每个人的能力进行了分工。我们很幸运，在5个家庭中总能找到某个大人懂得一些可以帮助其中一个孩子的东西。
>
> 现在，我们的孩子在读高中。这个家长团队发挥了很好的作用。我们甚至还为即将高中毕业的孩子举行了成人礼。其他朋友发现我们的孩子在学校中的表现优异了许多，就和我们讨论起家长团队的作用来。我相信组建家长团队的理念正在传播开来。

和桑德拉一样，这5个家庭使学习小组在青少年生活中的角色得到了革新。他们的实践恰逢其时，在应对男孩教育危机的道路上迈出了坚实的第一步。

在一个如学校这样庞大、往往还很官僚的体系中呼吁和促成改变，对家长来说是一项令人生畏的挑战。有时候，家长乃至教育工作者自己，都会感到无能为力，承受不了势不可当的压力。他们常常会为学校不具备变革的能力而感到沮丧。在第6章，我们将深入探讨家长如何共同倡导学校的变革。

与此同时，桑德拉和像她一样组建了父母主导团队的人已经用两种方式有力地回击了制度的难题：确保当某个家庭感到自己像大池里的小鱼一样渺小无力时，身边有盟友来帮他们减轻恐慌。当学区或附近的学校实在无法改变时，家长团队为孩子们找到了一起学习的伙伴，促使他们坚持不懈地努力。家长和孩子在教育中感受到的孤独感会减轻，因为现在，一个家庭不再是单独的“一条鱼”了，一群鱼组成了一个“迷你学校”，齐心协力就能在必要的时候掀起波澜。

不管你在学区或是邻里间面临什么状况，为儿子组建一个父母主导的学习团队，是保护他的教育权益时至关重要的第一步。

在下一章中，我们将迈出第二步：多方位细致地观察男孩是如何学习的，即男孩的大脑中发生着什么，以此来探索男孩天生的学习方式。这项探索能帮助家长和老师调整指导和教学的方式，适应男孩的独特需求。

当我们迈出第二步，在涉及男孩的问题时回避使用“危机”这个词并没有好处。20 世纪 90 年代的研究阐明了学校教育如何导致女孩的失败，尤其是在数学和科学方面，如女生的自尊心在课堂上容易产生波动、计算机设计的教学不适合女生等。正是因为认识到了女孩的危机，才促使政府做出应对，在很大程度上改善了女孩受教育的状况。

如今的教育危机则提醒我们，该关心学校里的男生了。如果我们不给他们足够的关爱，这些年轻人未来的成功将受到威胁，社区甚至整个社会都会濒临险境。如果不做出改变，男生们会继续在考试中得到大多数的 D 和 F。

当父母带着 3 岁的男孩走入幼儿园的大门时，他们都怀有最高的期望和志向。显然，他们认为这所幼儿园的老师，以及此后孩子将进入的各种学校的老师，都会明白男孩的心理世界。这样，他们就能高效直接地教育“男孩”，而不仅是“小孩”。

老师们了解男孩实际上是怎样学习的吗？家长们知道吗？如果每个人都知道，会带来什么样的变化？这些知识会帮助男孩过得更好吗？

让我们来寻找答案吧。

THE
MINDS OF
BOYS
02

了解男孩如何学习

尊重男孩暴躁易怒的情绪、激动轻狂的灵魂和不停活动的身体，就是尊重大自然赋予他们的天性，就像我们敬畏飓风的力量和瀑布的冲击一样。

——萨拉·鲁迪克（Sara Ruddick），一位作家和母亲

你有没有陪孩子们到游乐场，看他们玩耍互动呢？女儿还小的时候，我陪她们去过很多次，看着她们攀爬、跳跃、探索，我很享受。有时候我坐在一旁的休息区读书，有时候我会和她们一起游戏。

“你来当怪兽吧，爸爸！”她们会喊。像很多父亲一样，我很快明白过来这是她们希望我扮演的一个角色，于是我张开双臂追赶她们，直到她们找到安全的地方躲起来。

我有两个女儿，所以我陪她们去游乐园的体验和我小时候的记忆有些不一样。我的两个女儿都是假小子，有着像哈克贝利·费恩、汤姆·索亚、哈利·波特似的

性格。即便这样，我在养育孩子的过程中一直很清醒地知道，我养的并不是儿子。凯茜和我常常把在游乐场陪孩子玩的经历相互比较。作为两个儿子的母亲，在孩子小时候，凯茜也常常与他们一起玩，但没玩多久就只能坐在休息区看了。男孩们玩闹的方式和女孩不同。

你在生活中，有没有留意到男孩和女孩的不同呢？当你站在操场或者街边观察小朋友时，会不会感受到“女孩能量”和“男孩能量”的区别？你是否问过自己：“我有没有看错，男孩女孩之间真的有差异吗？”凭直觉，你是不是知道差异是存在的，但仍会追问：“为什么会有差异？是来自天性，还是社会塑造的结果？还是说两者兼而有之？”

几十年来，科学家和社会思想家通过观察男孩女孩的社交互动和自我激励方式来研究他们是如何学习的，包括他们在心理上如何成长、如何完成社会化、如何扮演自己的性别角色。这些研究从教学法、社会学和心理学的角度记录了西方多元的文化生态是如何差异化地“栽培”了男孩和女孩。

然而，最近出现了一种新的自然科学研究方法，有助于了解孩子是如何成长和学习的。这种“硬科学”从生理学、生物化学、神经科学的角度，进入孩子的大脑和身体内部来探索他们的发育情况。

科学家、社会思想家、家长和老师开始把脑科学运用到了解孩子的学习方式，特别是男女学习方式的差异上。这种新式的脑科学研究显示，男孩和女孩天生就不一样。[1]现在，父母们在游乐场陪玩时的直觉得到了科学的印证，科研结果证实了男女的大脑在先天基因、生物化学、神经发育、解剖结构上都有着根本的不同。

本章，我们将带你走进男孩真实的思维，走进大脑。其目的不只是引起你的兴趣，还为了启发你运用这些有趣的脑科学知识，来重新思考和修正当前学校、家庭、社区、游乐园对待男孩认知的方式。读懂男孩思维的实质，对于家长、家长协会、教师以及所有想给男孩最好的教育和照顾的人来说都至关重要。

用性别科学解读男孩大脑

当前，一门新的科学应运而生：性别科学。在研究性别分别对男孩女孩有何影响这个领域，一部分学者坚决支持社会学的解读，另一部分强烈倾向于生物学的观点。凯西和我保持中立，略微倾向于后者。之所以说我们中立，是因为我们从来不单纯依靠生物学。我们研究脑科学，也参考人类学、心理学和社会学的理论。你可以称我们的理论为“基于天性的理论”。面对人类如何学习这个问题，我们首先从遵循“天性”的生物学研究中寻找答案。我们认为，要讨论一个孩子，最有用的办法是从他的天性，而不是外在的社会推断入手。在了解孩子身心运转机理的基础之上，我们会进而借助社会科学进行解读。我们的理论是基于天性，但不局限于天性。

与如今不同，以天性为基础的理论，在 1 000 年前，甚至 30 年前都难以建立，重要原因在于学校体系和课堂教学法所采用的大多数教育学理论都来源于几十年前的社会思潮。20 世纪 50—70 年代的社会思想家们无法借助正电子发射计算机断层扫描（PET）、磁共振成像（MRI）、单光子发射计算机断层扫描（SPECT）等生物学研究的技术。他们对儿童如何学习提出假设，却找不出实实在在的科学依据。他们无法透视人类的大脑，直观地观察男女大脑的不同，所以只能远离基于天性的理论，向社会趋势理论靠拢。他们不得不在性别研究中过分强调养育的作用，因为他们无法探索到性别差异的自然天性。

不可否认，他们提出的一些假说非常好，教育体系在很多方面也表现出色。但是，新的性别科学发现，20 世纪教育学关于性别的某些假说并不准确。那时，人们普遍认为男孩和女孩的学习方式是一样的。学习时，每个孩子都是一个“个体”，并无男孩或女孩的区别。大脑被视为“人类”大脑，很少被区别对待为“男性”或“女性”的大脑。它被假设为一块白板，男女特征是在后天养育的过程中书写上去的。

包括脑科学和社会科学在内的新的性别科学，已经摒弃了将孩子视为白板或是单纯由遗传决定一切的传统观点，而是认为，影响孩子的三种因素应该是天性、教养以及文化。通过本章及全书内容，你会看到，男孩的天性与后天教养及文化氛围之间的相互作用是我们以及与我们合作的团队工作的基础：尽管人类大脑还有更多未知的领域需要研究，但我们相信，目前我们掌握的这些知识已经为家庭、学校和社区提供了重要机遇，来创造能帮助孩子取得成功的必要环境。

基于天性的新性别科学能为老师和家长们提供针对孩子的有效的教学方法，范围涵盖语言艺术、阅读写作、数学、自然科学，乃至运动和艺术。这门新的科学可以更好地帮助高度敏感、动力不足、学习困难的孩子，也能让我们更深入地了解养育孩子所面临的挑战。

在很多案例中，基于性别科学的教学方法和策略都反映了男孩和女孩在思维、情感、学习方式上的不同。作为本书的主人公，男孩从还未出生时起，就拥有指引他们通向成功的“男性”方式，这是一种独有的学习能量。充分了解这种“男孩的能量”，会帮助我们找到教育男孩的全新方法。

男孩与生俱来的学习方式

《调皮捣蛋》（*Up to No Good*）是一本轶事集，讲述了四五十岁的中年男人们对童年时代学习经历的回忆。其中一篇来自 1960 年出生在纽约的查理，他讲了这样一个很有代表性的故事：

我大约 13 岁时，和朋友们做过一个游戏。我们进入漆黑的地下室，各自找一个地方躲起来。有人突然关上灯，游戏便开始了，我们互相扔飞镖。听见有人发出声音，你便从躲藏的地方探出身来扔出一支飞镖，然后马上缩回身去，因为你也是别人瞄准的猎物。有时是一片完全的寂静，有时你会听见“嗷”的一声大叫。有一次，我们打开灯发现一个小伙伴中标了，飞镖挂在他的脸上，差一点射中眼睛。

从此以后，我们戴上了护目镜。[2]

每次在给老师或家长上性别科学培训课的开头，我都会讲起这个故事，还常常开玩笑说：“戴护目镜，可不就是一种典型的男孩子的新发明吗？”每次总有一个听课者回应道：“新发明？有没有搞错！一发现有孩子弄伤了脸，这个游戏就该马上叫停！”

这样的回应合乎常理，但是随着研讨的深入，就连这名听课者也最终认同了：仔细看看男孩们的新发明，我们能感受到一种可以称为“男孩能量”的清晰可辨的东西。它体现在男孩的身体、行动和运动感觉上。男孩即使在读书的时候，也常常踢踏着脚，或者撕着指甲周围的死皮，求索而冲动的目光转来转去。被这种内在的能量激发着的男孩倾向于通过冒险创新的方式来学习，所以他们带着护目镜继续游戏。释放这种能量需要大量的肢体运动和对物体的操纵，并时常富有竞争性，但通常不需要语言表达，更多时候男孩会选择保持沉默，秘密行动。男孩的能量使他们爱好空间上的挑战，喜欢使用工具。他们常常会寻求控制混乱情境的经验，比如在黑暗中投掷飞镖，这种活动失败的门槛较低，可在或大或小的空间里开展，可以在户外，也可以像查理的故事所讲的，在地下室里玩。男孩们通常会把能量集中在单一型任务上。

如果我们暂时都同意把这种能量称为“男孩能量”，或许也会认同它是构建人类文明的最伟大的力量之一。我们的家园和楼宇都由它创造，道路源自空间感良好的男性的构想。男孩能量推动着火箭升空翱翔。需要在屏幕上进行肢体和空间操作的电子游戏玩家也绝大多数都是男孩。有些男孩成了给大家带来激情的职业赛车手，有些成为挑战已知时空边界的宇航员，有些成为保护我们的军人，有些成为老师、建筑工人、店主或是作家。男孩们通过冲动的试验和犯错来学习，等他们长大成人，当了律师、医生、运动员或是公司经理，又把创新带上人类的舞台。

男孩的身体在生活的风暴中经历考验。穿过未知或令人害怕的如悬崖峭壁般的困难、险境，他们炼成了坚强与温柔。在这个过程中，男孩的身体与大脑一样，承载着他们的内心世界。

我们是否也可以这样评价女孩呢？女孩的内心也能通过身体表现出来。女孩也可以成为优秀的运动员，也可以成长为飞行员，也可以发明创造。女孩也可以成长为捍卫价值观和保卫祖国的人，也能当律师、医生和工程师。这都没错。关注“男孩能量”并不是要给女性的人生设限。看待这个问题很像在照一面凸透镜。对大多数人来说，虽然倡导性别平等，但对女性内心的探察不仅展示了她们的心理世界，也展现出与她们不一样的男性心理世界。我在游乐场和女儿们玩的时候，就感受到了男孩和女孩的不同。正如凯茜和儿子们玩的时候，也意识到自己不是男人。这种差别不会限制家长的爱，也不会降低老师教书育人的意愿，但是这种差别确实存在。

大多数的男孩，即便表现出很强的语言能力，擅长阅读、写作或公开演讲，他们身上也蕴藏着男孩能量，而且几乎所有女孩子都感受过它。几乎所有母亲都曾留意到儿子有一种在游戏团队或学习小组中学习和认识世界的天分。他们的游戏包括飞檐走壁、疯狂吵闹，极力让事情不要搞得那么严肃。男孩会放下骄傲，不断尝试。如果某项创新很好地发挥了作用，他们会因为得到真正的赞美而咧嘴一笑。渴望在允许范围内尽可能地自由行动仿佛是男孩原始的天性，他们常常向往在黑暗中摸索。不知不觉中，男孩把诗人马克·斯特兰德（Mark Strand）笔下的一个奇妙意象内化了：男孩动来动去不一定是为了打破什么，而是为了保持一切的完整。[3]

我们都能感受到这种能量，而现在，我们不仅能感受它，还能做得更多。我们可以通过科学来认识这种能量。查理和他的小伙伴们并不知道自己将对一门新的科学有所贡献，但他们确实做出了贡献：为接下来的科普开了个幽默的头儿。下面让我们一起来了解男孩能量在你儿子或者你的男学生的大脑中的运作过程。

男性的大脑特征

正电子发射计算机断层扫描和磁共振成像技术可以帮助人们观测到男女大脑内部的结构性和功能性差异。观看男女大脑分别在执行任务时的扫描结果，你会发现大脑的不同区域亮起，大脑皮层各个部分的活跃程度也不一样。这是我们了解男孩的天性和学习特点所用的最主要的方法。

马萨诸塞大学阿默斯特分校的学者南希·福杰（Nancy Forger）发布报告称："男女大脑之间至少存在 100 种差异。"[4] 本书中还会提到从事同类研究的其他学者，比如哈佛大学医学院的心理学教授吉尔·戈尔茨坦（Jill Goldstein）也在研究大脑的性别差异，用以治愈疾病。我和凯茜特意运用这类性别科学的研究结果，来帮助制订分别适用于男孩和女孩的教学和养育策略。

在下面的"你知道吗"专栏里，列举了我们通过研究由先天基因决定的男性特点而发现的一些生物性倾向。图 2-1 和图 2-2 是男性大脑的图解，可供了解大脑的各个部位，以及显示男女大脑差异的扫描结果。

当老师倾向于使用语言而非图表来授课时，男女大脑的先天差异就凸显出来。平均来看，相对于女性，男性的大脑更依赖空间的、操作性的刺激，所以天生就更容易受到图表、图片和移动物体的启发，而不易受到单调语言的启发。如果老师讲了很多话，男生会比女生更容易感到乏味，他们会走神、睡着、坐立不安。这只是先天差异之一。

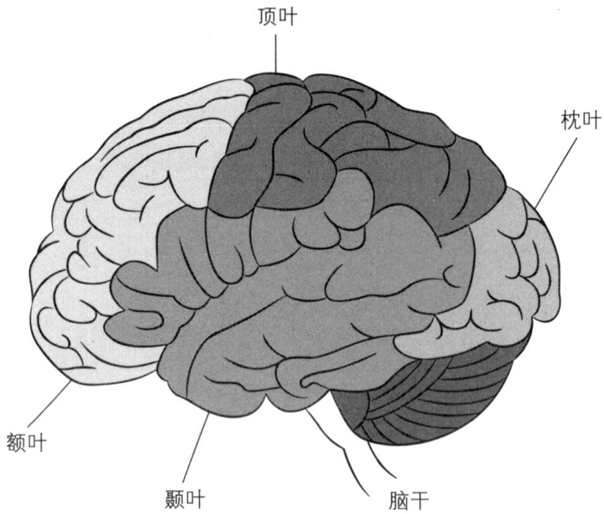

图 2-1 大脑结构图（外侧）

图片来源：Illustration by Kevin Roe and Richard Sheppard.

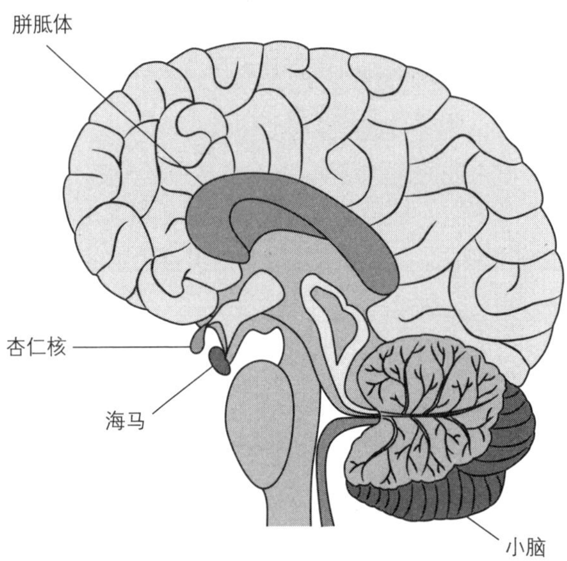

图 2-2 大脑结构图（内侧截面）

图片来源：Illustration by Kevin Roe and Richard Sheppard.

- 男孩的血液中往往含有更多的多巴胺，它能增加人的冲动冒险行为；而且流经男孩小脑的血量更多，小脑是负责控制“做”和“肢体行为”的。[5] 虽然多巴胺不能穿过“血脑屏障”，但左旋多巴这种大脑中含有的氨基酸本身可以转化为多巴胺。[6] 这些因素导致了男孩在静坐状态下学习的成绩往往不如女孩。相比女孩，男孩更容易把学习和运动结合起来。[7] 实际上，在男性大脑的学习过程中，运动是非常重要的，对多巴胺水平高、小脑发达的女性来说也是一样。
- 胼胝体是连接左右两侧大脑半球的横向神经纤维束。男孩的胼胝体比女孩的小，某些研究显示男女之间的大小差异能达到 25%。[8] 研究表明，相比于男性，女性的胼胝体及其他相关神经束使得她们的两侧大脑半球有更多的沟通。大脑半球间高水平沟通的突出表现就是多重任务处理，即能够成功地同时完成不止一项任务。女孩的多重任务处理能力普遍强于男孩。
- 女孩的大脑颞叶中通常拥有比男孩更强大的神经连接，能促进感性的、细节的记忆存储，也能提升听觉能力，让女孩对音调更敏感。男孩感知周围声音的能力较差，尤其是对言语的感知较差。他们需要更多触觉感官的体验来使大脑进入学习状态。[9]
- 海马是大脑中的另一个记忆存储区域。男女海马发挥着不同的作用。[10] 男孩需要花更多时间来记忆课堂上的内容，尤其是写下来的条目。但是，由于男孩的海马更倾向于制作列表，当大量信息以列表或统筹分类（论点、分论点、分分论点）的形式组织在一起时，会令男孩更容易记忆。
- 女孩的额叶通常比男孩的更活跃，而且发育得更早。[11] 因此，相较于男孩，女孩一般更少做出冲动性决定。过去，孩子们会更多地进行户外学习和独立探索，那时的学习过程会更需要冲动性。
- 女孩额叶的布罗卡区和颞叶的韦尼克区发育得更早，也更发达，它们是大脑主要的语言中枢。[12] 女性大脑一般会利用更多的神经通路和大脑中枢来进行遣词造句，通过语言表达经历、情感和认知。

- 女孩体内的雌性激素和催产素水平更高，这些化学物质对语言的使用有直接影响。男孩体内有更高水平的睾酮，这是一种与性和攻击性密切相关的激素，他们体内与领地和等级意识相关的抗利尿激素水平也更高。当女孩与朋友和家人交流时，催产素水平会上升。男孩血液中的雌性激素水平较低，导致大脑对语言的关注较少，所以采用坐而论道的方式进行学习时，男孩学到的东西没有女孩多，也不容易产生兴趣。他们的学习方式常常与行动反应、等级竞争[13]和攻击性培养相关。相关话题将在第 4 章详细阐述。
- 男孩的大脑活动是区域性的，也就是说，他们同时用到的脑区更少。他们大脑中的血流总量比女孩少了约 15%，[14]从结构上就不适合多任务学习。所以，男孩在长时间专注于一项任务进行深度学习时，表现会更优异；如果任务之间切换过快，他们则会表现欠佳。对于同时完成多项任务的刺激，大脑的主要反应是受挫。这时大脑中产生愤怒和攻击性情绪的杏仁核会增大，而且男性的杏仁核本来就体积更大。[15]受挫感的逐渐增加导致了应激激素皮质醇的水平升高，这又与肾上腺素水平的升高相联系。因此，男孩在课堂上容易出现纪律问题并不意外。
- 科学研究继续探索了性别对许多大脑区域的影响，包括主要负责图像处理的枕叶，主要负责运动、方位感、计算和特定类型识别的顶叶，以及常被称作“爬虫脑”的脑干。之所以称为“爬虫脑”，是因为它与爬行动物的完整大脑相似，负责无意识的动作以及维持生命所必需的生理功能，比如心跳、呼吸和体温调节。
- 在任务间隙，男性的大脑通过进入宾夕法尼亚大学的神经学家鲁宾・古尔（Ruben Gur）所称的“静息状态”（rest state）来自我更新、充电和重新定位。[16]教室后排的男生耷拉着眼睛，快要睡着了，也许就是进入了神经的静息状态。结束一整天的工作后，男人们会在电视机前打瞌睡，他们的大脑正通过进入静息状态来充电。老爷爷坐在船上钓鱼，几个小时不动，心满意足但毫无刺激，也是进入了静息状态。磁共振成像检查发现，静息状态对男性的大脑活动尤为重要，但在课堂上却会引起大麻烦。大部分作业没完成就迷迷糊糊睡着了的学生是男生，大部分在听讲时忘了做笔记或者打瞌睡的是男生，大部分敲着铅笔坐立不安的也是男生，这是他们为了保持清醒、继续学习而采取的自我刺激方式。

由于大脑中的血流量更大，女性在给大脑充电和重新聚焦注意力时，往往不会表现出明显的静息状态。所以即使一个女孩在听课时感到无聊，也能继续睁着眼睛做笔记。正如古尔所观察到的："女性大脑在休息时的神经活动与男性大脑在解决问题时一样多。"也就是说，女性大脑不会像男性大脑一样进入静息状态。即使在休息时，女性大脑的血流仍然非常活跃，而同样情况下，男性大脑的血流则没有那么活跃（见图 2-3）。

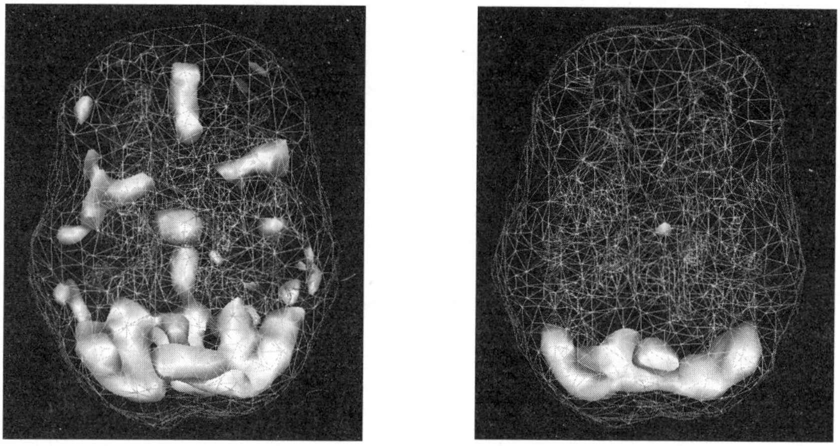

图 2-3 男女大脑在静息状态的活动对比

左侧是女孩大脑的扫描图像，右侧是男孩的，双方都正在休息。请注意女性大脑内活动明显更多。

图片来源：Brain scans courtesy of Dr. Daniel Amen. Used by permission.

男孩女孩读写能力上的差距

上述这些生物性倾向仅仅是冰山一角，但可以立即帮助老师和家长理解他们在课堂上和家里观察到的一些情况。重要的是，我们明白了为什么女孩在读写能力上比男孩领先了一年至一年半的水平。根据美国和加拿大教育部的统计，以及第 1 章中提到的经济合作与发展组织对其他 35 个发达国家的调查，男女读写能力的差距从童年早期开始，贯穿了整个学生生涯。由于平均来说，男孩的大脑先天不适合读书、写作和复杂的遣词造句，所以任何倚重于这些技能的文化都给男孩增加了困扰。由于在言语功能、感官记忆、静坐、倾听、音调变化和对话沟通方面，女性的大脑中有更多区域在发挥作用，所以，女性一般能比男性更早地掌握复杂的读写。

改变男孩，还是改变教育

前面我们已经提到过男孩与传统教育之间的不匹配，但是现在，家长和老师了解了男性大脑的自然天性，就可以直面男孩天生的学习方式与学校通常的安排之间存在的重大矛盾。

如果你想一想，有多少男孩成绩不好、考试不及格、在课堂上表现不好、造成了纪律问题等，就会发现男性天性中除了读写能力差距之外还有其他一些重要的特点，也与传统教育不匹配。

- 男孩曾经可以在多样化的人际关系和指导方式下学习，当学徒、被师父指导、通过手头的工作进行练习；而现在他们只能采用一种主要的方式来学习了，那就是通过言语沟通的学习小组，而且他们还必须安静地坐在椅子上，缺乏身体运动。
- 每天在农场上、市场上、旅途中学习的机会几乎消失了；手中的书本越来越多。

- 不安分和肢体活动原本是有能量、有活力的体现，代表哪里有需要学习的地方，男孩就愿意去到哪里；现在却成了碍事的问题。

尤其是近 50 年来，坐着读书的孩童已经成了教育宣传海报上的典型形象。这个形象不坏，但是对于男孩的思维运转来说，它是不完整、不匹配的。也许你在家里或学校中见证过这样的不匹配：男孩艰难地用学校提供的方式去学习，老师和家长都感到很受挫，男孩却还是被贴上了“难以管教”或“失败”的标签，变得闷闷不乐、自我怀疑。

在古里安研究所的培训中，关于男孩能量和男性大脑的内容引发了针对当前男孩面临困境的激烈讨论。一位老师提出一个关键的问题，这是我们在各种场合展示关于男孩天性的素材时，都会有人提到的问题：“我们是应该尝试改变男孩和他们的能量特点呢，还是改变他们所在的教育体系？”另一位老师问道：“我们面对的是一个教学方法问题呢，还是一个道德问题？”

现在，我们已经掌握了关于男孩天性的科学知识，每个人都必须回答这些问题。

如果你认同第 1 章的内容，也就是即使很多男孩学得很好，当今男性确实面临着教育危机；如果你也认为新的科学可以告诉我们男孩是如何学习的，而男孩的学习方式与当代常用的教育原则极不匹配，那么你也许已经受到了启迪，可以从个人和公民的角度来做出判断：那些退学、挂科的男孩，每天在护士办公室排队服用利他林的男孩，感觉自己在学习上很困难的男孩，已经代表了当前我们需要面对的道德问题。

我和凯茜相信，每当老师在质疑为什么男生是“班级的大麻烦”时，就是在提出一个道德问题。每当老师们在休息室讨论，为什么男生拉低了标准化考试的平均分，也是在问同样的问题。每当父母心如刀绞地犹豫着要不要让儿子服用药物时，他们也是在问这个问题。当孩子们在学习中遇到困难，但眼看着其他孩子学得很好时，这个问题无声地回荡在他们心中。

“我们应该继续尝试改变男孩，还是改变教育体系？”

在家里、学校里和社区里，要想回答这个问题，你、你的父母主导团队和学校就必须做出决定：在天性、教养和文化中，哪些部分可以改变、应该改变，哪些部分无法改变、不该改变。你会默默地或直接地提出这些问题：

- 男性的天性、男性的大脑，在多大程度上是可塑的，可以经过改变来适应工业社会的课堂？
- 基于大脑的可塑程度，我们该如何比现在更好地开始改变，不再让大多数不及格的学生都是男孩？
- 在某些天性不可改变的情况下，当前的教育体系该如何适应男性的大脑，以达到想要争取的积极结果？

接下来，我们将探讨这些问题的答案，希望你会感兴趣，并真正付诸行动。掌握答案中的科学道理构成了解决如今这一危机的第二步。

终结性别可塑的神话

贾尼丝是三个男孩的妈妈，她给我们写信说：

> 我退休前是一名英语老师和学校的咨询师。我用同一种方法教儿子，从出生起就读书给他们听，跟他们说话，给他们拥抱与滋养。培养敏感体贴的暖男对我来说是很重要的，我希望他们热爱阅读，敢于哭泣，不用担心社会对男性的刻板印象，我希望他们可以成为健谈而温和的丈夫。
>
> 我的儿子现在都很不错，但并不完全是我计划的那样。其中一个确实是

我培养的“理想”男生。他成了一名记者，在爱好阅读方面算是有点儿随我。他从小就很擅长阅读。但是，其他两个儿子学英语只是应付，仅限于完成了必须做的。一开始，我很惊讶，不管我怎么努力，他们都很排斥我这个“英语老师妈妈”。他们俩都不怎么爱说话，至少不爱谈论自己的感受。

我常常思考回顾儿子们的成长，尤其在我密切关注了脑科学的发展以后。我知道家长和学校可以给孩子带来很大影响，但我在思考这是什么性质的影响。我知道人的大脑是可塑的，但这并不一定意味着它任何时候都能被我或者学校塑造成我们想要的样子。我和我儿子的学校已经尽力按照我们期待的样子在塑造他们，但是他们内在的某种东西抗拒了我们。对于孩子的内心世界，也许我们并不具备自以为拥有的影响力，也或许我们的影响力是另一种。我的儿子们让我开始重新思考家长和学校在塑造男孩学习方式上扮演的角色。

当我们迈出下一步，面对把男孩的心理世界概念化的教育系统与整个文化生态时，贾尼丝的观点显得非常重要。她的直觉判断值得我们思考：大脑在某些方面会“抗拒”文化的影响和渗透。老师们在讨论会上提出“我们可以改变男孩吗”“我们应该改变他们吗”这样的疑问，也正是凭着同样的直觉。

我们可以改变男孩吗

像其他人一样，受当前文化的影响，贾尼丝曾经相信，孩子大脑中的性别概念是可塑的：婴儿的大脑如同一块白板，性别只是在社会化的过程中形成的。这个观念又引出了下一个观念：由于性别是社会化的结果，不是天生的，那么无论采用哪种教学方式，孩子的大脑都可以成功适应以工业社会为基础的教育机构的人才培养需求。

当贾尼丝开始思考儿子们的现状时，现实提醒她应该重新审视自己的观念。她认识到，儿子身上有些很重要的东西是她无法塑造的，也是学校无法改变的。

最终，基于母性和职业的直觉，以及本书中分享过的脑科学研究结果，贾尼丝得出了自己关于男性大脑的结论。我们从道德层面探讨了当今教育中男性的困境，以及想要为了保护男孩天性而找到最好的学习模式。拥有正电子发射计算机断层扫描、磁共振成像、单光子发射计算机断层扫描对大脑的检测结果，无疑是个重大利好。

贾尼丝现在不需要再去考虑自己的直觉是否正确了，这着实让人兴奋。脑扫描已经显示出男孩能量是天然存在的。有了这些扫描结果的加持，贾尼丝可以和我们所有人一起，迫使当前的教育文化不再试图改变男孩，而是去改变压制了男孩的天生能量和学习方式的“性别可塑神话”。

现在，我们可以直观地看到并充分地理解性别差异是如何在大脑中产生的。人类能够、应该、必须按照近年来教育体系和意识形态所希望的方式来重设大脑，这样的想法应该束之高阁了。

性别植入大脑的三个阶段

实际上，人类通过基因分三个阶段把性别植入了大脑。这三个生物性阶段分别由遗传学、内分泌学和社会心理学做出了解释。[17]

阶段一：从胚胎阶段起，决定性别的染色体标志就分别包含在男孩和女孩的基因组中。加州大学洛杉矶分校的科学家已经能识别出植入在胎儿大脑中、决定性别发育的染色体标志。

阶段二：这些染色体标志促使子宫中大量分泌雄性和雌性激素，将 XX 组合的大脑设计为女性，XY 组合设计为男性。孕期第 2 个月到第 5 个月之间，子宫内的性激素越加频繁地向胎儿大脑疯狂分泌。来自伦敦大学、加拿大麦克马斯特大学、加州大学洛杉矶分校以及宾夕法尼亚大学等全球多所高校的科学家，都能通过大量分泌的睾酮和其他激素来追踪胎儿大脑中性别形成的过程。

阶段三：宝宝诞生后，其性别会首先通过非言语线索，继而通过言语线索传达给父母、宝宝成长的社区和更大的社会。这些线索是基于孩子基因的生物性表现。母亲、父亲、大家庭的成员，然后是老师、学校，以及像你我和贾尼丝一样的社区成员会逐步开始明白这些区分男女的信号、线索和特点。现在，我们可以通过单光子发射计算机断层扫描和正电子发射计算机断层扫描来追踪这些信号。全球多个地区的科研机构，如丹佛大学和哈佛大学，在其开展的依恋理论研究中也都采用了这两项追踪技术。

上述学者没有任何一位落入天性与教养相斥的窠臼之中，这一点非常重要。他们都认识到了基因、激素、神经和社会力量之间强大的相互作用。

他们同样还认识到，男女是我们与生俱来的性别特征，在婴儿开启人生之旅的初始就已经决定。尽管 30 年前流行的学说认为性别完全是由后天教养方式决定的，但当今的科研成果已经否定了这种认知。性别生而有之，继而受所在文化的影响而社会化。

大自然为什么要把人类的基因组、大脑和情感联结系统设计为男性和女性两种？没有哪位学者能给出完全肯定的答案。有的人从宗教信仰的角度去理解人性；而更多以科学为基础的进化生物学研究显示，导致大脑性别差异的最可能的原因在于，在数百万年的进化史中，人类曾经靠狩猎和采集为生。

由于狩猎主要依靠男性，因此男性大脑需要空间感更强、更擅长体力劳作。男性需要良好的视力，但并不需要明察秋毫，像照顾子女的女性一样对细节有细致入微的感知。所以，男性的大脑被基因设计得更善于肢体运动，流经脑干的血液比女性更多。但是狩猎过程中不太需要说话，因此男性大脑可以处理的言语输入和输出都更少。

不管你选择宗教还是科学的解释，新的科学技术让我们可以直观地看到男女大脑中的不同。即使你家客厅里没有正电子发射计算机断层扫描仪，你仍然可以明白遗传学家、生物学家和社会学家们得出的结论。

男孩女孩的天性之别

如果要把染色体和激素给人带来的决定性影响从科学技术中抽离，带入平时的生活经历中，你只需要想一想你的儿子们。你有没有留意到他们身上有些一早就注定了的东西？虽然孩子们之间有极大的个体差异，没有单一的“男孩”或“女孩”形象可以概括他们，但是，你是否注意到过下面的“你知道吗”专栏中列举的情况呢？

你知道吗 THE MINDS OF BOYS

- 从婴儿出生 4 天开始，女孩就倾向于比男孩多花一倍的时间来与成人进行眼神交流。男孩和女孩大脑中的视觉皮层和影响情感联结的化学物质从婴儿出生 4 天起就已经不同了。
- 4 个月大以前，女孩比男孩更善于区分熟人和陌生人。记忆中枢，以及与空间感和动手能力相关的神经传导在男女大脑中的功能已经出现不同。男孩通常更喜欢花时间盯着在空间中移动的物体，比如屋顶挂着的风铃。相反，女孩会立即把目光转向照顾自己的人。
- 女孩更加留意照料者说的话，女性大脑的语言中枢比男性发育得更快。
- 如果把洋娃娃给小男孩玩，相较于女孩，他们更喜欢把洋娃娃的头扯下来，拿它们撞桌子，抛在空中，用需要体力、运动和空间感的方式来玩洋娃娃。相反，女孩从很小的时候就开始对洋娃娃说话。鉴于女性大脑中负责言语交流的中枢发育得更早，这样的差异不足为奇。由于女孩体内催产素水平更高，她们更能与物体建立情感联结，而男孩则仅仅把物体当作练习运动的工具。[18]

让男孩发挥自身学习优势

生物学和社会学都已经证明了男女大脑之间的差异，那么培养男孩成长的社区、学校、家庭和整个文化可以让男孩改变自己大脑的性别吗？类似贾尼丝这样的母亲能否仅仅通过说话或读书，使一个普通男孩的言语中枢发育程度达到普通女孩的水平？学校应不应该强迫男孩变成所谓“最容易教”的学生？

你在上述问题中的立场是什么？新的科学向我们所有人提出了挑战：母亲、父亲、祖父母、老师和政策制定者。我们需要得出有理有据的结论：男孩的自然天性、教育生涯和文化经验之间应该是什么样的关系？我们和孩子们建立亲密关系的时间屈指可数，应该怎样度过这几年？应该怎样呵护他们生而为人的天性和奇思妙想的内心？

本书的立场是：新的科学研究已经得出了结论，尽管每一个孩子都独一无二、与众不同，尽管每个人都在不停地学习新技能、养成新的交流模式，但我们仍然相信，**性别在人脑中是不可塑的**。这不是一种可以习得的新技能，也不是一种新的交流模式。它是一种由基因决定的人格。就如同你无法把一个内向的人变得外向一样，你也不能把男孩的大脑变得女性化。

不是大脑中的所有元素都具有可塑性，尤其是性别。明确这个观念对讨论男孩在教育体系中所处的状态很重要。目前的教育体系采纳的是“神经系统整体可塑”的观念。这个理论把大脑虚构成了一个神奇可变的装置，导致很少有学术机构向老师提供关于性别的神经科学培训。人类发展的这一方面被忽视了。年轻老师和很多年轻家长一样，认为孩子是“男孩”还是“女孩”在教育文化上并不重要，所有孩子的学习方式基本都一样。只要用同一种方法教他们，就会取得各自性别可预期的效果。

新的性别科学与脑科学研究结果呼吁我们摒弃这些错误的理论，这是解决男性教育危机的第二步。新的科学将走进学校，把利用正电子发射计算机断层扫描、单光子发射计算机断层扫描、磁共振成像技术对男女大脑进行观测的结果展示给年轻老师看，教他们理解这些大家都已有所感受的性别的真实情况。

作为个体的你，作为集体的学校，都可以成为推行这一切的领导者。如今生物科学已经可以运用正电子发射计算机断层扫描、磁共振成像及其他检测技术，识别出在人类数百万年的进化史中，性别是如何被写进了基因组，并在今天依然像明灯一样点亮了孩子的大脑。你可以把这些知识传播到你的家庭、中小学和大学，用知识去影响社会政策的制定。你可以帮助所在社区认识到，“性别可塑”的神话让男孩的生活变得多么艰难。看见男孩在学习中陷入焦虑和痛苦时，你可以指出，当前的教育系统在某些方面不适合男孩的大脑：当他们无法学习的时候，这个系统声称他们“智力低下、不守纪律、无可救药”，并坚持认为他们应该改。更严重的是，“屡教不改”成了男孩个性中的又一缺陷，甚至需要服药治疗。

如果我们继续相信性别可塑的神话，就会有更多男孩在学校里表现不佳。他们没法正常地成长，无法拥有大人们多年来认为他们应该拥有的能力，只能年复一年在荒废与失败中虚度。在整个挣扎和冲突的过程中，他们会“屡教不改”，让人失望。

如果你同意如今的教育体系常与男孩的大脑结构不相适应，不能为他们提供合适的学习模式；如果你也认为家庭和学校应尽量少去试图改变男孩，而是更多地帮助他们自然而然地学习，那么你可以成为男孩的使者和他们内心的守护者。你可以作为使者加入我们，不企图改变孩子的天性，而是朝着以下两个目标努力。

1. **孩子真实自我的表达和发展。**天生的自我对孩子的学习来说是最重要的，辅助者有责任帮助它在仁爱的社会环境中得到充分表达和发展。
2. **弥补先天不足和弱势的方面。**基因或环境的因素可能给孩子的大脑造成学习方面的缺陷。当孩子作为个体在某些学习特点上与集体不相符时，也容易处于弱势。

本书的第二部分开启了“鼓励表达”和“弥补不足”的旅程，指明了达到这两个目标的道路。无论孩子的大脑信息为何，我们提供的方案都会避免用“在多大程度上改变了孩子的学习方式”来衡量教育是否成功。我们坚信，试图改变大脑内在的自我发展方式的教育是对自由的侵犯，会最终导致孩子压抑自我、放逐自我，失去成功的能力。一个善于表达自己、学习弥补短处的孩子遵循着人类最自然的本能：适应。当大人帮助孩子利用自己天生的技巧和才能来适应社会需要时，孩子的内心世界就得到了保护。而让一代学龄儿童服药，看着他们逐步走向失败，并不是保护他们的方式。

打破性别可塑的神话并不容易，正如第一步的组建父母主导团队也并非易事。但是，只有改变家庭和学校，使之适应男孩的需求，才是教育最好的未来。我们曾为帮助女孩所做的一切就是证明。

整个社会在女孩教育上的成功，对帮助男孩的工作很有启发。过去几十年间，我们成功对抗了伤害女孩、充满父权观念和性别歧视的工业化制度，改善了各年龄段女性的生活。尽管前方还有长路要走，但是状况已经大有改观。在这个进程中，社会文化没有强迫女孩为了在教育上获得成功而改变自己的大脑或者天性，而是所有人团结起来改变了制度，去适应她们。

具体来讲，我们在数学和科学的课堂上增加了言语表达，指导老师们更多地采用板书和小组讨论的形式，改变了考核方法，增加了更多说明文和议论文的写作。同时，由于女孩天生需要言语鼓励，我们也发掘了在家庭中鼓励女孩的新方式。

如今，改善女孩教育的成果是显著的：在工业化国家的学校中，女孩与男孩在数学和科学课上的差距已经消失了，女孩现在可以取得和男孩一样好，甚至更好的成绩。在加利福尼亚州，女孩在数学和科学课上的表现优于男孩。正如之前指出的，在很多学校，女孩不再是后进生，反而是优等生。我们对教育体系的改变很有效果！

诚然，为了帮助男孩而改变教育体系会更难，因为曾经为了帮助女孩而推动的变革实际上导致男孩的教育产生了更多问题。此外，在考虑女孩的需求时，我们并不需要反击性别可塑的神话，我们从不说“女孩有缺陷”，而总是说“体系有缺陷”。在不伤害女孩的前提下，为男孩改变体系也是可以实现的，而且必须实现。

这一章，甚至整本书，都无法以现在的形式在 20 世纪 80 年代写作出来。只有经过最近几十年的脑科学研究，发现了男女大脑和身体在学习上的重大差异后，才能展现出当前的教育体系对男孩的能量没有全面看待。只有经过这几十年来对数据的追踪和对男生在学校里的不幸经历的研究，我们才能最终醒悟，明白在当前教育体系下，男孩身上发生的积极和消极的一切。如此这般，我们才能开发出理论和项目来保护男孩。

如果说 20 世纪 90 年代是属于女孩的，那么也许当今的时代将属于男孩。我们将在不影响女孩权利的情况下完成使命，后续章节将陆续对此进行阐述。这些内容将构成指引社会变革的一张实用蓝图，指出一种支持、培养、保护和教育男孩的新方式。后续的每一章都将讨论有关男性大脑的最新研究，以及帮助男孩的大脑成长、学习的技巧。同时，我们还提供了营造家庭和学校环境来管理男孩的能量、成功教育男孩的策略和方法，特别针对来自诸如阅读和写作等课程的挑战。同时，这些章节也将关注各种类型的男孩：从不热爱运动的到热爱运动的，从擅长阅读的到不擅长阅读的，从数学天才到学数学有困难的。

男孩和女孩各有不同，但每一个男孩也都是独立的个体。我和凯茜希望，在本书剩下的部分，你能找到一些实际的方法，照顾到每一个男孩。我们希望你从家中做起，加入我们，开始一段真正向前迈进的旅途，因为家是男孩教育开始的地方。

THE MINDS OF BOYS

第二部分

0～6岁，创建最能激发男孩潜能的学习环境

There is
no single way
to educate.

教育
没有单一的方法。

THE MINDS OF BOYS 03

营造最适于男孩学习的家庭环境

父母是孩子们的第一任老师。每个家长都有一个心愿，希望帮助孩子做好入学的准备。每个老师都有一份期待，希望家长可以将这个心愿付诸实现。

——玛利亚 · 蒙台梭利

玛莎和斯蒂芬住在科罗拉多州斯普林斯市，夫妻俩都是计算机工程师。他们有三个正值青春期的儿子：18 岁的罗伯特、17 岁的亚当、15 岁的乔希。几年前，每个孩子都参与了一项家庭实验。从罗伯特出生开始，玛莎和斯蒂芬就致力于把家庭定期阅读变成固定的家庭传统，以熏陶孩子们养成热爱学习的习惯。他们的惯例是每天傍晚拿出半小时来阅读，孩子们到了上学年龄以后，阅读时间延长到了一小时。婴儿时期，他们躺在爸爸妈妈的怀里，长大以后就坐在爸爸妈妈身边，孩子们很喜欢阅读绘本《晚安，月亮》(*Good Night*，*Moon*）或是《花盼》(*Hope for the Flowers*)，喜欢听爸爸妈妈读绘本的声音，看里面的图画。

玛莎总爱说起："我们一开始很快乐地坐在沙发上，但是天哪，男孩子根本坐不住！"

玛莎和斯蒂芬注意到，罗伯特是第一个坐不住的。“当他到了一岁半左右，”玛莎观察到，“他看起来开始厌倦阅读了。”

斯蒂芬回忆道：“我们真的很想把这段珍贵的亲子时间当作一项家庭传统活动坚持下去，但是阅读活动进行得越来越困难了，尤其在亚当也开始跟着罗伯特坐立不安之后。”

他们扔枕头、扔球，动个不停，球在墙上弹来弹去。没过多久，罗伯特和亚当开始互相抱怨。他们越来越大胆，没法再安静下来集中精力看书，投入家庭阅读活动。那时罗伯特 6 岁，亚当 5 岁，乔希 3 岁。曾经的幸福快乐去哪儿了？眼看这项家庭传统难以为继，玛莎和斯蒂芬几乎放弃了。为了让男孩们坐下来听故事而造成的紧张局面，实在令人沮丧。以罗伯特为例，他每读完一本短短的绘本就想要看电视。

然而就在这时，斯蒂芬的父亲汉克来到家里探望他。汉克说：“你们知道吗，斯蒂芬小时候他妈妈给他念书，他也是这个样。我记得有一次他很努力想要像在学校里一样把双手放在桌上，但是他的手不受控制地总想放下来，就好像自己有生命一样，所以他又试着坐在手上。最后，他妈妈决定干脆任由他到处活动。从那以后，他就可以听得挺认真了。”

斯蒂芬当然不记得这段经历了，但是对玛莎和斯蒂芬来说，这个点子不错。

“老爸说对了。回想一下看书的时候，他们仨总有一个会时不时地动个不停。当老爸讲起斯蒂芬小时候的事，我们才恍然大悟：怪不得呢！”

玛莎和斯蒂芬马上调整了这宝贵的家庭传统，他们告诉孩子们，在听大人读书的时候可以做别的事情，比如玩乐高、画画、捏球，或是坐在椅子上、躺在地板上玩玩具都可以。这次改革之后，家庭阅读活动又回归正轨了。

即使现在孩子们基本都长大了，玛莎和斯蒂芬仍然对这项家庭学习传统感到自豪。玛莎表示：

> 不管是孩子小时候静静地听，还是长大后大声地读，这些年读过的故事都影响了他们的人生。他们在玩游戏、交流的时候都会情不自禁模仿这些故事。有时我们聊起故事情节，他们会建言献策。当我们逐渐开始读篇幅越来越长的书时，他们已经能记得住书中的理念和形象了。我们指的是像《魔戒同盟》（*The Fellowship of the Ring*）这样复杂的故事。当《指环王》系列电影上映时，我们全家一起去看。这真是太棒了！我和斯蒂芬都很高兴能让孩子们有这样的生活体验。尤其高兴的是，我们度过了一段艰难的时光，在孩子们小时候就找到了得当的阅读方法。

正如斯蒂芬和玛莎所述，孩子们成了“他们自己，而不是我们试图让他们成为的样子”。他们找到并发展了真实的自我，作为真实的年轻人活着。他们仍旧喜欢动来动去，依然坐不住，依然热爱电子游戏。每晚的阅读没有改变男孩的天性和大脑结构，但它是这个父母主导团队的重要活动的一环，能帮助男孩们学习，为他们接受学校教育做好准备。这就是本章中所呼吁的活动类型。随后，我们将详细阐述为了适应学校的严格要求，男孩在入学前需要进行哪些准备。

保护孩子大脑的学习潜能

作为学习小组的领导者，玛莎和斯蒂芬的发现符合全世界对学习中的大脑进行的神经科学研究结果：小孩在重视学习的依恋体系中能学习得最好。[1] 所有孩子的大脑都是为学习打造的。学习就是把感性经历转化为知觉并表达出来的过程。大脑在任何情况下都可以学习，无论一个人经受了怎样的虐待、忽视、饥饿、营养不良或是疏远离间。人类的大脑是大自然中唯一能不断思考自身的存在，永不止步，它着实令人赞叹。

同时，大脑和其他器官一样，在运行中也有着成功和失败的区间。一定的刺激可以提高它的感知和表达能力，使它向成功区间的上限发展；缺乏相应的刺激则会导致其学习能力降至下限。玛莎和斯蒂芬用他们的爱心和呵护确保了孩子们处于成功区间。同时，出于他们对孩子的爱而坚持下来的学习传统，使孩子们的学习能力朝着成功的上限进步。

如果我们能变成沉默的观察者，并且具有 X 光透视视觉，我们就会发现，通过每晚规律的阅读，三个男孩接触了大量而多样的词汇发音，这有益于他们额叶中负责语言的神经回路的发育。当然，这些神经回路原本也会发育，但是这种固定的学习仪式会让它们发育得更快更高效。绘本中的图片则有利于把男孩大脑右半球的视觉表象与左半球存储的词汇联系起来，在视觉皮层和储存记忆的海马之间搭建一条通路，效果甚至比快速移动的电视图像还要好。

作为沉默的观察者，我们可以透视那些在重视依恋与联结、适当提供学习刺激的家庭和学校中生活的孩子的大脑。我们会发现，这样的家庭和学校氛围会对胼胝体、海马、额叶，以及大脑中其他所有对学业成功至关重要的器官发育产生影响。

因此，不妨让我们来思考一下：如何通过营造家里的情感联结、依恋关系和爱的仪式来改善男孩的学习体验。

构建情感联结和依恋关系

北卡罗来纳州戴维森市的幼儿园老师贝齐写道："当他们还是婴儿，还在学步，还没上学时，每个孩子都努力想要学习。我们作为照顾他们的人，手中掌握着孩子们的未来。"家长们也一定都有这样的感觉。成年人对孩子的未来负有重要责任，而我们能用来帮孩子打下热爱学习的基础的时间又那么短，仅仅只有几年而已。

贝齐指出："对戴维森市的幼儿园而言，大多数的问题都集中在男孩身上。我们正努力和父母携手来解决这个状况，因为父母是这些孩子的第一任老师。小男孩们首先和父母建立了情感联结和依恋关系，并从他们身上学习到一切。"

贝齐所在的幼儿园强调孩子与家长在学习过程中的情感联结，因为最新研究表明，家中安全稳定的情感联结和依恋，对孩子在学习上建立安全感至关重要。很多人认识到了安全的联结和依恋对身体、情绪发展的重要性，但忽略了这对学习中的大脑的成长也很重要。

情感联结是父母和孩子之间强大的情绪纽带，从他们第一次彼此看见、彼此触摸、彼此靠近，情感联结就开始建立了。依恋则是持续一生的过程，通过父母给予孩子慈爱的照料，一种来自本能的联结得到了滋养。

绝大多数父母强烈渴望着享受情感联结和依恋。他们想感受与子女之间奇妙的亲密接触，想要创造安全的亲子关系和家庭环境，帮助孩子们在这样的氛围里获得健康的情绪、认知和体魄。通过感受情感联结，他们常常凭借本能就能创造出富有秩序感和安全感的依恋体系，这为孩子未来的学习打下了最佳的基础。依恋体系不仅仅包括一个人或一种联结，而是包含了多个成员，也就是我们所说的父母主导团队，由他们共同呵护孩子的成长。

在过去的几十年里，明尼苏达大学、哈佛大学、牛津大学等科研机构关于依恋的研究一致认为：与父母关系亲密、在安全稳定的依恋体系中成长的孩子，更可能拥有积极的自我认知、良好的人际关系和崇高的道德，更富有好奇心和自信心。对于本书讨论的目的来说，最重要的是，他们在学习上更成功。[2] 生物学因素决定了拥有安全依恋关系的孩子更能收获学习的进步：大脑在学习时运用的组织结构，需要在安全的依恋关系中得到充分发育。

情感联结和依恋对孩子神经系统的构建有很大影响，能够增进或是削弱孩子在情绪、社交、智力上的健康发展。如果孩子没有体验到足够的联结和依恋，胼胝体会受损，导致其在之后的学校生活中在控制情绪、建立因果联系的思维过程等方面遇到困难，从而无法拥有良好的自我感觉。

制订一份依恋关系计划

基于上述大脑研究的结果，我们鼓励父母和父母主导团队的成员为孩子的童年制订一份依恋关系计划。有意识地鼓励家庭成员发挥作用，根据各自的才能、爱好和性格，来营造家庭的依恋体系，帮助培养孩子学习中的大脑。

当然，制订依恋关系计划的基础是父母享受与孩子之间的情感联结，并得到团队成员的支持。除了与父母的最主要的依恋关系之外，与来自整个大家庭、保育机构以及周围朋友的其他父母主导团队成员建立起依恋关系也很重要。如今，工作繁忙的父母常常会发现，他们需要特意引导家庭成员、朋友和其他专业人士来与孩子亲近，对单亲家庭来说尤为如此。在久远的年代里，大家从来不会请专业人士来指导家人如何有意识地让孩子与父母主导团队建立起长期的亲密关系。依恋体系在部落中是天然存在的，通常来说在小孩子周围已经有足够多可以亲近的人了。哪怕母亲已经在分娩时去世，孩子也有人照顾。然而如今时代变了。现在我们不仅需要保证孩子身体健康，还需要让他们感到安全和被爱，并特意为帮助孩子大脑发育而搭建起依恋体系，帮助他们成为强大且成功的学习者。如今来自学校和社交网络的压力之大，让父母不得不保证孩子身边不只有一位家长能帮助他充分开发大脑潜能，还要有一群“第一任老师”在他身边。

这是本书想要探索的父母主导型学习团队的第一个重要作用。如果你即将生育或者收养宝宝，我们希望你在孩子出生前就与父母主导团队的成员碰面，确定每位成员将对孩子形成健康的依恋关系和由此带来的大脑发育做出何种贡献。我们还可以与三四个关心爱护孩子的重要人士讨论，为孩子 5 岁前的时光安排一项建立依恋关系的计划。如果你正在孕育或者计划收养宝宝，可以马上列出三五个候选人，这周就给他们打电话“签约”，赋予他们职责与权利，将他们的大脑、身体和灵魂与你未来宝宝的大脑、身体和灵魂相联系。如果你已经有孩子了，也随时可以成立这样一个团队。

避免“依恋抛弃”

制订依恋关系计划还包括如何分配和充实与孩子共度的亲子时间。比如，如果父母双方都计划每天工作 8 ～ 10 小时，那么孩子可能会面临“依恋抛弃”的风险。

如果父母都需要离家全职工作，那么不在父母主导团队中增加两位替代成员，就会非常危险。这些成员可以是保姆、住得近的祖父母或其他幼儿护理的专业人士，当你不能在宝宝身边时，他们可以在时间和空间上填补宝宝的依恋关系。如果你儿子需要在出生后的头几个月就进入托儿所，父母主导团队能找到合适的日间照料者很重要。他们需要与你一样，愿意为孩子创造有利于形成情感联结和依恋，最终有利于学习的环境。

在第 4 章中，我们会更详细地探讨选择托儿所的标准。但是在这里需要指出，当你开始为儿子寻找最佳的托儿所时，可以采取“抚触标准”。这项标准有依恋关系方面的科学依据。你需要确定托儿所的保育员们知道一个两个月大的宝宝需要身体接触，每天需要被抱上 2 ～ 4 个小时。这不只是为了感觉温暖和安全，也是为了大脑得到充分的自然发育。

所以，当你参观托儿所时，需要观察员工的工作模式，看他们有没有给予婴儿足够的身体接触。在你参观的过程中，婴儿是躺在小床上独自哭泣无人照顾，还是会被抱起来安抚？

良好的身体接触会产生积极影响

在制订依恋关系计划时，你也许会有些困惑什么是“好的身体接触”。显然，“好的身体接触”与我们要保护孩子不受其侵犯的“坏的身体接触”含义相反。由于西方文化对“坏的身体接触”的警觉，让我们忽视了“好的身体接触”带来的重要意义。所以，我和凯茜会为家长和老师提供具体的指导，告诉大家好的接触能对依恋和大脑发展带来怎样的益处。

一位老师最近告诉我：“校长极其担心孩子们受到身体侵犯，因此要求我们避免触摸任何的异性小朋友，连摸摸背也不行。”在西方文化的影响下，人与人之间的肢体接触成了一个问题，但在生命早期，好的接触在帮助大脑学会爱、成长和学习方面有很大作用。

加州大学洛杉矶分校的研究员阿兰·肖尔（Allan Schore）教授是率先使用正电子发射计算机断层扫描及单光子发射计算机断层扫描来观测没有得到足够抚触对婴儿有何影响的依恋关系专家之一。[3] 他发现，人类的大脑早在子宫里就已经在学习很多东西了。但是，婴儿在子宫里和刚出生时并非通过目视来学习，因为那时他们的眼睛还没有睁开，或者睁开了也看不清楚。他们是通过触摸振动来学习的。你想想就会发现这很有道理：父母说的一个个词语也仅仅是听觉振动，而不是可以理解的语言。它们以振动的形式来“抚触”宝宝的耳朵。在宝宝听起来，它们并不是有意义的词语。

肖尔博士指出，婴儿时期，宝宝大脑最初的成长更多的来自对抚触的回应。男孩的皮肤对抚触的感知非常灵敏，能直接把信号发送至大脑。宝宝渴望被拥抱和抚摸。所以，肖尔博士等儿科神经学家希望照料者们能比平常更多地拥抱宝宝。

回想我们的祖先，给孩子好的身体接触、使他们的大脑得到良好发育在过去并不困难。工业革命以前的人类社会中，建立依恋体系是自然而然的过程，通过抚触来建立亲密关系也是如此。母亲、祖母和育儿的阿姨们一边把宝宝抱在怀里、背在背上、挂在胸前或者身侧，一边在田间市集整日劳作。而在当今忙碌的世界上，尽管父母和其他照顾孩子的人同祖先一样爱着自己的宝贝，但我们工作的时候往往需要离开孩子，不能再给他们那么多拥抱。

这对孩子们来说，是很艰难甚至很危险的处境。看看现在有多少孩子出现了情绪障碍，相应地又有多少孩子面临学习困难。研究依恋关系的神经学家警示我们，要注意孩子产生疏离情绪的地方：大脑。生命的最初几年，他们的大脑也许没有享受到足够的身体接触带来的裨益。依恋关系专家罗宾·卡尔－莫尔斯（Robin Carr-Morse）在她和梅雷迪思·S. 威利（Meredith S. Wiley）的著作《托儿所里的幽灵》（*Ghosts from the Nursery*）中指出了一个新的研究领域：研究宝宝出生至 3 岁前的依恋问题同未来犯罪及学习能力差之间的关联性。[4] 和很多新的大脑研究领域一样，依恋关系与学习能力的联系中也包含着性别的因素。

改善男孩依恋关系的 10 个策略

虽然缺乏身体接触和安全的依恋关系对所有孩子来说都不好，但男女大脑对依恋关系缺失的反应有所不同。童年经历了依恋关系缺失的女孩，患厌食症、贪食症和抑郁症的比例更高；而同样处境的男孩则出现了更多的暴力行为和学习障碍。对男婴而言，依恋关系缺失还会带来额外的不利于学习的影响。总体来说，相比女婴，男婴使用的词汇更少。不仅如此，婴儿儿科专家巴里·布雷泽尔顿（Barry Brazelton）还指出了一个有趣的现象：相比于女婴，男婴同照料者的目光交流更少，因此照料者给他们的抚摸、拥抱和身体接触也就更少。

想想看，这个观点很有道理。男孩比女孩更加不安分，喜欢动弹，急于探索世间的事物。于是照料者们本能地不会像照顾女孩时那样，给他们那么久的拥抱和抚触。这将给男孩在情感联结、依恋和触觉方面的发展带来微妙的劣势，并在未来影响他们的学习。男宝宝也许会不安分，会跑开，会打断眼神交流，但他们仍然需要得到足够的拥抱和抚触。

加州大学洛杉矶分校的南希·贝利（Nancy Bayley）的研究显示，童年早期没有享受到适当的身体接触和依恋关系的男孩会比女孩更容易出现学习困难，二者间存在直接联系。[5] 根据她的研究，婴儿时期经历了不安全依恋关系的青少年在参加智力测验时，男孩的结果不如女孩。虽然幼年依恋关系缺失的女孩也可能会面临严重的问题或者罹患疾病，但此事对男孩学习中的大脑会造成更严重的影响。这是大脑性别差异的又一个例子。我们不否认女性的脆弱，但在此也可以发现男性的脆弱。

归根结底最重要的是，你和你的父母主导团队需要努力为宝宝提供联结、依恋和好的身体接触。以下是 10 条你可以立即运用在小男孩身上的实操性策略，从他们刚出生就可以运用。这些方法可以保护孩子的大脑，帮助它成长。古里安研究所与密歇根州家庭养育中心（Family Nurturing Center of Michigan）主任帕特·克拉姆（Pat Grum）合作构建了这个模型。[6]

1. **分时段密集式的关注。**每天给你的儿子 5 段较长的关注时间，以及多次较短的、间断的时间，一心一意地陪伴他。
2. **大量的肯定。**留意并支持儿子的努力和成绩，进行口头表扬，并在适当的时候给予其他奖励，包括给他一个拥抱。
3. **言语反馈。**用语言描述儿子做的事。“你刚刚把书放在架子上了，我很高兴。”仔细听你学步期的儿子说了些什么，然后把他说的话复述给他：“你说得对，这是一辆大车。”
4. **体育游戏。**游戏时间是身体和大脑进行系统学习的时间，因此，要每天多次参与到孩子的游戏中来。

5. **领导能力**。在工作和游戏的互动关系中，让孩子与你轮流当领导。你来模仿他，遵从他的领导，再让他来模仿你。

6. **保有热情**。让你们的互动充满愉悦和热情，享受在一起的时光。去做一些可以激发儿子热情和喜悦的事。愉快的感觉通常经过大脑的颞叶来传导，而颞叶的发育会在将来对激发孩子的学习热情有很大帮助。

7. **可预期性**。提供持续可预期的安排和清晰的界限。对婴幼儿来说，可预期性和持续性有利于安全的依恋关系。这一点将在后文详述。

8. **自我管理**。基于儿子的发展阶段实行相匹配的行为管理策略，而不是早一步或者晚一步。期待你 3 岁的儿子在发火的时候“好好说话”，从他的发展阶段来看是不合时宜的。他需要的也许仅仅是在安全的地方发发脾气，在地板上捶上几拳来发泄能量。

9. **做出选择**。教儿子做出合意的选择。做出正确的选择能帮助大脑构建重要的学习中枢：额叶。尽量少为儿子做事，多让他为自己做事。

10. **恰当的管教**。避免采用恐吓形式进行行为管理。大喊、责骂和打屁股对婴儿来说是一种伤害，对大脑的发育也几乎毫无益处。宝宝 18 个月大以前，大脑的发育程度还不足以让他理解专制的家长到底为什么要责备自己。不当的管教只会让孩子觉得自己是个失败者。

“坏压力”VS.“好压力”

至此，在探索联结和依恋体系对男孩生活的重要程度时，我们着重阐述了保护男孩早期的大脑发育所需要的人员和行动计划。我们发现，人与人之间的爱和教育存在着已被科学证实的联系。我们留意到，如今的父母和他们的团队仍对身体接触保持警惕。我们回到本质，推荐了构建日常依恋关系的一些办法。我们把所有这些讨论放在了一个大背景下考虑：为男孩未来在学校和社会中的学习打下良好的基础。我们的讨论还未更多涉及“情绪”这个词，但是我们讨论的又恰恰是情绪。所以，让我们用片刻时间来回顾一下你儿子早期的情绪。

男孩是非常情绪化的生物，他们以自己的方式来处理情绪。天性决定了他们不会像女孩一样，处理情绪的时候不那么直接迅捷，但男孩对周围事物的反应和感觉也是非常灵敏的。

本书会从不同的角度来看待男孩的感情生活，尤其注重男孩的情绪与学习是如何结合起来的。我们发现，男孩在学习经历中的某一个时刻的感受会影响他的学习能力。接下来，我们会关注如何培养男孩的情感素养。

在这一章里，我们将首先研究男孩在体验生活、探索世界时，所受到的“好压力”与“坏压力”对情绪的影响。

“坏压力”家庭的陷阱

苏珊是两个孩子的母亲，在佛罗里达州举行的一次研讨会上，她给凯茜分享了一个故事。儿子杰克刚满周岁、开始学会走路时，苏珊把一些玩具放在客厅的咖啡桌上给儿子玩，自己在一旁的厨房里忙。咖啡桌和旁边的茶几上有些东西是不许儿子玩的，像一些收藏品、台灯和其他易碎品。苏珊告诉儿子，他不能碰那些易碎品，只能拿玩具。

然而整件事还是引起了苏珊和杰克情绪的波动。杰克执行任务常常“失败”。他总是试着去摸错误的东西，去拿那些值钱或易碎的东西。这时候苏珊一告诉他“不行”，杰克就会感到沮丧和害怕。于是苏珊只能安慰他，和他聊天，甚至允许他发一会儿脾气，有时候还不得不把他带离现场。

显然，告诉杰克“不能碰这个，可以碰那个”是没有用的，因为他还没有成长到可以理解两者区别的阶段。跟其他更有经验的母亲聊过以后，苏珊决定改变策略。现在，为了保证杰克可以胜任这项练习，苏珊把易碎和贵重物品都移到了儿子无法触及的地方，只把不用担心的东西放在咖啡桌上，任他随意碰撞。和大家一样，作为一名年轻的家长，苏珊需要适应儿子尝试学习的方式。她不得不调整自己，基于与儿子之间良好的情感联结，她能看到在当前的情形下，儿子承受了过多的“坏压力”。

“好压力”家庭的成果

做出与孩子的意愿相符、与其成长阶段相适应的选择，为孩子学习中的大脑创造了有益的压力。成功的选择能够促进大脑皮层尤其是额叶的发展。当孩子的大脑经受“坏压力”时，也就是当孩子感到失败或是受到身体创伤时，他们可能会学会一些应对和生存的技能，比如如何逃跑、如何停止在客厅里拿东西、如何平静下来。但同时，大脑中促进学习的一些部分如大脑皮层、额叶和颞叶，也会停下来，转而去处理控制了大脑的情绪，从而使得学习过程被缩减，甚至完全终止。

情绪接管大脑是由于在经历“坏压力”时，孩子体内的皮质醇水平升高，刺激了肾上腺机能等生存机制成为主导，从而导致大脑的停工。[7] 大部分的认知学习过程需要由大脑皮层发挥更高级的功能，而不是由脑干和边缘系统发挥作用。所以，“好压力”比“坏压力”更有利于孩子学习。

苏珊最初给孩子造成了“坏压力”：儿子 1 岁的大脑不能像她希望的那样把言语提示放在心上。但是苏珊的直觉是可靠的，她在咖啡桌上设下了双赢的选项。1 岁左右，她的儿子已经可以在物品之间做出选择了，而不仅仅是什么离得近就拿什么。当苏珊更新了策略，把危险易碎的东西移开，使儿子可以在自己的玩具中挑选时，她给了儿子尝试成功的机会，而不再设置“坏压力”，即“情绪接管大脑”的情形。

孩子幼年的学习经历是长大后在真实的未来世界的缩影。所以，像苏珊后来所做的那样，为杰克提供在适当的玩具间进行合理选择的机会，可以让他的大脑在自己家中就了解到将在未来世界中接受的教育。在未来世界的智力教育和社会教育中，做选择是一个孩子可以学到的最重要的事情之一。

如何让男孩从小学会做选择

回顾一下自己的学校生涯，你也许会想起自己每天需要做多少次选择。你学的东西“非此即彼”。和朋友一起做作业时，你可能会问：“答案是 23 还是 24？”英语课上，你们也许辩论过查尔斯·狄更斯作品中某些形象的意义。学习历史时，你们也许探讨过人类逝去岁月中最迷人的闪光点，即那些领袖所做的选择。

所有这些问题都说明，做出选择是我们作为人的基本特质，对学习来说也是很重要的一种技能。关注如何进行选择，并因此关注额叶的发育，对男孩来说尤为重要，因为他们的额叶没有女孩发育得快。帮助男孩在原理、事实、物品、理念和感觉之中做选择，有利于促进额叶的发育，尤其是当选择适合大脑的发育程度时。类似于“你今天想吃饭吗”这样的选择题对一个 4 岁孩子来说是不适宜的。有时候最好别给孩子选择。比如，如果今天做的是意大利面，那么他今晚毫无例外就得吃这个。但是，当做选择的过程适合大脑的发育程度时，这对大脑是一种良性刺激。

当男孩长大到可以明白基本的语言时，父母和父母主导团队可以常常告诉他能带来“好压力”的选项：

> 晚餐我们吃胡萝卜还是豌豆？
> 你想把三明治切成两半还是四块？
> 你想在面包上抹草莓酱还是花生酱？

替他做这些选择不如让他经受“好压力”的考验，让他在符合自身发展阶段的选项中做出适宜的选择，这样更有利于额叶的发育。[8] 如果你勤于给孩子提供适宜的选择，不仅可以以健康的方式对他幼小的大脑中负责注意和关注的中枢进行刺激，还能进一步通过向孩子提问、引导他体验，来帮助培养他大脑中与感觉、科学和数学相关的区域。

比如，你可以问儿子："胡萝卜是什么颜色的？豌豆是什么颜色的？"在分辨颜色方面，男孩通常不如女孩，但是细分颜色在将来的语文写作中非常重要。从小就开始训练男孩的大脑思考颜色，可以帮助他在今后的生活中更注重细节的感知。

你也可以问儿子："这里有几块三明治？"男性的大脑倾向于把感官体验内化，形成一幅可视图像。男孩也喜欢在心里列清单、数数。问儿子有几块三明治能立即激发他的大脑把语言和数数这种经验联系起来。培养语言与个人经验相结合的能力对孩子将来取得学业成功非常关键，对与女孩相比较为不善言辞的男孩来说更是如此。

你还可以问儿子："面包机里的面包会怎样？"男孩甚至很多女孩都对机械感到好奇，他们乐于通过思考设备功能这类问题来发展思维。家长得以借此良机来与孩子展开问答，讨论烤面包、燃烧是怎么回事，氧气在加热中起到了什么作用。天生的好奇心驱使大脑参与到语言对答之中，这能帮助男孩提升语言使用能力。

这种促进额叶发育的选择有一项黄金标准：如果孩子的选择结果你可能不乐意接受，就不要给他提供这个选项。

比如，如果你的目的是让儿子在吃午餐时喝牛奶，那么就不要问他："吃午餐时你想喝牛奶吗？"他很可能说"不"，而这不是你想要的结果，一场无谓的争吵和全家的挫败将会随之而至。更好的办法是问他："吃午餐时你想喝半杯还是一杯牛奶？"你儿子仍然有选择的自由，而你也能得到自己想要的结果。孩子的大脑皮层体验了学习的过程，边缘系统也不需要参与和父母的情绪对抗，经受"坏压力"。

作为靠谱的父母，在儿子进入学校以前帮助他提升大脑的早期发展水平非常重要，因为幼年的学习会为孩子进入学校打下坚实的基础。随着儿子的成长，你可以通过亲子间的“辩论”和“对话”的方式，继续鼓励他自己做选择。这种方式不仅可以强化选择的意义，还能增加孩子大脑的语言输出，持续刺激大脑的生长发育。

下一节列举了你在儿子小时候可以做的事，这能帮助他做好入学准备，鼓励他说话。

促进小男孩的言语发展

研究显示，入学时的男孩比女孩在语言能力，如阅读、写作、复杂演讲等方面平均落后一年至一年半。[9] 虽然有一部分男孩天生善于阅读、写作和讲话，但总体而言，男性大脑中控制言语和读写的区域相对更小。

由于小学阶段的学习很依赖孩子言语能力的发展，男生常常处于先天不足的劣势。为了提升言语能力，你为儿子所做的一切，正如玛莎和斯蒂芬所做的努力一样，都能帮他在学校里表现得更好，也能为他的社交成功加分。当前教育体系中，阅读和写作已经成为很多男孩“坏压力”的来源。因此，让我们从头开始，从家庭开始，探寻一些可以缓解问题的方法。

下面这些技巧对大脑中负责读写的中枢布罗卡区和韦尼克区的发展很有好处：

- 回答孩子的问题，并提出新的问题答复他，聆听他的回答，然后再**使用一些他自己用过的关键词组和句子来回答他**。这样的转述可以帮助他增强语言能力。至少要把这一技巧传授给家长团队中的另外一名照料者，这会很有好处。

家长：面包机里的面包怎么啦？

儿子：变热了。

家长：是的，变热了。还有呢？

儿子：有时候它会被烤煳。

家长：是的，有时候它烤煳了，那么它为什么会烤煳呢？

重述句子的主干和主要词汇能让男孩的大脑得以“重听”一遍，并把它们输入到大脑中枢里。

- **问问儿子的日常感受。**前面提到的“胡萝卜还是豌豆”的问题可以引出这样的对话：

家长：儿子，你想吃豌豆还是胡萝卜？

儿子：胡萝卜。

家长：相比于豌豆，你更爱吃胡萝卜吗？

儿子：也不是，我只是今天想吃胡萝卜。

家长：为什么呢？

儿子：我也不知道，我只是喜欢胡萝卜。

所有这些“小”对话都有助于大脑布罗卡区和韦尼克区的发展。小时候的这些“小”对话会随着孩子的成长扩展为更大的讨论。

- **当儿子跟你说话的时候，保持和他的眼神交流，并鼓励他也这样做。**在进行眼神交流时，相比于女孩，男孩更容易感到不舒服。在学龄前，男孩需要通过练习来提高眼神交流时的舒适度。眼神交流对所有孩子长大后的言语沟通都有帮助。在这里需要警告你：强迫孩子进行眼神交流会适得其反，容易引起叛逆。所以，你需要在你的社交目的和他的心理结构及舒适程度之间取得微妙的平衡。
- **用游戏的方式训练词汇的使用。**很多男孩天生热爱竞争，喜欢各式各样的游戏。男孩在学习中常常利用具有空间感的图片。所以，把两者结合起来，就可以用富有娱乐性和创造性的方法来提高语言能力。

下文“试一试”专栏中的练习着重于把词汇、语言与空间运动体验结合起来。由于男性的大脑皮层往往有着更多负责空间操作以及运动知觉的区域，你家的小男孩会更倾向于通过与周围环境的肢体互动，以及这种互动在大脑中形成的内部图像来体验生活。通过下面的技巧来调动他的大脑，可以帮助他在有关空间操作和运动知觉的大脑中枢与言语中枢之间建立连接。前者天生发达，而后者发展较慢，需要得到更多锻炼，以帮助他在正式接受教育后取得成功。

你并非要试图改变他，不让他以男孩“自己的方式”来体验世界。相反，你在帮助他体验自己的方式，同时每天带给他一点点今后他需要更多使用的语言和情感方式。

THE MINDS OF BOYS

试一试

将卡片纸或招贴板剪成大约长 15 厘米，宽 10 厘米的长方形。从杂志或者报纸的销售传单中剪下一些家里常见物品的照片，如冰箱、床、书架、垃圾桶、沙发或椅子。如果你有数码相机和打印机，也可以把家里的这些物品拍下来。把这些照片粘贴到卡片上。每次给儿子一张卡，帮他在家里找到和图片相似的物品。如果你们正在进行如厕训练或者个人护理，就把马桶和浴缸的照片也加进来。

当他找到和照片上一致的物品时，帮助他说出物品的名称。用提问的方式鼓励他描述一下这个物品。当他把卡片与床或者沙发相匹配时，你可以这样问：“它是用来干什么的？”当他指认了浴缸，你可以这样问：“我们会在这里面干什么？”如果你们聊起了冰箱，那么打开冰箱门，看看里面装了什么东西，说出其中几样的名称，然后关上门问：“你刚才在冰箱里看见了什么？”不断继续类似的提问。

平衡精细运动与粗大运动的发展

“为什么有那么多男孩写字写得比女孩难看？”一位父亲写信问我们，“他们的大脑是怎么回事？我的字写得很差劲，我儿子也是。貌似男人天生就写不好字。”

很多男孩的字其实写得挺好的。但是，这位父亲发现了男女大脑发育的一个区别。这是一个很重要的发现，因为男孩入学后接受的训练要求他发展精细运动，这种能力很多地方都用得到，尤其是打字和写字。很多男孩与女孩一样，可以自然而然地把精细运动能力锻炼好，并不需要太多大人的鼓励。但是，由于女性的大脑中枢更多地参与到了精细运动中，而男性的大脑则更多地倚赖于粗大运动中枢，比如可以独立组织和控制粗大运动的脑干，[10]导致多数女孩可以在更小的年纪更好地握笔和写字。此外，女性大脑相比于男性更容易把精细运动和言语活动联系起来，这又使得女孩在写字时的优势更为明显。

当父母和孩子的其他依恋对象在帮助家里的婴幼儿和学龄前儿童提高语言和言语能力的同时，还可以给孩子精细运动的发展提供一点帮助和鼓励，以备未来之需。同时，这对他们发育中的大脑也是一种保护。你和你的团队可以给儿子提供做精细手工活的机会，锻炼他的小肌肉。比如，可以安排下面这些任务：

- 串珠子，注意确保珠子的大小与孩子的年龄相匹配。
- 拼凑互相关联的玩具，比如乐高以及万能工匠。
- 拼图，随着孩子年龄和发展水平的提升增加拼图的片数。
- 利用不同大小、不同颜色的干豆子、豌豆、字母意面和其他小东西或小字母制作一幅拼贴画。同样，确保物品的大小与孩子的年龄相匹配。
- 编织。

强调家长必须留意男孩精细运动的发展，并非让他们忽视粗大运动活动。粗大运动活动包括跑、跳、攀爬、踢球、骑车、荡秋千等，是指身体和大脑所需要的大肌肉锻炼。实际上，很多男孩在受到粗大运动对大脑的刺激后，会更喜欢说话、阅读和写作。也就是说，由于肢体的运动激活了整个大脑，他们的言语中枢也“苏醒”了。这种神奇的“男孩能量”由父母主导团队来管理，它需要在空间机械式的运动中才得以释放。但是，如果你只注重孩子的粗大运动能力而不关注精细运动能力，就没法充分利用孩子的幼年时光进行足够的训练，来帮助他取得未来学业的成功。

要判断你的家庭中有没有做到粗大运动和精细运动的均衡发展，可以采用每周记录的方式，看看孩子参与了多少次精细运动，多少次粗大运动，然后制订一个平衡精细运动和粗大运动活动的计划。如果孩子已经超过 2 岁半了，我们建议你在家庭生活中，安排至少 20% 的玩耍和学习时间来让孩子参与精细运动。这会有助于他完成未来的任务，包括当今社会最重要的任务：阅读和写作。

当玛莎和斯蒂芬在家里开展晚间阅读仪式时，他们给了儿子们一段安静的时光，不仅可以开发儿子的大脑，还能让儿子进行自我安抚，从家庭和社会的潜在压力中解脱出来。晚间时段变成了诗人艾略特笔下的“旋转车轮上的静止点”。孩子的一天就像车轮，有很多根辐条，随着车轮的快速滚动，周围的刺激不断变幻。他们需要支撑旋转车轮中心的轮轴是稳定镇静的。家庭阅读仪式就是这个稳定的中心。

我和凯茜希望本章中的建议能帮助你管理好孩子日常生活中某一根忙碌而重要的辐条。我们也希望你能像玛莎和斯蒂芬一样，创造一些仪式，比如阅读活动、家庭晚餐、到大自然中散步、在湖滨河畔“闲逛”、大家庭野餐聚会。这些仪式都可以成为旋转车轮上的静止点。

如今的家长面临着数不清的选择，要遵循所有的“专家”建议很难。我们在本章中给大家推荐了具体的技巧和指引，希望你能受到启发，从中找出一些可采纳的新理念，把你的家庭建设为孩子的第一所学校，把你自己培养成孩子的第一任老师。

我们想特别强调开发大脑额叶的技巧。从某种意义上来说，我们把额叶当作了幼儿早期发展的静止点，上面附加了很多辐条，包括言语能力的开发、做选择的能力、“好压力”的来源、情绪的开发、依恋与联结、颜色及材质感知能力的提高、精细运动与粗大运动之间的选择。所有这些都有一部分被额叶这个至关重要的学习中枢“管理”着。

不管你的儿子在将来的生活中走向何方，你组织经营家庭的方式将为他学习中的大脑奠定成功的基础。下一章中，我们会更加密切地追踪你儿子的成长，跟随他离开家庭，进入幼儿园和其他学习环境。我们将具体描述什么样的幼儿园环境能帮助男性大脑在学习中实现最大的潜能，同时在孩子需要的时候，帮助他找到生活中的静止点，获得每个男孩都渴望的一份平静。

THE MINDS OF BOYS 04

打造对男孩行之有效的学前教育

> 教育的首要目标是让年轻人有能力创造自己，即学会如何建立自己的思想。
>
> ——埃利奥特·艾斯纳（Elliot Eisner），斯坦福大学教育学教授

4 年以来，南希在威斯康星州的一个幼儿护理及教育中心担任主任。幼教中心共有 72 个孩子，分为 2 岁、3 岁和 4 岁三个班。很多孩子从早上 6：30 就被上班的父母顺路送到了中心，有的会一直待到下午 5：45 才回家。每个班有一位组长老师，从周一至周五，每天早上 7：30 来上班，和孩子们待在一起，下午 4：00 下班。这位老师和一名助手一起，每周平均与孩子们共处 45 个小时，监护他们的饮食、玩耍、学习和休息。南希的学校很重视教师与学生的数量比，确保有足够多的大人在管理所有的孩子。她的学校也对男孩们出现的问题有所担忧。

> 我选择当一名幼儿园老师是因为我喜欢孩子，但是我并没有准备好如何有效地与那么多小男孩一起相处。男孩比女孩活跃多了，听故事的时候，他们不那么愿意静静地坐着，学习字母和数字时也不肯好好填写表格。他们一

心想玩，而且所有的玩法都很吵闹。女孩愿意待在家政或者梳妆中心安静地玩耍，而男孩则在屋里跑圈，把积木堆成塔，再推倒。有些班的老师看起来能更成功地控制住男孩，但我认为我们并没有都做到最好。我们这才醒悟过来，必须寻求帮助，来弄清楚怎样才能给予男孩真正需要的东西。

读了南希的观点，你可能会想：她的幼儿园是一家二流的幼教机构吧？实际上，它并不是！它是一家公认优秀的园所，员工的教育程度高、奉献精神足。可惜的是，他们当中很少有人在大学或者研究生院接受过关于性别差异如何影响孩子学习的教师培训。

幼儿园老师贝齐也注意到了这个问题。她写道："我们认为这个年龄的幼儿园孩子还太小，不足以感受到失败。然而不知道男孩在想什么，恰恰会导致他们失败。"

在孩子早期学习的几年里，幼儿园和幼儿园老师是父母的盟友。本章的目标是为托儿所、幼儿园和学前班的老师提供一个常见问题的具体答案：为了帮助男孩开发社交、情绪和认知能力，帮助他们在入学后收获成功，幼儿园和其他早教机构应该怎样做到最好？本章提到的所有内容，几乎都对正在为孩子选择幼儿园或者对童年早期教育感兴趣的家长有用。本章的几乎所有内容，从结构到功用，也都可以推广运用到一至十二年级。此外，由于本书的第三、四部分还会给小学、初中以及高中男生的家长和老师提出具体建议，因此本章主要针对养育和教育小男孩的读者。

我和凯茜多年来常听托儿所和幼儿园的老师说，他们为小男孩面临的困难感到沮丧和悲哀。幼儿园老师身上背负着一个难以言喻的隐形包袱：由于他们往往是男孩遇到的第一任职业教育者，家长和社会对他们的行为格外地关注。

经过与南希和贝齐的幼儿园合作，我们发现，学习关于男性大脑的知识时，常常会产生"啊哈，原来如此"的有趣瞬间。这些知识作用于成年人与孩子关系的最深层，也让孩子的家长们更加信任老师。相应地，在创造男孩友好型学习环境方面接受过专业培训的老师可以为家长们提供更有深度的见解，这正是家长和其他为男孩担忧的人所渴望的。

提供对男孩友好的学习环境

男孩友好型学习环境是如何构建的？哪些因素能使幼儿园变得适合男孩？在什么样的环境中，男孩能够最好地“建立自己的思想”？也许，男孩友好型学习环境最重要的特点在于物理空间。

适宜的工作空间

男孩幼年的大部分时间都用于玩耍，通过完成一个个小任务，他的大脑得到了成长，学到了需要了解的知识。玩耍就是他大脑的工作，像所有工作中的人一样，他需要一个合适的工作空间。

对大多数男孩来说，他们需要的工作空间可能比你最初设想的还要宽敞。年轻男性的大脑倾向于空间机械式的玩耍和学习，所以需要利用的空间通常比女孩更大。当男孩被限制在较小的空间中时，他们常常会感到烦躁和挫败，仿佛“在墙壁上弹来弹去”一般。于是，违纪问题接踵而至。如果通过大脑的言语中枢来体验世界，身体就不需要那么多的物理空间来活动；但如果通过大脑的空间中枢来感受世界，身体就需要更大的空间，而男性往往迫切需要这个空间，甚至因此做出不守纪律的行为。

要想评价女孩和男孩利用空间的方式有何不同，你可以站在孩子的学校里观察20分钟，看看那些跑来跑去的孩子，每个孩子占用了多大的空间。每天观察几次，至少观察三天，也可以做个记录。几天以后，你就能完成一次不错的幼儿园“轶事研究”了。很多男孩会比女孩利用更多地上、墙上和桌上的空间。

这个发现真是一大启示。向我们咨询过的很多幼儿园，比如南希和贝齐的幼儿园，在认识到这一点以后都扩展了活动室的地面空间。不出所料，活动空间加大以后，纪律问题便减少了。

关于空间，还有其他一些重要的注意事项。比如，孩子们的学习空间里常常摆有桌子，甚至在桌子的使用上，男孩和女孩也有不同。在同一张桌子上，男孩需要的空间往往比女孩大。富有空间感的男性大脑更喜欢把东西摊开。这是男性大脑的一种常用的学习方式，把东西铺开再收拾起来，或者拆开再重新组装。

我们建议幼儿园注意一下公告牌的使用。公告牌对所有孩子来说都是个好东西。如果为男孩准备一块大大的公告牌，供他们骄傲地张贴自己的作品，他们会得到无穷的乐趣。要把公告牌放置在孩子们的手臂够得着的地方，这对他们来说很棒，因为他们可以反复地整理自己的宝贝。

书、积木和“空手道踢”

所有的孩子都需要读书，男孩们特别需要身边有书，如图画丰富的书，可以拆卸、拼凑、测量和研究东西的书，关于事物如何工作、成长的书，关于英雄的书，鼓励创新和提问的书。

男孩们还需要不同规格的积木：大的、小的、拼插的。他们通过搭建结构，又推倒重来，得到了锻炼大脑空间感和动手能力的机会。

我们发现，大多数甚至所有的幼儿园都赞同书籍和积木的作用，但是大多数的幼儿园老师都对“空手道踢”持有怀疑。

我和凯茜从 2001 年开始使用这个词，来回应一位家庭托儿所的开办者。她告诉我们，她的规矩是，不允许孩子们在托儿所里的任何地方玩“空手道踢”，房子里和花园里都不行。

“我不想鼓励暴力，”她说，“所以我定下了不打不踢的规矩。”我们与这位托儿所的开办者深入交谈，还参观了托儿所的活动场所。我们看到，书和积木都布置得很好，但是同时也在这里感受到了一种对身体攻击行为的高度警惕。

在幼教团体中，这样的警觉很常见。老师们普遍需要让孩子遵守纪律，避免受伤。他们还默认了一种逻辑：幼年男孩的身体攻击行为自然会导致成年后的暴力倾向。

但是，你留意过男孩们多么希望通过身体攻击来互相交流吗？他们你踢我搡，一会儿用身子撞过来，一会儿又拿球扔回去。他们时而开心得咧嘴，时而痛得龇牙，时而畏缩，时而怒视。攻击行为使他们狂喜，当然偶尔也会生气，但大多数时候，他们都因为亲密的肢体接触而感到快乐。

1996 年，我为这种男性之间的交流创造了一个名词叫“勇狠滋养”（aggression nurturance）。我的观点是，男孩较少以“使用语言”的方式来建立亲密关系，而是会通过具有攻击性的姿态和活动来联系自己和他人。基于男性的激素水平和神经构造，对于他们来说，攻击性的姿态，比如我们所谓的“空手道踢”，就像语言一样富有滋养作用，能像拥抱一样传递亲密感情。“空手道踢”以嬉戏玩耍的方式探索了人与人之间的弱点和优势，让男孩彼此间建立起信任和忠诚。在男性之间，这种类型的身体攻击是一种安全的建立亲密关系的形式，当然对于某些好斗的女性也一样。互相推搡着哈哈大笑的两个男孩，与坐着聊天的两个女孩之间传递的是同样的爱。

你怎么看待这个观点？你在学校中见证过这种现象吗？托儿所和幼儿园是很好的试验田，既可以验证男孩的攻击性中蕴含养分的新理论，又可以试验如何来管理男孩之间的“空手道踢”，使他们不至于在托儿所和幼儿园中因此受伤或者违反纪律。

如果你确实发现更多男生想要进行“空手道踢”，或是其他身体对抗活动，那你或许也能在研究日志中观察到这些男孩得到了多少“勇狠滋养”，即有多少攻击行为引发了男孩之间的依恋、联结和长久的友谊。记录一下男孩们在演练“空手道踢”时是如何跟自我和他人进行沟通并相互滋养的。当然，有些身体攻击行为太暴力了，有些不适合孩子们所处的小空间，有些动作会伤人。当然，你会注意到这些情况。但是，大多数的攻击行为，都是一种无言的沟通和滋养。

不管你的角色是老师，还是担忧的家长，你都有权选择是帮助男孩培养友情，还是把培植的空间“封闭”掉，不去帮助他们。这些都由学校对“空手道踢”的态度决定。如果你的托儿所或者幼儿园中有很多书和积木，但是不允许“空手道踢”，那么或许是时候在学校范围内，甚至社区范围内开一次会，向男孩和女孩的家长们解释一下这个锁在男孩大脑中的神奇秘密了，讨论一下是否可能通过正确设限、合理监督，甚至请家长志愿者参与到玩耍过程中等办法，使得幼儿园能以欢迎的姿态来接纳更广泛的男孩培养方式。

充足的光线

男性和女性大脑感受光线的方式不一样。[1] 虽然充足的光线对所有的孩子都有利，但男孩在明亮的光线下会看得更清楚，因此充足的光线让男孩在工作、阅读、玩耍和学习时更为受益。光线真的会影响男孩在学习、情绪等方面的表现。暗淡的光线会影响大脑中 5- 羟色胺的分泌水平，导致学习变得困难。男孩更容易在这种情况下“表现出格”，出现纪律问题。

宾夕法尼亚大学神经学家鲁宾・古尔等人的研究引人注目，他揭示了光线对男女产生的不同影响。由于男性大脑中的白质比女性多，男性的白质把视觉元素从眼睛和视神经传导到视觉皮层的速度比女性快，所以男性对视觉和光线的依赖程度更高。事实上，视觉是男性感知和获取信息的方式中最发达的一种。[2] 女性的大脑更倾向于依靠其他感官；而鉴于男性对视觉的依赖，男孩试图通过视觉皮层来学习，因此光线对他们更加必不可少。你可以现在巡查一下你的托儿所或者幼儿园，确保园所内的光线充足。也许你还可以找个漫长的冬日下午再去确认一次，那时孩子们待在室内的时间更长，光线一定要足够好。

培养个人责任感

与在男孩的家中一样，在幼儿园里，做选择也是一件对男孩大脑有益的事。就餐时间是培养个人责任感的完美时机。当孩子到了合适的年龄，通常比我们认为的更早，你就可以向他们示范如何布置餐桌以备午餐，然后请他们自己布置了。珍妮特开办了一家家庭托儿所，同时也是一位母亲，她的两个儿子分别是 3 岁和 7 岁。她利用就餐时间来帮助儿子和其他孩子学习数学和数字的概念，也借此打破固有的性别角色定位。她告诉我们：

> 经过几周的时间，我发现女孩有时会比男孩更加积极迅速地过来布置餐桌。我决定做出改变。现在男孩只要够得着桌面，我就鼓励他们布置桌子，并把这项工作和数学联系起来。有一次，我让年龄最大的男孩查德大声数一数我们的餐具："三把勺子、三把叉子、三个盘子、三个杯子、三张餐巾、三个餐具垫。"其他孩子也跟着一起数。查德尤其喜欢给塔克派任务。等到小男孩们长大到可以布置餐桌时，查德就会马上教他们数餐具。

这可真是一个男孩友好型环境！珍妮特既培养了男孩们有利于今后学习的个人责任感，又打破了关于厨卫工作不必要的性别刻板印象，还把个人责任感的培养与数学课结合了起来。

珍妮特接受过的幼教培训源于玛丽亚·蒙台梭利[①]的方法。作为一名幼教改革者，蒙台梭利将学习与责任感、自我激励精神联系起来。如果你有机会参观一

---

① 蒙台梭利是教育史上一位杰出的幼儿教育思想家和改革家。关于她创立的蒙台梭利教育法及其应用，可以参考湛庐文化策划出版的《蒙台梭利家庭方案》《蒙台梭利教育精华》等书。——编者注

所蒙氏幼儿园，一定会非常喜欢。你会发现，这些班级通过类似珍妮特使用的技巧，极大地促进了孩子的自我激励。

让教室的布置符合男孩的感官经验

对一些男孩而言，相比于家庭，幼儿园可能是一个感官超负荷或者感官被剥夺的地方。对在幼儿园遇到困难的男孩来说更是如此。幼儿园老师、育儿专栏作家贝齐给我们讲了这个故事：

> 查理入读我们幼儿园的时候3岁。这一年，他在我们持续不断的“不，查理，不可以”的批评声中开始了幼儿园生活。他有时候攻击性特别强，但有时候又畏畏缩缩。他对噪声很敏感，不愿意穿鞋，不知道自己的地盘在哪儿，只愿意穿某些衣服，看起来需要高强度的肢体接触。他常常碰着家具或者撞上同学。在他攻击性很强或者非常活跃的时候，我们很难对他保持好的态度。
>
> 后来我们接受了关于大脑和感官工作方式的培训，意识到他在感觉统合方面有问题。对我们来说，认识到这一点非常重要。现在，他的父母送他接受专业治疗，并和我们保持密切协作。对于我们和查理的父母来说，了解到他的大脑是如何工作的，就如同找到了解决问题的钥匙。此后，我们根据对查理的感官、大脑和行为的理解，调整了他参与课堂的方式。一切都在变得越来越好。

贝齐讲的查理的故事，还只是孩子们面临问题的冰山一角。在任意一个由25个幼儿园孩子组成的班集体中，总会有这样一些男孩，你需要及时了解他们的大脑、性别、感官和行为之间的关系。我们成年人的大脑已经发育成熟，很多时候被回忆占据，但是幼儿园孩子的大脑拥有的记忆则少得多。所以，小男孩几乎完全生活在眼前，活在当下。

如果你尝试把自己缩小成一个孩子，以他的视角来看看幼儿园的教室，也许马上就会找到一系列解决担忧的有效方法。具体请查看下面的“试一试”专栏。

THE MINDS OF BOYS

试一试

坐在教室里靠近门口的椅子上。

- 首先吸引你注意的是什么？它让你的注意力停留了多久？
- 选择了学习内容后，什么东西让你分心了？
- 你已经成年的大脑需要花多久才能在感官项目之间“移动游走”，“继续出发”？
- 有没有一种最主要的颜色向你扑面而来？排第二和第三的颜色分别是什么？
- 这个房间有多热闹？通过 5 种感官来衡量这一点：视觉、听觉、触觉、嗅觉、味觉。
- 花时间分辨你在房间里听见的每一种噪声。注意你一共听到了多少种声音，然后看看孩子们，他们的听觉通常比你更灵敏！
- 从你坐的位置可以看见房间的不同区域吗？它们适合男孩吗？有没有小孩子触手可及的大桌子和公告牌，有没有充足的空间？

以小朋友的视角来观察，会让你感受到教室里哪些地方为孩子们提供了有利于学习的感官刺激，哪些地方容易让他们从学习中分心。希望你会为自己布置的课堂正好适合幼儿的早教、适合班上的孩子们而感到高兴。同时，也许你也能找出一些办法，让课堂变得更有利于男孩、更能保护感官敏锐的孩子。

回顾自己所做的笔记，也许你会对课堂进行一些调整。这里我们列出几项可以进行的调整，希望能帮助解决男孩们面临的感官问题。

- 由于男孩的听力往往没有女孩好，你可以调整一下说话的音调和音色，确保男孩听见你的指令。你还可以请男孩复述一遍你的要求，确保他确实听清楚了。
- 男孩对轻柔的触觉刺激常常反应不大，因此轻轻地碰一下他的胳膊也许不足以引起他的注意。在碰他胳膊的同时，你可能需要说话，再加上眼神接触，三管齐下进行多重感官的交流，才能让男孩“接收到”你想要他做的事。
- 在言语互动中，男孩天生就不那么容易保持眼神交流，所以当你在与男孩聊天时，指望他看着你的眼睛，也许会给他造成压力，从而使他大脑中的皮质醇水平升高，无法继续完成学习任务。认识到男孩的这个特质，会让男孩因你的照顾而感到更加舒服。
- 男孩通常无法像女孩那样在任务之间快速切换。男孩的感觉中枢需要花更多时间来实现一次转换。有一部分“纪律问题”就源于老师和父母要求小男孩立即放下手头的事情来做别的事情，而他表现得像是没有听见或者不肯在成年人要求的期限内完成。允许男孩在做出转换前停顿 6 秒钟或更久，会大有裨益。
- 由于很多男孩对视觉皮层的依赖度极高，因此确保在幼儿园的墙壁上布置一些图像来强调男孩正在学习的概念会很有用。研究证明，对所有孩子而言，大脑记忆语言的能力都是有限的，但记忆图片的能力则几乎是无限的。让男孩通过照片、表格和绘图来学习尤其有效，因为男性的大脑更易把图像和记忆联系起来。
- 复述对所有孩子来说都是一种很好的学习工具，而教小男孩的老师们发现了一种非常有用的方法：教他重复至少三遍你的口头指令或者其他课堂内容。重复时，他可以小声说出声，也可以在心里默念。“把我的纸拿走，放进小房间。把我的纸拿走，放进小房间。把我的纸拿走，放进小房间。”老师和家长们总是需要持续重复地跟孩子说事，但是教孩子“自我复述”可以帮助他引导自己的行为，达成目标。这对听觉型学习者更有用，因为这类学习者不被视觉主导，而更依靠他们听到的语言和声音。

适度休息大脑，避免烦躁不安

让我们暂停一下，来聊一聊大脑的休息，这是一种特殊的活动，让小孩甚至大人从学习的压力中解脱出来。大脑研究得出了一个有趣的结果：男孩的大脑常常试图在过度刺激或刺激不足的状态下学习。有的男孩大脑运转得太快了，导致无法组织思路；有的男孩的大脑简直没有激活，总是处于静息状态，于是他们感到没意思，无精打采。女孩们有时也会发现自己处于这样的困境。

大脑的休息是可以同时解决这两种困境的好办法。如果大脑休息得过多，会更容易分心，注意力难以集中；但如果休息得当，就可以减少过度刺激、百无聊赖和行为出格的情况。

下文的“试一试”专栏描述了一种可以在课堂上立即使用的大脑休息方法。你可以把它仪式化，每天在特定的时间进行一次，或者用在孩子们的大脑出现烦躁不安的征兆时。

这项活动常常能传出笑声，幽默可以减轻努力学习的孩子们的压力。短短几分钟内，孩子们就不会再感到压力那么大，也不再烦躁了，于是可以更容易重新开始一项学习任务。这同样也是帮助不擅长使用语言的男孩在开始阅读、拼写以及其他语言活动前集中注意力的绝佳方法。通过休息，大脑可以重新专注于学习。在午后精神萎靡的时段，你也可以采用这个办法。学校的午餐常常让孩子们摄入了过多的碳水化合物，使大脑很难在下午完成学习任务。根据自然规律让大脑得到休息可以“助推”大脑的启动。

THE MINDS OF BOYS

试一试

让学生们站在椅子背后，人与人之间保持足够的距离，可以自由地活动手脚。播放一些活泼的音乐，带动学生们活动：两手在身体的正前方拍一拍，然后左边，接着右边；弯下腰，手伸到脚边拍一拍；直起身，在身体的前面拍拍手；然后指向一位新的带头者，让他继续带领大家运动。在空间范围允许的情况下，鼓励新颖的动作。2 ～ 4 分钟后，通知带头者该指定下一名同学了。由于不是每个学生每天都有机会带头，可以在卡片上记下明天该轮到谁。

利用音乐激活全脑

在男孩友好型环境里，孩子们有书读，有积木玩，能进行适当的“空手道踢”。空间中的光线充足，包含很多有益而不分散注意力的视觉刺激。孩子们有机会建立依恋关系和情感联结，有机会得到指导并建立起个人责任感。男孩友好型环境会提供鼓励粗大运动和精细运动发展的活动和资源，孩子们可以进行大量的肢体运动，桌子也不会被钉牢。孩子们在学习过程中被照看得很好，但同时也可以自由走动，并拥有很多做选择的机会。在这里，我们对男孩在感官方面遇到的问题有所警惕。在这里，我们会照顾到注意力的天然规律，以及大脑神经需要重新充电的要求，保证其高效工作。

这里还是一个可以享受音乐的地方。音乐与学习之间的关联早已写入了大脑，只是我们常常没有察觉。音乐是一种神经科学家所谓的全脑活动，即需要左右脑同时参与。[3] 你可以用多种方式利用这种全脑刺激。在后续章节中，我们会为你提供一些“艺术技巧”，也就是把专业学习与艺术领域结合起来的方法，比如音乐。在幼儿园里，音乐就如同孩子们的第二语言。

幼儿园可以在每天上学开始时播放音乐。这样的全脑刺激能帮助大脑准备好即将开始的活动，促进大脑产生有舒缓和激励作用的化学物质。在幼儿园里设一间音乐收藏室不仅很有用，还会很有趣，里面可以收藏多种多样的音乐：经典、流行、爵士、民谣以及乡村音乐，还有适合运动的音乐、适合艺术活动的音乐、令人放松的音乐。一些来自其他文化的精彩音乐合辑也很适合在课堂上使用。

除了播放录音之外，幼儿园还可以给孩子们提供自己创作音乐的机会，从节奏、旋律到歌词都可以尝试。尤其是对天生少语的男性大脑来说，把语言也就是歌词和音乐联系起来很有帮助。我们可以通过节奏、旋律和歌曲来帮助孩子们进行语言记忆、学习和演说。

当然，大自然也有它自己的音乐。站在操场边的人行道上，孩子们可以聆风听雨，听路旁的树叶沙沙作响，自然的音乐对他们也有好处。这样亲密的倾听对男性的大脑多有裨益。作为一种“自然疗法”，它可以带来镇定。比如，听水从岩石上流过的声音，能使大脑释放出令人平静的化学物质。对于你班上高能量的男孩来说，平静下来是非常重要的。教室里的喷泉就可以产生这样的效果。

幼儿园里可以设立一项行之有效的传统，在门口放一张登记表，供孩子的父母、祖父母、哥哥姐姐和其他信任的朋友预约参加班里的“音乐时间”。这些志愿者可以演奏乐器，或者与孩子们一起唱首歌。他们还可以在音乐伴奏下进行诵读，由一位家长读故事，另一位用吉他、钢琴或者其他乐器演奏一曲柔和的背景音乐。

对于在行为和学习上有问题的学生来说，音乐可以改变他们的成败。亚拉巴马州的一名幼儿园老师告诉我们，有一个 4 岁半的男孩很难管教，学校管理层差点就要通知家长他不能继续就读了。正好一名幼儿园老师接受了培训，了解到了男性大脑的工作模式，决定把音乐和自然疗法相结合来帮助这个孩子。她帮男孩制作了一根雨棒，这是一种传统的澳大利亚乐器，是由硬纸板做成的一根管子，管内加入大米。当小男孩难以克制自己的冲动时，他学会了拿起雨棒来转啊转。之后他的行为有了很大改善，最终得以留在学校。

大自然是最好的户外课堂

幼儿园老师贝齐给我们讲了一个关于虫子的精彩故事：

> 有一天，一名顾问来到我们学校。她负责检查老师和孩子们有没有完成学校规定的任务和目标。户外课时，发生了一件让我记忆犹新的事。当她和孩子们说话时，一些男孩变得心不在焉，这也分散了她的注意力。“专心些，”她一直在说，“听讲！”大多数女孩能做到，但是又有更多男孩变得心不在焉。于是我走过去看了看发生了什么。我走到男孩们身边，发现了罪魁祸首，原来是只又大又肥的蠕虫！这名顾问一直试图重新吸引孩子们的注意，但是他们却一直想要玩这只虫子，好好研究一番。
>
> 我发现气氛越来越紧张，于是想是时候把课堂的主题变成虫子了。最终我们的确这样做了，在场的每个人，无论是男孩、女孩还是成年人都很享受，顾问也从难受的处境中解放出来。后来，我们又在当天给孩子们上了一节关于蠕虫的研究课。

正如贝齐所观察到的，大自然中四处移动的东西，即使是蠕虫那样的小东西，带来的学习内容和学习兴趣也可能比老师既定的课程要大得多。人类的大脑天生适合在大自然中学习，所以孩子们当然会乐于在户外学习，无论男女都是如此。[4] 在理解男孩思维方式的话题中，贝齐这个故事的可贵之处在于，男孩之所以天生被户外活动吸引，是因为他们的大脑是为了打猎和漫游而构造的。小男孩的大脑被设计为喜欢操纵物体在空间中移动，这和听人说话一样重要，甚至更加重要。虽然他们肯定会学习如何通过聆听来获得生活中不可或缺的指令、选择和爱，但他们并不像天生擅长言语的女孩一样喜欢听人说话。如果男孩有机会在自然环境中学习，他们会立马奔向大自然。

一所幼儿园对男孩的成功教育，部分在于更多地把大自然纳入课堂，不仅让孩子们在大自然中玩耍和释放能量，也在其中进行实践学习。冬天里，也许每天只有一个小时可以安排户外学习。但是在春天、夏天和秋天，也许有两三个小时甚至更多的时间，都可以用于户外活动。一年四季，户外活动都可以延伸进室内，比如孩子们可以照顾宠物，对动植物的生活进行研究，阅读与户外生活有关的绘本；老师还可以邀请志愿者，比如请某个孩子的爷爷把自己捉的鱼带到课堂上来，也可以展开对鸟巢、蜂窝和蚁穴的讨论。

不要过于强调“语言的力量”

普林斯顿市蒙台梭利学校的一位老师在学校参与了一天关于男孩如何学习的培训，课后他与我们分享道：

> 我们学校的格言是“说出你心里的话”，在我们的宣传册、报刊，甚至集会的讲台上都有这句话。这句话非常“女性化”，对吧？对男孩来说，说出自己心里的话也没错，而且我仍然觉得这是一句很好的格言。但是按照今天所学的来看，对小男孩来说，语言的力量到底是什么呢？当我们说“说出你心里的话”时，是不是把很多男孩排斥在外了？

这位老师提出了一个我们共同面临的问题。我们是语言主导式的学习者、工作者、父母、老师和孩子。我们的文明建立在语言的基础之上。把“说出你心里的话”当作学校的格言，是符合人类社会规律的。语言是把人类以及人类的大脑和其他物种区别开来的重要因素。

但是，语言在幼儿早期学习中的作用是否被过分强调了呢？几十年来，对大脑性别差异的研究得出了结论：语言不是无所不能的，尤其对于男孩来说。如果你的幼儿园着重强调的战略是“说出你心里的话”，我们希望你们的团队可以以本章的内容为出发点，开会讨论一下书中提出的各个可选项，以及你们在多年的职业生涯里，在照顾孩子的过程中得出的其他很多可能性。

如果你所在社区中的老师和家长常常对男孩说“说出你心里的话”，如果这句话令他们产生了挫败感、觉得刺耳，那么希望你每周做一次记录，探寻一下孩子在进行自我管理时，凭直觉和天性采用的其他方式。

伊薇特是佐治亚州的一名校长助理，她在接受了关于男性大脑功能的培训后，从新的视角评估了学校的课堂。她与我们分享了这方面的进展：

> 男孩总会发出很吵的声音，而且活动量非常大。在真正理解他们以前，我曾经认为他们并不是在完成任务，因为工作时不可能这么活跃！现在我才明白，他们千真万确是在完成任务。他们在参与课堂和学习。这很让我惊讶，也给我上了一课。现在，我发现自己会被他们的兴奋吸引。我会坐下来问他们几个问题，不久就和他们打成一片了。他们的热情会传染！
>
> 小男孩也许不会像我们期待的那样，用语言来传递他们的智慧、好奇与爱，但他们拥有其他天赋和才能，而这些在当今教育中并没有得到应有的认可。

THE MINDS OF BOYS 05

清除最不利于男孩学习的应激源

我们对孩子做的每件事，陪孩子经历过的每件事，都会对他们的大脑功能产生积极或消极的影响。孩子吃的喝的、在电视上看见的、触碰到的、听说过的……每一样东西都会以特定的方式输入大脑中。

——丹尼尔·亚蒙（Daniel Amen）①，

《幸福脑》（*Change Your Brain, Change Your Life*）[1] 作者

记得在 1981 年，我第一次读到了关于人类大脑的书。那是一本神经学教材，解释了脑干、边缘系统和大脑皮层的功能，以及数百万年来人脑的进化历程。那时候，书中的内容对我来说还很神秘。我不知道为何人类大脑拥有的神经细胞像银河系的星星一样多；大脑为何是自然界中唯一可以进行自我反思的器官；为何我们所做所感所想的每一件事，都通过大脑传递到这个世界，又由这个世界返回大脑。我本科和研究生阶段学习的是哲学、文学和心理学，结果却发现，在人类生命里的众

① 丹尼尔·亚蒙为世界知名的权威脑成像专家，他的“脑健康五部曲”包括《大脑勇士》《超强大脑》《幸福脑》《健康脑》《女性脑》，中文简体字版已由湛庐文化策划，浙江人民出版社 2018 年出版。——编者注

多事物中，人脑是最令我印象深刻的领域。在接下来的 20 年里，我重新审视了自己学过的所有学科，判断它们是否符合我对人脑的认知。

最近与亚蒙见面时，我又回想起自己看的这第一本神经学教材，以及当初它带给我的热情。亚蒙是一位神经精神病学家。他提倡的疗法走在学科前沿：通过对病患大脑进行扫描，来判断大脑的健康程度，进而针对成人和孩子生活中的应激源进行诊治。过去几年中，我和他通过电话和网上交流建立起了专业方面的沟通。现在，我们终于在斯波坎的一间餐厅见面了，并共进午餐。

他说："现在只要条件允许，我在诊断复杂的大脑疾病病例时，都会先对患者的大脑进行扫描。"我相信，进入 21 世纪以后，这个原则至关重要。亚蒙诊所运用这个原则对大脑疾病做出了清晰准确的诊断。在第 9 章中，我们会全面探索男孩的大脑疾病。谈话间，亚蒙把全美 4 个亚蒙诊所在以大脑为基础的健康应对策略方面取得的积极成果告诉了我，我也与他分享了古里安研究所把实验室研究结果运用到课堂和家庭环境中的案例。我们应用的研究成果中就包括他的研究，也包括本书中提到过的其他人的。

我俩都记得自己读过的第一本神经学教材。那时他在医学院上学，而我在从事专业研究。尽管这些教材提供了非常重要的信息，但我们都认同，神经学及其他领域的大部分教材，很少会教读者如何保护孩子的"大脑健康"。亚蒙指出，促成大脑健康的主要环境因素，如人与人之间基本的依恋关系、保护孩子不受虐待的需要等，在关于人脑的教材中只占了很少一部分内容。而我指出，当前影响最大的两种教育心理学教材中，没有关于当前教育环境对男孩和女孩大脑健康造成的不同影响的分析。[2] 我们一致认为，一个人吃了什么、在电视上看了什么都会对大脑健康产生重要影响，但相关内容在教材中所占的比例却微乎其微。

亚蒙指出："无论对男孩还是对女孩而言，关注儿童大脑的健康都是很难的，因为教材忽略了孩子的大脑对诸多应激源的处理方式。"他发现，要弥补当前学术界对家庭和学校里存在的大脑应激源研究的缺乏，父母和老师才是最佳人选。希望本书和亚蒙的著作《幸福脑》能为你提供关于大脑的基本学术知识，以及关于儿童大脑健康的最前沿的科研成果。

应激源之一：脑损伤

在前 4 章中，虽然没有直接使用“大脑健康”这几个字，但实质上我们已经在讨论这一问题了。我们一直在关注，哪些环境中的刺激因素可以保护男孩学习中的大脑，如何通过建立人与人之间的依恋关系、保护男孩不受虐待、提供适合男孩学习的环境、增加关于大脑性别差异的相关知识等，来影响男孩大脑的生理机能。此前，我们没有提到过具体哪些生理刺激会直接、消极地影响男孩在学习状态下的大脑健康。现在是时候更谨慎地审视这个问题了。

古里安研究所的工作人员在给学校和社区进行培训时，指出了影响男孩大脑发育的两大主要生理应激源：营养和屏幕时间，即接触电视、电子游戏、电影、电脑的时间，它们会直接影响男孩完成每天学习任务的情况。亚蒙博士则提出了第三种应激源，非常感谢他提醒我们注意到了这一点。

亚蒙博士和他的诊所提出要增加的那一条，就是在学校男生中频发的脑损伤。亚蒙说：“在诊所对男孩的大脑进行扫描时，我们发现了很多令人惊讶的损伤。现在很多孩子在家庭和学校里遇到的学习障碍和行为问题都与或大或小的脑损伤有关。”他还指出：“很容易想到，男孩比女孩更可能遭受脑损伤。想想看，男孩更好动，更容易出现类似撞头的磕磕碰碰。某些对抗性很强的男性运动也会增加男孩发生脑损伤的概率。”

亚蒙向我讲述了他是怎么把脑损伤纳入诊断大脑疾病的过程的。

> 30 年前，当我和同事接诊有愤怒问题或者其他问题的男孩时，都会习惯性地考虑他的家庭状态。比如来了一位行为严重出格的男孩，我们会让全家参与进来，进行结构式家庭治疗。这固然没有错。但是，自从我们使用大脑扫描技术以后，发现一些患者正遭受着某种脑损伤。由于进行了扫描，我们不再像以前那些忽略掉很多东西，在和孩子最初几个小时的互动中，就能发现脑损伤的迹象。这样一来，我们便不再需要和他的家庭一起合作一两年，试图找出孩子和家庭之间的不良动态是如何导致他的问题的。现在，当有一家人前来求助时，我们有扫描设备可以使用。我们现在的工作变成了教会家庭处理孩子的脑损伤。

根据亚蒙提供的数据，约有 200 万美国人正受到脑损伤的困扰，而多数人并不知情。如果你的儿子或者你班上的男孩表现出一些“不像他自己”“跟小时候不一样”“不正常”的行为模式，那么这个孩子的大脑很可能受到了损伤。如果某个男孩在学习上遇到了问题，他的大脑也可能受到了损伤，关于学习障碍我们会在第 9 章详细讨论。如果某个男孩在班上总是不守纪律，他的大脑也可能受到了损伤。这样的脑损伤可能源于一次严重或轻微的脑撞击，类似如下场景：

- 他可能从秋千或者树上摔下来，撞到了脑袋或者伤到了脖子。
- 可能有人击打了他的头部。
- 他也许经历了一次车祸。

在这些以及其他类似的情况下，男孩的大脑因为摔跤或者其他方式的受伤而受到撞击，影响了大脑的健康，进而降低了他的学习能力。我们可以与男孩的父母和其他照料者沟通，或者如果孩子的年龄大到可以进行口头表达，也可以和他本人聊，以此初步判断这些年他有没有遭受脑损伤的可能性。如果你是男孩的家长，发现他有受到脑损伤的可能，可以找保险公司报销或者自费，为孩子做一次大脑扫描，或者是单光子发射计算机断层扫描。

大多数情况下，脑损伤都是可以避免的，比如避免虐待儿童。但也有很多时候，脑损伤防不胜防。我们无法阻止孩子玩耍、跑步和骑车。大人可以尽量确保孩子的安全，但是无法阻止每一场车祸的发生。很多时候，我们甚至对此无能为力。只能尽力做到正确的诊断和合适的治疗。

然而，有一种脑损伤是我们可以尽力杜绝的。亚蒙告诉我："人类大脑的密度和软黄油差不多，所以它很容易受损。最常见的脑损伤之一来自足球运动中的头球，这时受损的常常是颞叶和额叶。有些孩子经常用头顶球，从来不受重伤，但有些孩子却会受伤。"亚蒙反复强调："在所有体育运动中，很重要的一点是记住，无论男孩还是女孩都很容易受伤，但是由于男性天生更富有攻击性，因此诊所接诊的受到这类损伤的男孩更多。"

我和亚蒙讨论，为什么近20年来，学习障碍、注意缺陷障碍和注意缺陷多动障碍患者的比例猛然升高。我们列出了一些原因，所有这些原因都会在本书的不同部分提到。他列出的有一点让我很惊讶，那就是"运动损伤，尤其是踢足球时因头球受伤"。亚蒙承认，目前还没有数据统计可以证明运动中的头部受伤和大脑疾病增多之间存在联系。但是他在这一领域几十年来的研究显示，这些脑部损伤，尤其是足球中的头球引起的脑部受伤，是导致大脑疾病的原因之一。

每当提到"专家建议"时，其实你应该明白，只有你自己才是做决定的专家。这一章我们以亚蒙的工作，尤其是关于脑损伤的警示作为开头，希望父母或者老师对下面两条建议加以运用，特别是在对待有学习障碍或者行为障碍的孩子时。

- 一次脑部扫描有助于精确判断大脑具体哪个部位存在问题，是否有损伤，是如何受损的，不够活跃还是过度活跃，以及造成这种状况的原因是什么。
- 保护孩子的大脑是一项重要的、必不可少的责任，尤其是现在踢足球和喜欢运动的孩子越来越多了。

我自己就很喜欢踢足球。我是一名后卫，每周在男足联赛中踢两次球。我可以告诉你们，每当我顶到球速很快或者长传过来的球时，头都很痛！在这种情况下，飙升的肾上腺素让我情不自禁，但有时我甚至能感受到脑浆在颅骨中翻滚。如果我一个 47 岁的成年人，顶到一个高处飞来、快得能把脖子打断的球都会感到头疼，那么那些只有 5 岁、10 岁的男孩，他们的脑部和颈部会受到怎样的冲击呢？

对所有可能发生的脑部事故或者损伤都应当保持警惕，这一点非常重要。这份警惕很可能可以拯救一个孩子，让他免于学习上的困境。

应激源之二：屏幕时间

我小时候看的是黑白电视，总共只有 4 个台：美国全国广播公司（NBC）、美国广播公司（ABC）、哥伦比亚广播公司（CBS）和美国公共电视网（PBS）。很多时候，天线效果很差。有时候，我会在屏幕上看见模糊的“雪花”。我会看《吉利根岛》（*Gilligan's Island*）、《碟中谍》（*Mission Impossible*）和《星际迷航》（*Star Trek*）作为消遣。看着看着我便会着迷，现在有时我会发现自己的孩子也处在这样的状态。我童年时，夜间漫步邻里间，会发现房子里都在冒出电视的蓝光，当时这种现象全美国都很普遍。我们每天或许都有一两个小时在看电视。

但现在不同了，下文的“你知道吗”专栏里提供了值得思考的数据。

大家或许都读过一些媒体报道，把电视、录像和电脑的过度使用与日益增长的身体健康问题联系起来，包括肥胖率的升高。但是，关于屏幕时间与孩子的学习问题之间的因果联系，尤其是与男孩学习问题的联系，你可能还没有听到过多少。

你知道吗 THE MINDS OF BOYS

- 当代的美国小孩平均每年上学 900 个小时，而看电视高达 1 023 个小时。
- 在美国家庭里，电视每天有 6 ～ 7 个小时是打开的。
- 在你儿子 18 岁以前，他会在看电视上花掉 22 000 个小时，看电视的时间比除了睡觉之外所有活动的时间都长。
- 每个家庭每天租借录像和光盘的数量是读书数量的两倍。
- 16 岁以前，你儿子在电视上已经看到了 20 万次暴力行为，其中 3.3 万次是谋杀。
- 2 岁以下的婴儿中，有 1/4 住在装有电视的房间里。
- 2/3 的学龄前男孩每天看屏幕的时间超过 2 小时，这比他们看书或者听别人读书的时间多两倍以上。[3]

屏幕时间与大脑发育之间的关系

迪米特里·克里斯塔基斯（Dimitri Christakis）是西雅图儿童医院和地区医疗中心的一名大脑研究员。他指出，大脑需要触觉、听觉、视觉、嗅觉和味觉这 5 种感官与外部环境的复杂互动，来帮助其组织得到充分生长。[4] 脑组织的生长主要依靠直接、多样的感官经验。克里斯塔基斯指出，尤其是在头三年，大脑最高级的抽象功能还没有发育成熟，婴幼儿花大量时间接触屏幕的现象极其令人担忧。但同时他也发现，在大脑的整个发育过程中，直到 20 多岁，危险始终存在。

研究屏幕时间和大脑发育之间的关系时，克里斯塔基斯和其他研究者都表示，“被动的、高度机械的刺激”，即看着图像在平面的屏幕上移动，对大脑学习的消极影响可能是终生的。在 2004 年 4 月期的《儿科学》（*Pediatrics*）杂志上，克里斯塔基斯博士发表了自己的研究。他追踪观察了 2 600 个孩子，从他们出生到 7 岁，发现“每天多看一个小时电视，孩子患注意缺陷障碍和注意缺陷多动障碍的概率就增加 10%”。这是一个很有影响力的发现！

要想帮助男孩在学习和生活中取得成功，需要我们作为老师、父母、父母主导团队成员的每一个人比现在更加谨慎地管控孩子接触屏幕的时间。这不是祖先们需要担心的问题。那时的孩子在大自然里运动，触摸和感觉事物，闻它们的味道，运用精细运动和粗大运动的能力来使用它们，通过这样的方式来学习。

人类社会的工业化和机械化在生活舒适、医疗健康和个人娱乐方面带来了好处，但是让孩子大脑自然发育的机会减少了。有一些孩子会遇到注意力问题或者其他困难，因为他们的大脑每天没有足够的时间从肢体运动和全感官体验中得到精细运动和粗大运动的锻炼。[5]

脑部扫描，比如亚蒙诊所使用的手段，显示出当成长中的大脑过度重视非运动的刺激时，会在重点发育区，比如注意中枢生长出大脑旁路。下面讲讲它是怎么形成的。

来自电视、录像和电脑的非运动类的被动刺激代替大脑完成了集中注意力的工作，所以大脑便无法学习如何有机地主动集中注意力。由于年轻的大脑没有“四处活动”，比如用身体与环境进行互动等，它感觉不到皮肤接收的触碰，听不见自然界复杂的声音，最重要的是，不能专注地参与复杂的、全感官的大脑发育任务。电视上播放的内容提供了过度的神经刺激，对大脑进行持续的视听轰炸，但是此时人在身体上是完全被动的。所以，大脑该做的事由电视做了一半。由于大脑不需要做这一半工作了，导致这部分神经要素无法得到充分的发育。而如果在自然的世界中，人在身体和精神上都足够活跃，大脑也会自然地发育完全。

这个问题同时影响着男孩和女孩，但是对男孩来说有特殊的影响，因为他们通常需要进行更多的肢体运动，来促进大脑的发育。根据我们对男性大脑的了解，患有注意缺陷多动障碍的主要是男孩，也就不足为奇了。[6] 因为他们大脑中的相关中枢不会像女孩那样更容易、更自然地生长，所以他们更可能面临与被动娱乐、屏幕时间和被动的高度机械刺激相关的注意力问题。

限制孩子的屏幕时间

如果你是男孩的父母，希望你考虑以下“试一试”专栏中的建议。

THE MINDS OF BOYS

试一试

- 美国医学会和美国精神病学会都建议 2 岁前的小孩不要看电视。
- 从婴儿时期到童年，甚至直到青春期，永远都不要在你儿子的房间里安装电视。
- 如果你允许年轻的儿子玩电子游戏，要严格限制他玩游戏的时间，必要的时候使用计时器来强化时限。
- 要和孩子一起看电视，选择符合他发展阶段的节目，并和他聊一聊节目内容。
- 避免使用录像或光盘等媒体来充当儿子的保姆。多数父母时不时会利用这些保姆，但如果形成了习惯，你的儿子可能会在未来遇到教育问题。
- 避免孩子过早迷恋电脑。对于一个 3 岁小孩来说，每天用几分钟电脑是成长中的一件新鲜事。但如果在这个年龄段每天使用一两个小时电脑，后果会跟电视和录像的影响一样：男孩学习中的大脑会受到伤害。
- 避免带 2 ～ 4 岁的孩子去电影院，看某些你认为对孩子来说太难的内容。如果你觉得屏幕上的情景很暴力，那它们对于幼儿园的孩子来说就太暴力了。请记住一个幼童的注意力持续时间永远不会有大多数电影那么长。他的大脑需要在多次突然的运动中学习，因此在电影的后一个小时里，其发展学习便已经停滞了。他会注意到暴力行为，但不会从中学习到任何东西，除了在想象中甚至是现实世界中对这样的行为进行模仿。

- 当孩子成长到了你认为适合看电视、录像以及光盘的年龄，一定要事先对你打算同儿子分享的视频以及所有的电视节目有所了解。和父母主导团队的其他人聊一聊，比如其他父母、邻居或老师，以保证节目内容对你的孩子有用。父母主导团队有责任，也有幸可以成为孩子的主宰者，帮他决定在人格形成最关键的几年里，该把什么纳入他的心灵。

凯茜把我们的建议告诉了一位参加研讨会的父亲，他觉得这些建议太严格了。"我知道很多医生支持你们的说法，"他说，"但是我从另一个角度来看这个问题。如果我的孩子在小时候可以接触所有东西，他们今后会成长得更快，经验更丰富。到了青春期，他们对外面世界的一切都已经知晓了。成年以后，他们就会更加独立和成熟。"

这是一个需要父母和老师努力解决的重要哲学问题。鉴于学习障碍与屏幕时间之间存在潜在的联系，适度节制就变得非常关键。我们坚信，孩子在情绪上和教育上的健康发展远远比无限度看电视和玩电脑可能带来的任何独立和成熟都更重要，尤其当孩子还很小的时候。

另一位父亲说："我不介意你们对看电视进行严格限制，但为什么要对电脑也如此规定呢？我希望儿子尽早熟练使用电脑，这样他在入学以后就会有一定的优势，你说呢？电脑代表着未来。"这位父亲并不知道，心理学家简·希利（Jane Healy）在其影响深远的著作《连接失败》（*Failure to Connect*）中指出：即使孩子直到青少年阶段才第一次使用电脑，也能在几个月内熟练掌握操作技能，与从婴幼儿时期就开始使用电脑的孩子不相上下。[7] 也就是说，精通电脑并不需要从小开始练习。2004 年，儿童联盟（Alliance for Children）完成了一项重要的全球性研究，得出的结论与希利一致。[8]

介于过度接触电脑、电视、电影和其他屏幕活动可能给男性大脑发展带来的不利影响，希望你们选择更加谨慎的养育理念。

“无电视”选项

“我小时候爱看电视，现在也挺好。”你也许听过这样的言论，或者自己也这样想。就我个人而言，我小时候也会适度地看电视，现在也很好。如果我父母决定把电视搬出我们家，我一定会大怒，也许每个男孩都会像我一样。

又或许，有的男孩不会？那些生活中没有电视的孩子在学校和家里究竟会怎样呢？芭芭拉·布罗克（Barbara Brock）博士是东华盛顿大学休闲娱乐管理方向的教授，她决定研究这个问题。她邀请了 50 名志愿者，分别为四年级和六年级的孩子，他们会脱离电视 30 天。参加测试前，这些孩子平均每天看 2 ～ 4 小时电视。布罗克得到了父母和老师的支持，这必不可少。她写道：“老师甚至提议让孩子们脱离所有类型的屏幕。”30 天内，孩子们没有看电视、用电脑，也没有玩电子游戏。

布罗克的报告称：

> 令人惊讶的是，超过 3/4 的孩子坚持了 30 天。这些孩子取得了出色的结果。我们的研究见证了他们：
>
> - 考试分数取得显著进步；
> - 睡眠习惯得到显著改善；
> - 情绪得到显著改善；
> - 读书的时间显著增加；
> - 参加的运动显著增加；
> - 家庭亲密感显著增加。

布罗克记录了三种在电视时间最受欢迎的替代活动：

- 户外玩耍；
- 与朋友和家人聊天；
- 读书、绘画和游戏。

在其中两项替代活动中，布罗克发现了对大脑发育很重要的东西。放弃电视的孩子把更多的时间花在了调动个人感官和身体的娱乐活动中，正是这些活动有助于大脑的成长。[9]

布罗克的研究并非唯一一个同类研究，也不是唯一得出积极结果的研究。正如布罗克在她的著作《没有电视？没多大事》（*No TV*，*No Big Deal*）中所记载的，斯坦福大学的托马斯·鲁宾逊（Thomas Robinson）在2002年完成了一项研究：要求900名学生把看电视的时间减少到每周6个小时。他的研究发现，6周以后，这些孩子的言语和身体攻击行为减少了25%。2004年，研究者在纽约州库珀斯敦市的16所幼儿园中，减少了孩子们看电视的时间，也取得了积极的效果。[10]

布罗克总结道："没有人认为所有人都应该随时关上电视。我们都很重视电脑的价值，电子游戏也并不邪恶。这些研究不是要大家反应过度。它们只是呼吁我们应该更加密切地关注这一问题。孩子们的时间花在了哪里，决定了他们会成为什么样的人。孩子们在电视上看了什么，花时间干了什么，吃喝了什么，都能定义他们的人生。"

应激源之三：不良饮食

进入工业化的新时代，我们需要记住一个重要的事实：16%的美国儿童被正式认定为肥胖。[11]肥胖的两大诱因是屏幕时间过长以及不良饮食。

饮食对孩子究竟有什么影响

犹他州一位名叫特里的父亲写信给古里安研究所："每当我开车经过快餐店，都会问自己'我是一个好父亲吗'？我读过'快餐国度'（*Fast Food Nation*）这篇报道，文中揭露了快餐正在如何影响着社会和儿童。在作者埃里克·施洛瑟（Eric Schlosser）笔下，我们好像把孩子和国家都置于垃圾食品之中。后来我又看了电影《超码的我》（*Supersize Me*），快被吓死了。饮食对孩子到底有什么影响呢？"

几十年前，我们不知道这个问题的答案。我小时候也曾坐在电视机前吃薯片，我的父母无法获得这方面的明确信息和指导。当凯茜在帮助儿子迈克解决教育问题的时候，她也不知道膳食在儿子的学习障碍中起到了什么作用。

幸运的是，大脑研究已经证实了营养不良会直接导致大脑健康状况低下和学习问题。美国医学会和很多其他医疗团体如今都把饮食方式和思考模式联系起来了。

以下是古里安研究所的工作人员经常提醒家长关注的 4 个问题。这些问题的答案可以改变一个孩子的教育经历。

问题一：我的儿子喝了足够的水吗？大脑的含水量达 80%。要保持最佳的学习状态，它每天都需要新鲜干净的水分。虽然一些饮料看似可以解渴，但实际上只有水才能为大脑解渴！软饮料、冰茶和果汁会被身体当作食物来消化，如果饮料中含有咖啡因，比如可乐和许多茶饮料，还会产生利尿作用，反而使身体中的水分减少。

口渴会影响学习，因为它会使皮质醇水平升高，给学习者带来"坏压力"的体验。孩子的大脑被皮质醇浸透之后，会很难把注意力集中在学习任务上。喝完白水 5 分钟后，皮质醇水平就会下降。[12]

如果你可以帮助学龄前的儿子减少“坏”饮料的摄入，多喝白水，那么在他小时候，无论学什么都会学习得更好。上学后，他还会养成对大脑和身体更好的饮食习惯。在上学后的每一个阶段，他都会表现得更好，因为在大脑缺水的情况下，边缘系统和额叶中的情绪和行为控制中枢都难以有效工作。

在家里，只要你儿子已经学会自己端杯子，就可以把水杯放在他能随手拿到的地方，让他在需要的时候喝水解渴。等他再长大一点，可以在冰箱里放一个盛凉水的容器，方便他倒水喝。当你送儿子去幼儿园或者托儿所时，确保工作人员会有规律地让他饮水。问问他们分别给孩子提供了多少水和饮料，并告诉他们你不希望儿子喝软饮料。同时，要求他们每天只给孩子一杯苹果汁或者类似的饮料。因为这些盒装饮料基本上是糖水而不是水，会令人在短时间内摄入大量糖分。越来越多的早教项目正在执行健康的营养计划，减少软饮料的摄入。这将有益于所有的孩子。

问题二：我的儿子摄入了足够的蛋白质吗？一份典型的早餐包括一块波普挞饼干和一盒果汁。这虽然方便，但是几乎无益于孩子一整天的学习。除了缺乏纯净水之外，这样的早餐中高密度的碳水化合物会让孩子的大脑“昏沉无力”，让他在这一天中很难集中精力。蛋白质对学习中的大脑更有利。[13]

朱迪丝·沃特曼（Judith Wurtman）是麻省理工学院大脑与认知科学系的一名科学家，她研究了构成蛋白质的氨基酸如何为大脑开始学习铺平道路。[14]一系列的氨基酸，比如提高思考能力的酪氨酸和具有镇静效果的色氨酸，不仅能帮助大脑保持思维敏捷，还可以抵消孩子们日常饮食中的糖的负面影响。

日本文化高度重视蛋白质的摄取，尤其是鱼类富含的 Omega-3 脂肪酸。日本开展了很多相关研究，得出了一致的积极结果。一项研究发现，日本神经系统学习障碍的发生率比美国低。[15]这项研究特别关注了日本人对饮食中卡路里的严格限制，以及对蛋白质的重视。需要指出的是，日本孩子摄入的卡路里仅为美国孩子的 1/3。令人惊奇的是，不仅日本孩子更少患上大脑疾病，而且日本男人的平均寿命达到了

78.32 岁，女人更是达到了 85.23 岁，平均寿命全世界最高。通过在减少碳水化合物和卡路里摄入的同时增加蛋白质，尤其是在早晨注意这一点，日本孩子避免了碳水化合物造成的“学习不稳”，补充了学习所需的脂肪酸。

以下“试一试”专栏提出了便于操作的方法和建议，以满足大脑对蛋白质的需求，但你才是最了解孩子的偏好、过敏史以及其他特殊情况的人。

THE MINDS OF BOYS

试一试

- 如果你儿子的日常早餐是吐司面包，那么在儿子的面包片上涂上花生酱，或者让他自己这样做，因为花生酱会增加蛋白质。
- 在冰箱里存一些乳酪丝；把它撒在面包片上，再放入微波炉加热。
- 周末做一些水煮蛋，以供工作日快速制作餐点。
- 把酸奶和茅屋奶酪放在可以随手拿到的地方，鼓励儿子多吃。
- 安排好你的日程，留出一些时间来做一顿丰盛的早餐，并与儿子坐在餐桌前共享。

问题三：我的儿子是不是吃了太多糖？糖分可以在短时间内让大量能量涌入大脑，但是接着就会对大脑的学习潜能造成负面影响。每天一颗糖是“特别优待”，但如果每天吃糖超过一颗，这个习惯将会威胁到孩子学习中的大脑，还会增加肥胖的风险。祖先们饮食中的糖分远远没有现在多。他们吃东西和喝水都遵循身体的自然需要。虽然我们和祖辈们不一样，但可以向他们学习，满足自己的需求而不是欲望。当然，几乎人人都喜欢糖果带来的甜美和愉悦，但是，因为它会给孩子的学习带来风险，所以按照你儿子的身体需求来吃糖，从发育和教育的角度来讲，才是对他最好的。

如果孩子在开始学习任务之前刚刚吃了糖，这对他的大脑来说会尤为困难。从认知和行为的角度来看，吃糖都会导致学习障碍。糖分不仅让大脑皮层的学习中枢难以工作，还会刺激肾上腺素过量分泌，让人难以静坐下来完成学习任务，同时过多的肾上腺素还会使孩子违反纪律的可能性增大。对登山运动员来说，糖分可能是很好的加速器，但对教室里的学生来说并不是这样。

问题四：家庭和学校有没有执行健康的餐饮仪式？帮助儿子养成一种晨间生活的规律，包括吃一顿有利于大脑健康的早餐，对他的学生生涯和此后的生活都有好处。给他提供一个安静的、没有压力的环境来吃早餐、准备上学，也会很有帮助。在我们忙碌的日程中，不一定每天都能保证如此，但是每周至少应该有几天这样安排。健康的餐饮仪式确保了孩子在健康的饮食上可以花更多时间。

如果你的日程紧张，多数时候不能与全家共进早餐，那你也许可以请爷爷奶奶来陪孩子吃早餐。又或许有某位邻居、好友、叔叔阿姨或者保姆，能在你忙不过来时，给孩子提供营养的饮食和安静的就餐程序。

总的来说，关键在于，父母主导团队要理解各种营养元素是如何作用于孩子学习中的大脑的。不管你照顾的是男孩还是女孩，这个问题都很重要。尤其在男孩普遍面临学习问题的大背景下，营养显得尤为重要。因为如今，男孩在入学之初就处于劣势，如果可以通过改变生活规律来帮他们摆脱某个明显的劣势，这对他们学习中的大脑来说就是好消息。

从明天早晨开始，你可以迅速着手控制儿子生活中所需的营养。你和你的团队可以制订一个良好的营养和饮食习惯计划。你可以从这里着手：看看你们有多依赖快餐。这个标准就像晴雨表一样，显示着父母主导团队有没有把孩子的大脑照顾好。如果去快餐厅是你们家的日常活动，那么你可能需要重新考虑这项惯例。糖分、不健康的脂肪和不健康的碳水化合物是快餐里包含的主要物质。如果你们全家去快餐厅的频率高于在家享用健康饮食，那你的孩子将可能面临学习障碍和行为问题。读过埃里克·施洛瑟所写的《快餐国度》的特里醒悟过来了，所幸整个美国也正在醒悟，认识到了目前的餐饮习惯可能造成的神经和体质问题。[16] 每周去快餐厅吃一次晚餐，摄入的脂肪和碳水化合物也许不会对男孩的大脑造成多大损害，但每周去好几次，恐怕就会有影响了。

确保学校与家庭同步改善

前面讨论的营养需求和餐饮问题也延伸到了学校。汽水售货机和高脂肪高碳水化合物的午餐都有问题。一些学校和社区，包括与古里安研究所合作过的很多地方，正在改变食堂的午餐以及过道里汽水、糖果售货机的分布。这些学校认识到了，正确喂养大脑才能保证孩子很好地学习课程，而如果学校的环境正在系统性地通过不良饮食和缺乏营养来毒害孩子们的大脑，结果将会是一场悲剧。这些学校正在改变孩子们在校园里的饮食，来回应那些令人心惊胆战的关于肥胖症的科学研究。

很多学校还没有开始进行重大的饮食调整。因为对很多学校来说，做出调整的费用让人望而却步。但是，在学校准备调整膳食的这几年里，家长可以帮助孩子从家里打包健康的午餐，并与老师和社区成员分享关于饮食对大脑影响的最新信息。

远离应激源，重塑大脑健康之美

在这一章中，我和凯茜向你呈现了与学习中的应激源有关的最新研究。三大应激源正对男孩学习中的大脑的健康带来潜在影响，在美国各领域的知名专家的帮助下，我们希望你能对此有深入的了解，并获得实际的帮助。虽然应激源也会影响女孩，但我们之所以特别描述这三种应激源，就是因为它们可能对男孩的学习产生特别消极的影响。你儿子吃的、喝的、看的以及砸在脑袋上的东西，都在影响着大脑的成长和学习！为了给男孩营造最佳的学习环境，我们必须针对屏幕使用、营养摄入和体育活动共同制定规则和限制。

当我和丹尼尔·亚蒙结束当天在斯波坎的午餐时，他对自己所做的儿童大脑扫描进行了富有诗意的医学评价。他说："当我看着扫描结果时，没有比被呵护得很好的人类大脑更美的图像了。"

考虑膳食、屏幕时间和脑损伤的问题时，你也可以像研究扫描图像一样看待你的孩子。如果你在家里或者学校面对着一个有学习、纪律或者行为问题的男孩，我们希望你能有所触动，迫切地为男孩的生活多做一点事，减少他吃的不良食物、喝的汽水和坐在电视前面的时间。通过这些小的改变，你、你的父母主导团队和你的学校就为保护男孩的大脑之美多做了一点事。

THE MINDS OF BOYS

第三部分

6～18岁，找到最能发挥男孩优势的学习方式

Neurologically,
human beings haven't
caught up with
today's overstimulating
environment.
Getting kids out in nature
can make
a difference.

从神经学的角度来说，
人类还没有跟上当今过度刺激的环境。
让孩子们到大自然中去，
他们会有很大的不同。

THE
MINDS OF
BOYS
06

如何帮助男孩学好语文和读写

在所有的工业化国家，女生在阅读和写作方面的表现都“大大领先”于男生。

——经济合作与发展组织研究报告，2003 年

男孩们发挥想象力创作着大量的奇幻故事，但把故事落到纸面上对他们来说非常困难。

——娜恩，三个孩子的母亲

在一个寒冷的冬日，我去女儿的小学接她放学。我早到了大约一刻钟，于是走进教学楼。孩子们创作的故事和绘画被挂在走廊两侧的墙壁上，我站在那里欣赏。在数百幅作品的下面，有孩子们用印刷体或手写体书写的“克洛艾”“杰克”“克里斯滕”“弗朗基”等数百个名字。在各式各样的展品前，我停下来阅读孩子们的故事，欣赏他们的作品。在我浏览了 20 来幅作品以后，一个有趣的现象凸显出来：女生写的东西和男生写的不一样。

我从口袋里掏出笔记本，将女生和男生分成两列，然后数了数女生和男生写的短文中分别包含的词汇量。数了 10 篇女生写的，又数了 10 篇男生写的作品后，我发现女生使用的词汇量比男生多一半。这是一个显著的差异。我迅速浏览了其他 9 个教室外展示的文章，整体来看，没有一间教室外的作品中，男生使用的词汇比女生多，尽管有个别男生使用的词汇量与女生相当或者更多。

我看了看表，离下课铃响只剩三分钟了，于是在笔记本上新划出了一行。基于我对大脑的语言中枢性别差异的研究，女生比男生的词汇量大是理所当然的。那么词汇的内容呢，会不会有差异？我特别好奇的是感官细节，如颜色、材质、声音以及软硬程度之类的触觉。我分别在男生和女生所写的文章中，数了数感官细节描述出现的次数，再次发现了差异。即便我选择的文章来自表达能力明显较强、感官细节描述较多的男生，但女生在“感觉输出”这个范畴里的表现依然比男生更好，输出量是男生的两倍。

下课铃响了，教室里活跃起来，孩子们忙着放学，很快走廊便被人群淹没。我的即兴实验终止了。小女儿达维塔看见了我，我们一起出去，上了车。我开着车，一路和她聊天，问她这一天过得怎么样。

当天晚些时候，我给同事、老师和教育系统的管理人员打了电话、发了邮件，询问他们是否也可以尝试再做一做我白天在小学里进行的“实验”。

过了一周，我接到了电话和回信。整个美国，从科罗拉多、纽约、佐治亚到加利福尼亚，小学墙面上展出的作文都生动鲜活地证明了大脑在写作方面的性别差异。平均来看，女生使用的词汇量比男生更大，描写的感官细节也更多。

自从那天下午在达维塔的学校做了实验后，我便开始在开会和做培训时呼吁老师、家长和专业人士也来做一做实验。只要有小学把孩子们的作文展示在走廊的墙上，就可以在那儿做这个实验。我相信，只要你细细阅读了至少 10 间教室外的作文，通常都会得出和我一样的结果。你会发现一种戏剧性的方法，来了解女孩和男孩的脑子里在发生些什么。

正如我们此前所注意到的，男孩的大脑一般不能像女孩的大脑一样可以造那么多词。它们使用的语言中枢，以及连接感觉中枢与语言中枢的神经通路都没有那么多。[1] 所以，男孩不能很自然地把感官细节讲出来、写下来。通常他们在写作的时候，或者每天说话的时候，用到的词汇总量没有女孩大，一般也不像女孩那样对阅读感兴趣。大多数男孩“就是这个样子”，但是在教育他们的时候，这可能是最有问题的方面，因为它让男孩在语文上的平均得分比女孩低。

让男孩爱上读写，父母可以做什么

如果想在家里或学校里提高男孩的读写能力，这一章可以作为实用的教程。当代教育高度重视读写能力的培养和感官细节的描述。如果你认识的孩子在这方面不突出，那么他很可能也面临着考试成绩差、自尊水平低等问题。

包括美国在内的所有工业化国家中，女孩在阅读、写作和语言艺术方面的表现都比男孩好，这一点绝非偶然。美国教育部报告称，男女生的读写能力有一年半的差距，[2] 大一第一学期女生的读写水平与大二第二学期的男生相当。由于女性的大脑往往天生更擅长输出词汇、加工语言、把语言同情绪和感觉相联系，因此女生和男生在读写能力上的差距可能会永远存在。但是，有一些切实可行的方法，可以让这个长达一年半的差距缩短至几个月。

本章将传授这些方法。在阅读写作和语言艺术方面，我们找到了适合男孩的男性化的学习途径，希望帮助男生们适应学习任务，提高考试成绩，改善课堂表现。我们将要探讨整个美国甚至世界各地在课堂和家庭中采用过哪些调整策略来保护男孩的读写能力，提高他们的语文学习水平。这些调整策略会根据脑科学的方法促进大脑中枢的发育和连接，帮助男生在阅读写作和运用语言艺术时更好地使用词汇。这些方法均对女生没有害处；实际上，其中一些方法同样可以用来帮助女生。但是，大多数的方法、技巧和建议都是针对男孩大脑的发展和学习方式进行了多年的研究实验之后提出来的。

本章介绍的所有方法都可以立即作用于额叶、颞叶和大脑皮层中其他与语言能力相关的区域，促进它们的发展。文中的方法不仅会使男生在写作展出于学校墙面上的作文时表现更好，也能让他们在整个语言学习经历中受益。

鼓励童年早期的语言运用

在许多学习问题上，父母同时也是孩子的老师。如果一个家庭从孩子的出生开始，就重视语言的有效运用，成为孩子阅读、写作和说话的中心，那么家庭和学校都能发挥出最大的作用。

我们在第 3 章详细介绍了父母如何在家里为男孩布置出有益健康、令人愉悦的学习环境，包括如何利用环境帮助男孩发展语言能力。当时主要关注的是出生到入园的阶段，所以希望你能深入地理解第 3 章的内容。本章会先提出更多帮助学龄前男孩的建议，然后更集中地关注在小学及以后的阶段里发展语言能力的方法。

开发大脑的语言能力不限于练习词汇的运用，还包括把词汇的运用与大脑的其他功能联系起来。你会发现，书中的许多建议都属于这种“全脑开发”式的方法。

幼儿语言能力的培养。给屋子里的物品贴标签。一些物品可能也会同时出现在你给孩子阅读的书本里。大的便利贴和索引卡都是制作标签的好材料。用某种非永久、易撕下的新型粘贴剂将美术纸或招贴板做成的标签贴在车上、门窗上、桌椅上、杯子上和蜘蛛侠玩具上。

把贴标签当作一种亲子游戏会非常有趣。你可以向儿子发起口头挑战，要求他把写了物品名字的标签贴在正确的地方。如果顺利完成任务，就和他一起庆祝；如果有贴错的地方，再帮他纠正过来。然后请他把标签重新收集起来，打乱顺序再玩一次。当孩子的语言能力有所提高时，就在词汇库里新增一些标签卡。

当你的儿子掌握了一组标签上的词汇后，用一个计时器让他跟自己比赛，看看他贴标签又收起来的速度有多快。

当他不需要任何帮助就可以认识这些词汇以后，可以让他把它们收集起来，封存到一个袋子里。待到收集了一整组自制的标签后，就又可以开始新的一组了。你可以把游戏空间扩展到院子里，也可以把游戏和科学课结合起来。无论是在祖父母家，还是在车库里，或者拥挤的地下室，在任何地方你们都可以玩这个游戏。

游戏过程中，让儿子把一些物品画下来有利于增加乐趣，还能提高他的全脑开发水平，并在早期的学习中产生视觉强化的作用。

幼儿阅读能力的培养。假设你的儿子已经学会了阅读，哪怕只会一点点。下面介绍一种持续强化语言能力发展的方法。

买一套识字磁贴贴在冰箱上，字越大的磁贴适用于年龄越小的孩子。冰箱的一面大概贴得下 50 块。

和儿子一起创作一项“学习仪式”，每天在固定的时间段带他来玩这些磁贴，让他拼出一个句子，并庆祝他付出的努力；如果需要的话，也可以帮他进行一些改动。然后，你也用这些字词造一次句，让儿子来读你的句子。如果他有读不懂的部分，帮他讲解清楚。记住，让这个游戏充满欢乐！你造的句要符合他的年龄。

你们在享受乐趣的同时，也可以增加游戏的挑战性。向他发起挑战，先在一个句子里使用最少数量的词，随着他渐渐掌握更长的句子，再一个个地增加词数。每增加一个词，都让他把句子读出来，解释一遍。完成以后要为他庆祝；如果需要的话，帮他进行一些改动。

这是一项令人兴奋的头脑体操，在学习仪式之外的时间也可以练习。比如，你在做饭的时候，可以用这些字词来组成一份菜单。你儿子可以帮你把食谱所需的东西列一个清单，然后按冰箱上的菜单和配料同你一起准备餐食。

帮助小学男生练习读写技能

假设你的儿子已经学会了阅读。他可能喜欢阅读，也可能不喜欢。但是你已经能够感觉到，阅读对他在小学的学习成绩、社会交往和自尊水平非常重要。现在，你可以做些什么，来将语言学习融入他的日常生活中呢？让我们从一些小技巧和小细节开始。

从列清单开始：逛日用品商店。去商店之前，向儿子发起挑战，请他坐下来把自己想买的几样东西写进日常购物单里，而且必须包括一种健康食品。你也可以让他用自己的语言重写一份全家的购物单，当然，基于他的年龄和兴趣，他可以写一整份，也可以只写一部分。如果儿子已经高于三年级，你可以纠正他拼错的单词，再请他照抄一遍；如果他已经高于四年级，你可以指出他拼错的单词，请他自己查字典或者使用电子拼写检查器更正。

如果他把所有的单词都拼对了，就可以得到清单上的健康食品作为奖励。这项激励能帮助他明白“奖励是努力的一部分”。[3] 他会更有动力来写清单。最终，在购物单拼写游戏中完成任务的成就感会转变成在学校拼写考试中表现优秀的成就感，他会不断追求这种成功的愉悦。

现在，假设你和儿子正在一起购物。你可以请他把食品标签上的内容读出来，并把他写在购物清单上的东西放入购物车。以这种方式，他书写了单词，学习了正确的拼法，然后把语言学习与行动任务相结合，也就是从商店的货架上把东西找了出来。

使用可视化词典。买一本配图丰富的儿童词典来玩游戏，把图画和字词联系起来。这类词典有助于大脑视觉空间中枢与语言中枢之间的交流。尤其当你儿子具有非常强烈的视觉或空间导向型思维时，这种词典简直是大救星。

利用图书馆。将去图书馆读书发展为一项家庭日常活动。儿童图书馆有极好的资源，可以吸引男孩阅读自己喜欢的书。《我儿子需要什么样的故事》（*What Stories Does My Son Need?*）一书列出了各个年龄段男孩真正喜欢阅读的部分书籍。带你的儿子去参加图书馆举办的读书会和故事会，留意一下儿童作家前来朗诵的通知。确保与你们会面的作家中有一些是男性，因为他们可以在阅读书籍和使用词汇方面发挥积极的榜样作用。

在餐桌上玩文字游戏。就餐的时候，全家一起玩文字游戏，每人选一个词，请另一个人用它造句。儿子选一个词，爸爸来造句；然后妈妈选一个词，儿子来造句。这个游戏也很适合在长时间坐车的旅途中玩。

玩文字游戏、写购物清单、图书馆之行以及冰箱贴造句，都能把词汇运用变成一项有趣的仪式，融入儿子的生活中。所有这些活动都能神奇地提高他把感官体验和语言联系起来的能力。

THE MINDS OF BOYS

试一试

找一张招贴纸，在左侧把你儿子名字中包含的字母竖着写成一列。在游戏中，请儿子找出以其中每一个字母开头的物品，然后填写下来。比如：

- M music（音乐）
- I ice cream（冰激凌）
- C car（车）
- H house（房子）
- A apple（苹果）
- E egg（鸡蛋）
- L leg（腿）

每当他填好一个词，就给出一个合情合理又让他心动的奖励，比如专门去一次公园，或者在午餐或者晚餐时吃一样他最爱的东西。

这一页填满后，把它贴在儿子的房间里，然后用儿子的名字重新开始新一轮游戏，不允许填写重复的词！当用名字已经写不出新词时，就换成中间名或者姓氏。让儿子画一些画，或者剪一些图，来搭配自己填的词，对页面进行装饰。

依靠你的父母主导团队

所有适合父母使用的大脑开发工具都同样适用于父母主导团队的其他成员。别的不说，让男孩给住在城外的祖父母和其他家庭成员写信或发邮件这件事就非常重要。这是一项家庭固有的大脑开发活动。你可以给儿子规定一个时间，比如每周六早晨，专用于写信或发邮件。男孩常常需要这样的时间安排和例行程序，尤其当他们天生不那么爱好写作的时候。

在写信的过程中，你可以让儿子通过给祖父母画画来向他们展示自己正在学习的东西，这样能够帮助他的大脑将语言和空间联系起来。让他在画作里加一些标注，或者另写一篇小短文，来讲解画中的感官细节，比如车是红色的，或者天是蓝色的。如果他画了一个坐在车里的人，又看不清楚是谁，他可以标注“这是爸爸”或者“这是妈妈”，并用一个小故事来讲讲他们穿着什么衣服，是在微笑还是皱眉。

每周的写作和绘画完成后，让儿子帮你把它们寄出去。在完成这个小任务的过程中，他仍在继续练习把语言和日常生活相结合。他需要填好信封上的地址，然后和你一起把信带到邮局，塞进邮筒里。

为了让这项练习对男孩的成长发挥更大的作用，收到信的亲属和团队成员们必须给他回信或者回邮件，这一点很重要。他们在回信中描述的感官细节越多，对你的儿子就越有益。收到回信以后，可以鼓励儿子朗读给父母听。

运用艺术技巧：让语言融入音乐

前文已经探讨过，音乐能帮助孩子提高语言能力。在此，我们把音乐活动定义为能调动大脑音乐中枢的活动。用收音机听音乐的确是一种音乐活动，但是孩子只是被动收听，效率不高，不如主动参与钢琴、吉他、萨克斯管、长笛和击鼓等音乐课程。香港中文大学的研究已经证实了这个观点。经过测试，哪怕只接受过短短一年音乐培训的孩子，也比从未接受过音乐培训的孩子在言语记忆方面的水平更高，男孩尤其如此。[4] 这项研究显示，学音乐的孩子即使在一年之后就终止了训练，他们的言语记忆能力依然比没学过音乐的孩子强。

帮助孩子接触音乐学习有一个有趣方式，就是买一台便宜的卡拉 OK 机，一般折扣商店的玩具区域都有售。在儿子学会了跟着伴奏唱歌之后，你就可以向他发起唱歌和讲故事的挑战。在他唱歌和讲故事时，一定要当他的听众，并向他提问，鼓励他说更长的句子、唱更长的歌曲、讲更长的故事。千万不要批评他唱得不好，这时过程比结果更重要。卡拉 OK 机和音乐课程一样，不仅可以促进孩子把音乐和语言联系起来，还有一个附加的好处，就是能直接提升孩子使用语言时的自信。

帮助中学男生练习读写技能

如果你的孩子在青春期已经具有很强的阅读能力，他可能会喜欢各种各样的读物。这时只需要给他一点时间、一项作业和一本有益的书即可。

如果处于青春期的他尚不擅长阅读，他可能在以下三个方面需要特别的帮助：

1. 倡导他就读的学校改变语文课的教学方式。
2. 提供一些对他来说具有可读性的书籍和读物，比如那些他真正想读的书。
3. 帮他把时间和精力集中在读书、写作业和学习任务上，即使有时他并不想做这些事。

在本书的第四部分，我们会特别关注动力不足、成绩不良、表现不佳以及有学习障碍的男孩。在本章中，我们假设你的儿子并不属于上述类型，他仅仅需要多一点帮助，就可以成为一位成功的阅读者和写作者。

陪儿子写作业。很多男孩需要你和他们一起写作业，不是帮他们写，只是陪他们写。他们需要你来当他们的“注意力教练”。如果一个七年级的男生无法完成语文或其他科目的作业，你和你的父母主导团队需要每天至少花一个小时陪他，帮助他专注地写报告、读书、准备演讲。甚至就连高中男生也可能需要这样的督促。

把屏幕时间与学习奖励结合起来。如果你儿子完成语文或其他科目作业的情况不佳，尤其是阅读能力很差，他可能花费了过多的时间在玩电子游戏、看电视和上网这些事上，这意味着他需要你引导他重新回到最重要的任务上来。享受视觉刺激对他来说太舒服了，比读书写字之类的语言运用轻松多了。所以，视觉享受对他来说只能变成努力的回馈，而不是应得的权益。他也许会感谢你对他的限制，也可能一开始会对你的强制措施进行反抗。但是，如果在这个问题上全家人达成一致，你就可以和他协商，先试验三个月，看看积极的效果，他的反应也许会给你带来惊喜。

提供孩子喜欢的读物

在过去几十年中，读某种类型的书是否比另一种类型更好的问题，引发了大量的争议。例如，如果一个男孩常看漫画书，通常会被认为是“不成熟的读者”，在“浪费自己的时间”；如果他常读技术手册，而不喜欢虚构的文学作品，会被认为“不全面、不广博”；如果他只读科幻小说，不爱其他读物，会被认为是一个“科幻怪人”。总的来说，美国的教育文化很爱评判孩子们的阅读内容。一定程度上讲，这是件好事。我们希望孩子广泛阅读，全面发展。但是这种态度也在一定程度上阻碍了孩子，尤其是男孩在语言艺术上的成功。

政府教育研究员戴安娜·拉维奇是研究不同性别儿童需求方面的专家。在儿童阅读领域，她做了大量的研究，且著述颇丰。不出所料，她在孩子的阅读能力、作文内容和是否有选择读物的自由之间找到了联系。

拉维奇指出，“哈利·波特”这类书籍广受欢迎，说明青少年是愿意读好书的，这些书情节神秘、激动人心，充满了计谋较量与正邪对决的悬念和紧张感。拉维奇发现，与此相反的是，历史教科书里记录的往往只是事件的浮光掠影，却忽略了史实的戏剧性和故事性。[5]

罗格斯大学教育学院的迈克尔·史密斯（Michael Smith）与博伊西州立大学的杰弗里·威廉（Jeffrey Wilhelm）同样支持拉维奇博士的观点。他们针对六到十二年级的男生进行了一项研究，发现他们的阅读、写作作业与自身兴趣背离。威廉与史密斯在报告中称：“我们发现，男孩们认为学校脱离了真实的生活，对此完全持嘲讽的态度。”一个16岁的男生是研究对象之一，他说：“我就是不喜欢读小说，我只是随便翻翻了事。”另一个男生说：“英语没有任何意义，只是标点符号和节奏韵律而已，与任何事情都没半点关系。”他们同时也说到，自己对轮滑方面的书很感兴趣，愿意完成相关的写作作业，也很喜欢阅读和使用摩托车维修手册。[6]

经过多年的研究，专家们的发现或许在某种程度上印证了男孩父母们的直觉。孩子们总是抱怨语文、文学、历史、社会研究之类的课程乏味、没有意义。通常，男孩们更愿意阅读自己感兴趣的内容，因为这些内容符合他们的生理、神经和心理特征。他们排斥阅读无聊的、不符合自身特征的东西。

有鉴于男孩每年阅读的书籍平均数量不及女孩，他们读什么书就显得更重要了。我们首先想到的是每个孩子都会从中受益的文学读物，比如《杀死一只知更鸟》，或者莎士比亚的《罗密欧与朱丽叶》。但是，在男孩已然不擅长读书的前提下，再把课本或小说强加给他们阅读，并在这个模式下衡量他们的成功或失败，真的合适吗？担心儿子不爱读书的父母不得不面对这个问题。如果你的儿子也不爱读书，你或许会和戴安娜·拉维奇及其他研究者有同样的发现：一条快速发展的故事线才能让男孩保持阅读兴趣。你可能必须得建议学校为儿子提供一份“替代书目”或者在教室里陈列一些可供男孩自己选择的书籍。

同时，你也许会注意到，很多男孩在阅读时比女孩需要更多的图片和与空间有关的内容，来帮助自己掌握整本书讲了什么。随着男孩的成长，直到大学阶段，他们的大脑逐渐发育完全，这时男性比女性需要更多图片和视觉刺激的现象才在一定程度上消失了。但是，即使是成年男性，在读书时也更容易被以下特点吸引：

- 充满与空间和肢体相关行动的内容，可以是惊悚小说、悬疑小说、科幻小说，也可以是体育传记。
- 与技术和机械相关的内容，比如教学手册或者商业书籍。
- 绘图式的、形象化的内容，比如漫画书，或者报纸中的漫画页。

由于男性的思维有这样的倾向，因此父母在当前的教育文化中占有至关重要的位置。一些男孩即使对教科书毫无兴趣，也可能会是“哈利·波特”的狂热读者。一些男孩厌倦上学，却可能在坐车的时候还在读科幻小说。对初高中男生来说，这样的情况可能部分缘于生理因素，下面的“你知道吗”专栏会说明这一点。

你知道吗
THE MINDS OF BOYS

随着男孩进入青春期，最主要的雄性激素睾酮在初高中阶段开始快速分泌。青春期男生的大脑每天会出现 5 ～ 7 次睾酮分泌的高峰期。睾酮能促进空间感和动手能力的发展，调动右脑中枢的启用。男生体内的睾酮水平高达女生的 20 倍。所以，青春期男生的大脑与女生不一样也不足为奇。当女生体内的雌性激素和催产素在促进左脑额叶的语言能力发展的同时，男生体内的激素正在推动着他们的大脑带着更大的活力和闯劲去创造与空间、机械、运动相关的生活体验。[7]

鉴于男孩大脑的情况，作为一名青少年的家长，你或许会发现，自己有必要站出来，在学校里为所有男生发出呼吁。你可以借助本书和其他类似的资料，来提醒学校注意以下两个基本观点：

1. 通常情况下，男性大脑的构造在学习语文方面不及女性。因此，在学习语言时，男生往往需要额外的帮助，对读物有所选择，并采用创新型的教学方式，才能在这方面表现得和女生一样好。
2. 为了赢得语言学习方面的公平，男生需要特有的阅读内容、课程安排、教学方法和多媒体技术，而当前的学校体系没能做到这一点，导致了男生和女生在语文学习中差距的增大。

成为推动变革的父母

学校和老师要想帮你的儿子取得成功，就需要在你的支持下推动教育体制的变革。这里列出了一些观点和论据，能帮助你同学校交流并提出倡议。如果以下内容完全无法实现，那么你与学校之间的抗争就是错误的。但是如果可以实现，即使耗时多年，也是一场正确的抗争。

1. **改变课程安排。**督促老师和学校检查一下语文课程的设置，看其是否对男孩有帮助。当然，课程的安排也需要有利于女孩。关于女孩在这方面的需求，欢迎阅读《男孩女孩学习大不同》一书详细了解。比如，如果学区审定的语文课程没有使用大量图像，这样的课程安排或许该被取缔。如果教学中从不使用电影、录像和其他多媒体形式，这样的教学设计或许便不利于男孩。

2. **改变阅读要求。**一些教材应该停止使用，比如戴安娜·拉维奇描述的那种，它们实在无法令孩子产生兴趣。更重要的是，也许在你的支持下，学校可以允许孩子们自由选择阅读任务。比如你可以提议，当一些孩子在读《简·爱》的时候，另一些孩子也可以读“哈利·波特”。并不是说我们要放弃执行所有预设好的阅读任务，但是学校和社区在进行阅读课的评分时，可以让个性化的阅读任务占有 30% ～ 50% 的比例。仅这一项调整就可能帮助一部分青春期男生提高语文课的分数。

3. **增加可视媒体的使用。**拓展视觉和空间媒体的使用，比如电影、电视、光盘和幻灯片的运用，不仅在授课中，也可以在学生做报告和演讲时使用。这些媒介往往更适合男孩，因为他们的大脑不那么擅长阅读、写作和文学。

4. **鼓励使用笔记本电脑来记笔记和写论文。**很多情况下，经费问题让这项创新难以实现。但是对于准备购买一台笔记本电脑的家庭来说，儿子在课堂上取得的进步会令他们感到物有所值。很多青春期的男生在手动记笔记时，实在没法像周围的女生们做得那么好。如果家里能花钱给他买一台电脑，让他参加打字培训，他会在记笔记上取得巨大的进步。

5. **在家里和学校里，鼓励男孩一边阅读写作，一边活动肢体。**当然，学生在课堂上有过多的肢体动作对老师来说太可怕了。父母可以提议，允许孩子们在构思和完成写作任务时在教室里适当活动，但同时他们也有责任教育孩子们自我约束，遵守这项改革的规则。虽然肢体活动可以刺激大脑的语言中枢、减轻厌倦情绪、缓解焦虑、打破瞌睡状态，但大多数学校没法采用这种方式来帮助男孩读写。在实施这项改革的初步阶段，父母甚至需要在教室里充当志愿者，来帮助男孩学会自律。

6. **在社区发起讨论，商定上学时间和班级规模。**科学研究清楚地显示，调整上课时间对学生的课堂表现和学习态度有明显的积极影响，对青少年尤其如此。缩小班级规模则对所有年龄段的学生来说都更有益。

为男孩的教育发声

卡伦是科罗拉多州斯普林斯市第 11 学区选举的学校委员会委员。8 年来，她不辞辛劳地为孩子和家长们提出倡议，直到完成最后一个任期。卡伦是一位母亲，也曾是一名幼教工作者，我们对她进行了采访，她就父母如何在孩子的学校中提出积极的倡议回答了我们的问题：

> 永不言弃！孩子一入学，父母就要开始行动。见一见孩子的老师，问问他们你可以提供什么帮助，如何支持老师和学校为孩子提供最好的学习环境等。在困难出现之前，就要先问这些问题。从头开始，小学阶段就开始当志愿者。认识孩子每个年级的老师，并与校长建立联系，还有认识学校秘书也很重要。一所小学的学校秘书了解学校里日常发生的所有事情，能给家长们提供有力的帮助和大量的讯息，帮助他们节省时间。在初高中阶段，家长和学校的协同配合会变得更难，面临更多的挑战。这些挑战不只来源于学校，还来源于学生。但是，我们要再次下定决心，绝不放弃。和小时候相比，青春期的孩子对我们的需要只多不少。

卡伦强调，作为父母，你应该：

- 加入学校的家长委员会，并参与其中的工作。作为家长委员会的成员，你会得到儿子同班和同校同学的名单以及家长的信息，在你需要发起群众支持的时候，这将帮助你与其他家庭取得联系。

- 支持通过“组合作品集”的方式来评估孩子的进步，其中包括孩子的考试成绩，但不局限于此。这样，孩子、父母和学校便不会只盯着考试成绩而筋疲力尽。
- 寻找机会在当地“建立问责机制”的相关委员会以及各种类型的学区委员会中任职。

要在问题出现之前，把上述事情做完。通过这种方式，你已经建立起了积极的人际关系，当你代表儿子寻求帮助时，你的声音才更可能被听到。

科罗拉多州众议员迈克尔·梅里菲尔德（Michael Merrifield）曾在一所高中担任合唱团老师，退休以后竞选了公职。30 多年的教学经验让他在帮助孩子成功方面形成了许多精彩的见解。就如何与男生互动，他与我们分享了他的看法：

> 我一直认为自己给男生们树立了榜样。我是一名善于运动、身体强健的音乐老师。这似乎告诉了他们，男人可以热爱音乐和艺术，同时还不失男性气概。我相信男生们在我的课堂上有很自由的参与度，我们可以以男人的身份来自由互动。在我教师生涯的最初几年，总会有一大批男生报名参加合唱团，五六十个人全是男生。很多学生会向我倾诉，说他们的朋友在学校遇到了麻烦。我会鼓励他们把朋友带过来，如果这个男生对唱歌感兴趣，合唱团就可以成为一个纽带，吸引他继续坚持上学。

最后，梅里菲尔德还和家长们分享了以下感想：

> 每当学校举办音乐会或者其他活动的时候，如果观众里没有家长，我就会感到很难过。父母、祖父母与学校的互动实在是太重要了，他们可以来参加学校的活动，加入支持者俱乐部，或者在学校的图书馆当志愿者。当前很多学校预算都比较紧张，需要志愿者帮忙的地方前所未有地多。如果你在问

题出现前，就能与学校建立良好的关系，那么等到你真正面对问题的时候，会更容易找到盟友并得到支持。

让男孩爱上读写，老师可以做什么

科里是西雅图的一名小学老师。在一次教师研讨会后，他来找我，跟我说了些我常常能听到的话："人们开始认识到了现在在学校中，男生们正在与困难做斗争，尤其是在阅读、写作和英语课上。我认为大众对此开始有所了解是件好事，但是我担心人们会因为这个问题来责问老师。我不觉得这个问题是老师造成的，也不相信单凭老师的努力就可以解决问题。我们能做的有很多，但是没有家长的配合，我们解决不了这些问题。"

我们赞同科里的说法：家长的配合必不可少！同时，老师在推行一些具体的改变和革新时，可以直接影响孩子在语文课上的成败。接下来，我们要着重讨论老师所能做的贡献，前面已经推荐过的策略将不再重复。如果你是一位老师，还没有阅读"父母可以做些什么"那一节，我们希望你现在先读一遍。你可以把其中推荐的所有方法都运用到课堂上。我们同样希望你阅读关注婴幼儿和学龄前阶段的第 3 章和第 4 章，当前部分提供给老师的建议是从小学阶段开始的。

帮助小学男生练习读写技能

作为一名语文老师，你首先关注但又往往充满争议的事情就是如何给学生的作文评分。如果你在评分的时候注重孩子对感官细节的描写，可能会发现，在这一点上男生比女生更常被扣分。我们曾指出，在写作或说话的过程中，男性的大脑天生无法像女性一样感受到那么多细节，也无法用语言表达出来。如果你在课堂上或者小学墙面展示栏的作品中，也观察到了这种大脑差异导致的现象，也许会受到启发，重新反思我们评价"好作品"的教育理论：评分 B 的作品必须包含重要的感官细节描写；评分 A 的作品则需要将感官细节描写得更丰富。也许在感官细节描写上进行小小的调整，一个写作有困难的孩子就能从评分 C 提高到 B。

再者，正如数学老师曾通过改变评分标准，在考试中纳入更多的短文写作，来帮助女生在数学课上取得成功，那么你作为语文老师，同样也有权力对课程的评分标准做出改变，来突出男生的强项，淡化他们的弱点。如果你知道一个男生明显没有能力像其他男生和女生那样在作文里融入感官细节，或许他可以在组织条理和逻辑思维方面努力提高以求进步。这些写作要素对他来说，或许可以成为学习的目标和得分利器。

虽说在作文评分方面可能有松动和调整的空间，但是，真正提高学生的词汇记忆和运用能力、对感官细节的关注和传达，以及其他一些写作元素的运用，是语文课无可取代的责任。下面我们来看看一些能帮助孩子更好地运用词汇的方法。

艺术技巧：改善男孩的词汇运用和拼写水平。以说英语的国家为例，对每个孩子来说，正确拼写单词都是词汇运用中最容易出问题的环节之一。在诸多提高拼写水平的小技巧中，我们在试点学校见证了很多运用音乐来帮助孩子把词汇和拼写牢记在脑中的成功案例。

如果在低年级就把音乐引入语言学习中，你会发现直到四年级，孩子们还会下意识地在拼写和其他写作考试中哼唱。加州大学洛杉矶分校的神经科学家伊丽莎白·索厄尔（Elizabeth Sowell）和阿瑟·托加（Arthur Toga）开展了一系列研究，力图测出大脑各个区域的快速生长期。[8] 研究显示，额叶和顶叶在儿童 6 岁左右进入快速生长期，支持了大脑多种能力的发展，例如空间任务、语言水平，以及对音乐的专注力。所以，在词汇和音乐间建立联系在大脑发展的最初阶段很重要。请参见“试一试”专栏中的内容。

THE MINDS OF BOYS

试一试

在一年级课堂上，由 5 个字母构成的单词可以用“你是我阳光”的曲调唱出来，歌曲的 5 个音节可以用单词里的 5 个字母来模拟，例如：

- H—A—N—D—S
- G—R—E—E—N
- S—T—A—N—D

由 6 个字母构成的单词可以用“祝你生日快乐”的 6 个音节来唱，例如：

- F—O—R—G—E—T
- C—A—R—P—E—T
- M—O—V—I—N—G

借助空间与图片。男孩大脑中含有的白质比女孩更多，[9] 这是导致男性更依赖视觉皮层的大脑结构差异之一。男孩不仅比女孩更依赖右脑的空间机械中枢，而且通过大量的白质，他们还可以把更多的神经信息向视觉皮层传递，或从中输出。根据这个特点，老师们可以采用更为合适的策略来设计语文课程。实践证明，高射投影仪是一种有效的视觉空间教学工具。老师可以叫孩子们面对全班，通过投影仪上的字母来练习遣词造句。看见投射到屏幕或者墙面上的词语对所有孩子的大脑来说都是一种视觉强化，尤其对有视觉和空间导向型思维的男孩帮助很大。

当然，最直接有效的图像辅助品就是孩子自己的画作。艺术和绘画常常可以直接带来读书写字方面的进步。正如很多男孩的大脑对音乐和词汇的结合反应良好，如果在写作之前或者之后把写作内容画下来，他们会写得更好。

在我们研究所，把绘画运用到头脑风暴中是一项广受欢迎的创举。如果你在教四、五年级的学生，可能教过他们在写作之前进行头脑风暴。通常，老师会让学生把想到的点子写下来。

“直接开始写，写上一刻钟。”你可能会这样指导孩子们，“自由发挥，把你想到的细节写下来。”

要想使你的指令能更好地帮助男孩，你可以改成这样说：“一些同学可能更喜欢把构思的内容画下来。没问题，开始画吧！把你作文里将要写到的车、房子、飞机和其他所有东西都画下来吧！”

如果给了孩子这个选择，一个月后你往往会发现，选择画画的男生比女生多。你还会发现，选择画画的孩子在写作时会根据图上的感官细节来进行描写，而如果用文字的方式进行头脑风暴，他们可能就无法把这些细节写下来。绘图式头脑风暴的方法运用了男性对空间、图像和视觉刺激的偏好，来改善男孩“语言产品”的质量，从而提高他的写作水平。

在对大脑性别差异的理论有所研究的学校里，这项创新很受欢迎。它使得男生有可能在完成写作任务时变得与女生一样成功。如果我们允许男生在画画时使用彩色铅笔或蜡笔，同意他们不仅可以参考自己的画作进行写作，还能利用画作制作小册子和有文字标注的连环漫画，他们的表现会尤为优秀。这些“写作作品”能激励男生提升自尊心，特别是那些写作时凑不够字数、讲不出细节的男生。

利用团队和竞争。尽管有一些男孩是独行侠，但大多数男孩喜欢团队，希望自己是某个团队的一员。作为老师，你可以在男生的语言学习中利用这种“团队天性”。在细致的监管下，你可以组织男生们开展个人或者团体写作竞赛，以启发他们学习写作。论文和写作作业可以按“团队”评分，每个团队成员得分一致。写作竞赛给全队成员创造了一种来自同学的积极压力，激励他们把作文写得细节丰富、逻辑清晰。只要这个队伍不过大，仅有两三个成员，就没人有滥竽充数的机会。实际上，当一个男孩开始打退堂鼓的时候，你是很容易发现的，而且其他男孩或许也会提醒你的关注。

个人竞争和团队学习对男孩有着尤为重要的激励作用，促使他们真正用心地学习、阅读和写作，为课堂注入生机。但是，课堂上的竞争会使一些老师望而却步，尤其是一些没有儿子或者童年时代鲜有竞争经历的女老师。如果你发现自己正是如此，或者在你的人生信条里并不鼓励小学生之间的竞争，那么组织一次全校男女老师共同参与的聚会讨论也许能让你感到更加愉快。你可以在会议中说出自己的顾虑，听听同事们的观点，并从对竞争更有经验的同事那里得到支持。你甚至可以邀请某个同事来当你的“竞争导师”。在充满竞争的环境中，如果你不知道孩子们折腾出多大的噪声和动静、发生多严重的嘲弄起哄算是正常，就可以请教导师。你会发现，在这个讨论中，很多男老师会马上表态呼吁：“是的！我们得在学习过程中增加一些竞争。”他们可能在成长过程中参与了大量的竞争，或者天生就喜欢比赛。他们的支持将极大地帮助你利用竞争，并在需要的时候给你带来男性角度的工作指导。

在这里，我们并不是对女性抱有偏见，有很多女性比男性更热爱竞争。但同时，在以往与学校的合作经验中，我们发现大量男老师在迫切推进更加“有趣、有竞争性”的学习方法。

利用体育运动和竞技。到这里，你可能已经发现，在给小学老师提出的创意中，我们的“潜台词”是：调动大脑语言中枢之外的区域来参与语言的学习。很多男孩大脑里负责空间、运动、视觉或音乐的区域比语言中枢更发达，所以我们可以把他们的强势中枢与相对弱势的中枢联系起来，使他们在语言学习上取得进步。这样的实践对男孩女孩都有好处，特别是可以帮助那些大脑运作更加“男性化”的孩子提高分数。

人的肢体与大脑并不是分离的。对男孩来说，肢体可以由大脑的强势中枢来支配，实际上对所有孩子来说都是这样。男性脑干中的脊髓液比女性更多。[10] 这也是男孩如此好动的原因之一。脑干把学习与肢体运动联系起来，分泌更多的脊髓液让男孩随时“蓄势待发”。体育和竞技运动可以帮孩子释放能量，让大脑更好地集中精力，还可以激发大脑在语言学习方面的更大潜能。

古里安研究所举行过一次关于大脑性别差异的培训会，几个月后我们收到了一位来自英属哥伦比亚圣约翰堡罗伯特·奥格尔维小学的参会老师的反馈，极好地说明了运动和竞技对语言学习的帮助。这位老师写道：“按照培训讲的方法，我开始在拼写测试前把班里的孩子带到体育馆，让他们练习跑垒。男生在测试中的成绩有了明显进步。运动后，他们重回书桌前便能更好地学习。”身体在运动，大脑也在活跃。对很多男孩来说，调动身体来帮助大脑做好准备，可以促进学习进步。

在你和学校的同事学习了关于男性大脑的知识之后，你们可以在学校开展一次讨论，共同商议怎样安排课堂时间才能最好地发挥运动和其他体力活动的作用。孩子们在踢了足球、打了篮球或者跑了步以后，考试成绩和课堂表现可能会大大提升。鉴于此，你或许希望把体育课安排在语文课之前。

帮助中学男生练习读写技能

我们在前文提倡的理念都可以延伸到男孩的青春期。男孩的大脑在跃进中成长，但始终是属于男性的大脑。无论一个男孩在阅读、写作、感官细节或语言艺术方面经历过什么样的困难，这些困难可能直到中学阶段依然还在伴随着他。

在培训会上，很多初高中老师提到了读物选择的问题。很多老师急切地希望多给学生提供一些选择，但同时又对提供更多选择的后果感到紧张。如果他们给一个学生安排的读物难一些，比如《雾都孤儿》，而另一个学生的更简单，比如“哈利·波特”，学生们会认为“不公平”吗？如果他们必须熟悉各种类型的书目，比如纪实读物、技术类书籍、奇幻小说、科幻小说等，或许有些类型他们自己并不感兴趣，这会增加工作量吗？

提供更多的阅读选择是教师队伍必须探讨的一项改革，只有在学校管理层的认同下才可能推行。选一个实验班开始试点往往会取得很好的效果。观察一年，收集相关数据来证明学生的分数有怎样的提高，以及提高的原因。幸运的是，老师们公平处理问题的方式可以化解这些难处。老师们富有智慧和直觉，他们不会允许一个学生阅读“哈利·波特”，一个学生阅读《雾都孤儿》，不会给他们布置需要不同工作量、研究力度和思考深度的作业。同样庆幸的是，当学生选择了一本新书，老师一般可以上网来获取相关信息。不管这本书多么生僻，内容多么晦涩，总会有一些网站对它有所介绍，当然老师还可以要求学生来补充网站的内容。因此，老师不需要读完整本书，就可以熟悉它的题材。老师们通过自己的智慧和直觉，可以要求读了滑板运动员传记的学生写出一篇精彩绝伦的论文！

下面是一个来自加利福尼亚州克莱尔蒙特市韦伯学校的案例。韦伯学校要求十年级的学生阅读《弗兰肯斯坦》(*Frankenstein*)、《战争》(*The Wars*)、《麦田里的守望者》(*Catcher in the Rye*)、《远大前程》(*Great Expectations*)、《奥赛罗》(*Othello*)、《安提戈涅》(*Antigone*)以及一本诗歌选集，同时孩子们还可以从一份按照性别分类的书目清单中选择自己的阅读任务。女生可以选择《京都花园》(*The Gardens of Kyoto*)和《戴珍珠耳环的少女》(*Girl with a Pearl Earring*)；男生可以选择《荒野生存》(*Into the Wild*)、《道林·格雷的画像》(*The Picture of Dorian Gray*)或者杰克·伦敦(Jack London)的短篇小说。清单的内容会根据学生的选择而持续增加。通过允许男生和女生根据性别选择“选修书目”，韦伯学校完成了这项以“给学生提供更多阅读选择”为目标的改革。

无论走到哪里，给孩子提供更多选择读物的自由都是古里安研究所呼吁的课程改革之一。下面，我们将列举其他一些更具体的方法，来帮助你身边的男生写得更多、更好。

利用肢体运动。对于初高中男生来说，在写作和阅读过程中进行肢体运动对保持大脑的敏捷度和执行力而言至关重要。如果在不打扰同学的情况下，允许他们在教室或户外的适当范围内走动，有些少年就能突然绽放出写作才华。如果有的少年看起来走神了、烦躁了，允许他们用不握笔的那只手捏压力球，也可以刺激大脑专注于阅读和写作。

有个好方法可以验证这个推测。在进行改变前，用一周时间来观察你现在的课堂并做记录，留意学生们在完成写作和阅读任务时，有没有发生违反纪律的现象。你有没有发现男生在敲击铅笔、互相推搡或是浮躁地聊天？如果在初中或者高中课堂上，有学生，通常是男生，在敲击铅笔，甚至招惹、推搡同学到了打扰对方的地步，那么说明他们的大脑在执行语言学习任务时或许进入了静息状态，而敲击和推搡是他们试图让自己打起精神的方式之一。

捏压力球或者在教室的规定范围内走动的确对男生有益。参加了古里安研究所培训的老师发现，这些做法不仅不会导致纪律问题，还能帮助男生更好地阅读和写作。为了得出验证结果，你得继续写日志，不过从现在开始，要记录学生在监护下进行体育运动以及使用压力球的情况，注意学生在纪律和语文学习方面的变化，你可能会得到惊喜！

艺术技巧：表演和戏剧。玛格丽特是得克萨斯州休斯敦市圣心里吉斯学校的一名英语文学老师。我们是在她的学校举行一场培训会时认识的。后来，我问起她在改进男孩的课堂表现方面做了哪些创新。她回信说："你建议过我们，男孩可以通过表演来更好地记住角色，于是我们在八年级的文学课上让孩子们排练了《朱利叶斯·凯撒》(*Julius Caesar*)，并在全校演出。他们非常享受表演，把剧情研究得很透彻。在大众剧场演出过《朱利叶斯·凯撒》的学生充分理解了导演对这部经典之作的诠释，为此我感到非常骄傲，因为此前演出的其他学生很难做到这一点。演出过程中，他们对剧本的理解也确确实实加深了。"圣心里吉斯学校校长安妮证实了玛格丽特的评价，也发现这些学生的成绩取得了进步。

玛格丽特还讲了另一个故事：

> 当七年级男生在为圣诞活动准备演唱《白色圣诞节》时，我让他们表演了不同的性格特点。一开始，我让他们表现出不屑于唱歌的样子。第二次，我让他们像摇滚明星一样演出。他们两次都完成得很好。我认为不同的表演方式能帮助他们理解舞台演出和人物角色，任何课堂说教都没这么有效。现在，在阅读其他文学作品时，我会请男生站起来，表演故事里的角色都是什么样的体态。当我要求他们表达情绪时，他们会通过肢体动作来表现，而不只是用眼睛盯着我。角色扮演是老师上文学课的好办法。

学习了男孩的大脑如何运作以后，玛格丽特和学校的其他老师反思了语文和文学课的教学方式。一开始，玛格丽特想：让中学男生在课堂上这样表演和做动作是不是太疯狂了，会不会太吵闹？她所在的学校是一所男校，班上全是男生，会不会场面失控？

像众多中学老师一样，玛格丽特最终发现，当男孩的大脑被解放，以最自然的方式学习时，老师们仍然可以保持权威。

通过对话来学习。前文引述过的研究证明，当文字材料涉及男孩自己感兴趣和有成功经验的领域时，他们的学习水平会提高。对刚进入青春期的男孩来说更是如此。

基于这个特点，你可以安排孩子们回家做访谈。写作时缺乏细节描述的学生往往在采访了某个自己感兴趣的人物以后，可以写得更好。为此，你可以指示学生们去采访生活中的 5 个人，比如父母、大家庭成员、哥哥姐姐、老师、教练、社区领导者等，并收集每个人最喜欢使用的一些词语，以此为重点的访谈也能帮助学生不断积累词汇的用法。学生可以打印一份采访提纲，包括以下这些简单的问题：

- 你最喜欢的 5 个词语是什么？
- 每个词对你有什么意义？
- 你为什么喜欢这些词语？
- 这些词语会勾起你特别的回忆吗？

这些只是学生们可以问的一部分问题。接受采访的人常常会说出“爱”“正义”“和平”“勇气”之类的词语，利用它们我们很容易就能安排好后续的功课。在全班同学收集好了各自的词语和问题的答案后，你可以让他们用这些词语造句，或者通过绘制海报挂在教室里来诠释这些词语的含义。如果学校已经开展了性格养成计划，那么学生们可能已经参加过这类活动。把词语大大地写在海报纸上，查看所列出的词汇，统计出哪些词出现的次数最多，分别有多少个名词、动词、形容词。这些词常常能启发我们列出其他词语，进而引起讨论。

“5 个最喜欢的词语”这项活动让男生们能和生活中的重要他人对话，使他们关注词语及其意义，还能通过组建学习小组，增强班级的集体凝聚力。如果给男生们布置一道与这些词语相关的写作任务，他们会完成得超乎寻常地好，因为他们已经吸收了被采访者关于这些词语的分享。

把感觉和词汇联系起来。下面的“试一试”专栏表述了一项你可以和学生共同完成的活动。这项活动融合了感觉、词汇、感官细节和图像。

THE MINDS OF BOYS

试一试

请你的学生们挑战一下，制作两盒任务图片，分别命名为“任务”和“感想”。在“任务”一盒里，请学生们收集人们做事的图片，比如完成某项任务或者参与某种活动，图片可以来自杂志、报纸或者网络。鼓励学生去寻找尽量多种类的不同图片。盒子里可以有美国职业篮球联赛或者国家足球联盟比赛的运动员照片，但你并不希望一整盒全是这些内容。

在“感想”盒里，请学生们在选择图片时重点关注人的面部表情、姿态和其他非言语交流的特征。研究表明，在读懂非言语线索时，青春期的男生比女生更困难。[11] 所以，这个活动可以帮助他们练习表达自己认为别人是怎么想的、有何感受。一些图片放在两个盒子里都合适，所以，学生需要认真考虑为什么要把这幅图片放在“感想”盒里。

收集阶段结束后，请同学们闭上眼睛，从“任务”盒和“感想”盒里各选出一幅图，结合这两幅图写一个一页纸长的故事。故事不一定是关于图上的人，也可以是图上描述的任务，以及完成这件任务的感想。同样的两幅图可以催生出很多不同的故事。特别有趣的是，可以对比一下男生和女生写的故事有什么异同。

利用单性别策略。肯塔基州泰勒米尔市伍德兰中学的肖恩老师和同事们一起尝试了一种颇具争议但卓有成效的方法，来改善男生在语文课上的表现：组建单性别小组和班级。肖恩在报告中称：“伍德兰中学距离辛辛那提市中心大概 20 分钟车程，生源所在的区域既有公共住房项目，又有上层中产阶级的分支。同一个课堂里，学生的能力相差很远。去年，我们把男生和女生分开，讨论他们的作文。讨论中，无论男生还是女生，这一改变带来的质量变化都令人赞叹。男生们真正参与了讨论，而且如果允许他们四仰八叉地躺在地上，就没人再出现行为问题了。”

在第 8 章中，我们会更加深入地探讨单性别课堂。这种模式在全世界行之有效，尤其能提高男孩在语文课上的参与度。

高中阶段的改革

帕特里夏·圣杰曼（Patricia St. Germain）来自科罗拉多州，她获得了古里安研究所的培训师证书。在精通了大脑性别差异理论以后，她在任职的高中实施了自己的发明创新，称为“大脑运作”。她现在把它开设成了一门选修课，吸引了同样多的男生和女生。帕特里夏的这门课旨在帮助学生们找到变得更有创造力，并与同学相处更融洽的新方法。课程里融入了优秀的语言元素，学生们需要进行大量的写作，但这些写作任务与他们感兴趣的内容紧密相关。帕特里夏发现，孩子们的作品非常有力量。

> 2002—2003 学年，班上的学生们向学校的 250 人提出了两个问题，分别是："你希望约会对象身上有些什么特点？""你希望结婚对象身上有些什么特点？"每个学生分别向 10 名男性和 10 名女性提问，并把他们的回答记录下来。学生们把回答分成了以下 4 类：
>
> - 男生对男生说了什么？
> - 男生对女生说了什么？
> - 女生对女生说了什么？
> - 女生对男生说了什么？
>
> 然后全班公布一个榜单，列出排名前 10 的回答，并在讨论和写作中对榜单的结果进行分析。

得知我们在写这本关于男孩的书，帕特里夏寄来了一些男生写的文章。她写道："在一些班里，女生明显比男生写得更好，但是在我的班上，男生们对话题太感兴趣了，写出的文章难以置信地好。"

在第 11 章中，我们将会探讨如何帮助学习动力不足的男生，届时你可以更详细地了解帕特里夏的创新。

"英雄会读书写作吗？"

阿里是圣迭戈的一名语文老师，他对我说："你注意过吗？电视、电影里的英雄是很少读书和写作的。你什么时候见过阿诺德·施瓦辛格扮演的角色坐下来写封信？你什么时候见过超人读书？古时候，有学识的人是富有英雄气概的：如果你可以读书和写作，你不是国王也是伟人。而现在，读书和写作是男孩心目中的英雄们很少去想和去做的事情。”

阿里的观点吓了我一跳。我以前没意识到也没留意过这个事实。自从他提起之后，我看了一些以男孩为目标受众的电影和电视节目。的确，剧本里的人物塑造中，鲜有读写的行为。

为了帮助男孩提高读写能力和语文水平，父母和老师可以做得更多。比如，在美国，父母可以让孩子看看热爱阅读和写作的先辈，比如本·富兰克林、亚历山大·汉密尔顿、托马斯·杰斐逊及亚拉伯罕·林肯。父母自己也可以成为热爱读书和写作的英雄。我们甚至可以给他们买迈克尔·乔丹这样的体育明星写的书。

同时，也应当呼吁文化和英雄的缔造者们，也就是那些电影、电视的编剧来保护男孩的大脑，他们需要比现在做得更好。在一部动作片的背景里多布置一些书，甚至让英雄的手中捧着书，这对剧本会有伤害吗？多加入一些英雄在写信、写邮件或者进行其他通信的场景，这对剧本又有什么影响呢？

让我们所有人向从事图像和视觉媒体工作的父母和老师发出倡议，呼吁他们重视读书写字的地位。请他们记住，在创作中一个小小的调整可能就会有重大的价值。让我们共同致力于创造这种文化：英雄亦能擅长读写。它将帮助男孩，虽然细微却有力量。如果电视和电影正在成为或者已经成了现代文化的主宰者，那么是时候提升这个时代的文化，让男孩们懂得，智慧、博学、有修养也是一种英雄气概了。

THE MINDS OF BOYS 07

如何帮助男孩学好数学和科学

自然数有益健康。

小数有个点。

微积分有极限。

几何是平面游戏。

极坐标不是北极的时尚。

——数学教室门口的一幅招贴画

上小学的时候，我曾经喜欢科学课，但后来它慢慢变成了死记硬背。上高中之前，我就跟科学课告别了，根本就不去上课。现在我上大学了，真希望之前的科学课能学好些。我希望科学课变得更有趣。

——亚伦，大学生，22 岁

罗恩住在田纳西州，是高中二年级学生戴维的父亲。他写道："我儿子常对我说他有多讨厌数学。不对，他说的是憎恶。但是他记得在高中橄榄球队担任外线卫时那一整本复杂的战术手册！他每天都在运用数学而不自知。如果几何老师可以运用橄榄球示意图来帮助他学习数学，他一定会照单全收。”

对很多学生来说，数学让他们想爆粗口，科学也很“无聊”。但是，很少有学科领域像数学和科学这样重要了，而且天生适合孩子们学习中的大脑。在人类历史上，男人主要通过追捕狩猎之类的空间操作性任务、经济贸易之类的数学任务以及创造发明之类的科学任务来获得有机的自我成长。男性的大脑像一处美丽的迷宫，等待着把数字、距离、尺寸、定位和方向联系起来。男性的大脑富有好奇心和创造力，天生喜欢发问：我们离太阳有多远？水是怎么变成冰的？龙卷风是怎么形成的？在垃圾桶里引爆一个瓶装火箭会发生什么？使多大劲儿敲打东西不会敲坏？

几十年来，男生在数学和科学这两门课上的得分一直都比女生高。在美国学术能力评估测试（SAT）之类的标准化考试中，男生的得分也一直比女生高。[1] 男性大脑对空间和机械操作的天生偏好，为他们在这些领域的成功打下了坚实的基础。由于美国文化在为女性争取公平上没有足够的作为，美国大学妇女联合会（American Association of University Women）和其他研究者，都在带头倡导为女生进行数学和科学的课程改革。如今，女生们取得了巨大的进步。在数学和科学领域，男生领先的性别差距已经消失于无形了。同时，学习数学课和科学课的学生大多数都是女生，计算机科学和某些大学预修课程除外，[2] 而且在许多州，大多数高分者也都是女生。[3] 经济合作与发展组织 2003 年的报告称，在全世界范围内，都存在女生的成绩超过男生的情况。在工业化国家开展的较高级别统计中，男生的数学和科学课成绩不再优于女生，在部分国家甚至逊于女生。

这样的结果值得女生家长和为女孩呼吁公平的人们庆祝。男生家长和为男孩奔走呼号的人们也在庆贺着女孩的成功，同时也感到了挑战，需要迫使整个文化环境也帮帮男孩。本章中，我们提供了帮助男孩学习数学和科学的方法和技巧，分析了如何利用好他们学习和发展的真正特点。专门设计这些方法是为了帮助男孩取得成功，并非想对女孩造成消极影响。每当发现某种性别的孩子在某个学科得了更多的 A 和 B，不管是阅读、写作还是数学、科学，我们就应该意识到有责任做些改变：其目的不是阻碍女孩的成功，而是确保男孩也能好好学习数学和科学。有些男孩在数学和科学课上表现得比同龄人更好，但总有个别男孩表现得不那么好。

数学和科学课程的终极目标是把孩子的寻常世界变成一个承载着学习机会的实验室，让数学和科学变得不可或缺，让它们不仅仅是有趣或者令人兴奋，更不仅仅是无聊乏味，而是深深地被孩子所需要，与孩子息息相关，与大脑的自然发展过程有机相连，让孩子成长为终生学习的“数学家”和“科学家”。当男孩与朋友们在后院里、灌木丛中或麦田间玩耍，在大街上数弹珠时，当他们顽皮地尝试着把鞋子挂在电线上，想看看会发生什么时，他们就是在有机地学习着数学和科学。当然，他们的有些行为是不应该被允许的。那么我们该如何在他们奇妙的学习动力与家庭和学校教育之间建立起具体的联系呢?

让男孩爱上数学，父母可以做什么

一位父亲讲述了自己与 4 岁儿子的小故事。

一天，父子俩躺在草地上，儿子凯文问父亲：“爸爸，太阳有多高啊？”

父亲说：“很高很高。”

凯文问：“那是多高？”

父亲说：“我记得在学校里学过，太阳离地球约 150 000 000 千米远。”

“那是多远？”

父亲记得自己当时说：“奶奶家离我们家有 2 400 千米远，所以，如果要到达太阳，我们需要开车往返奶奶家很多很多次。”父亲想要用脑子计算一下是多少次，但是一时算不出来，于是他拿出了计算器，算出结果给凯文看：“单程 62 000 次。”

凯文瞥了一眼计算器，小脑瓜转动着。父亲想帮他解释一下，问他：“你记得开车去奶奶家一次需要多长时间吗？”

凯文记不得了，于是父亲说：“需要 3 天，所以开车去太阳需要 186 000 天。如果我们开车去，到那儿的时候你已经 512 岁了。”

这位父亲对我们说：“在我看来，虽然凯文没有明白所有的数字和计算，但他仍然有所收获。我不知道后来他说的话证明我是对了还是错了。他说：‘哇，太远了，那月亮呢？到那儿去会快些吗？’”

显然，这位父亲在为 4 岁的孩子讲解数学时并不专业，但他理解了作为父母和老师在教数学时十分基本而重要的东西：利用孩子日常生活中已经明白的事物，来帮助他了解数学在世界上扮演的角色。对我们每个人来说，不管现在从事什么工作，数学和科学都会在相关的时候为我们所用。

所幸，在很大程度上，传统教育已经认识到了这一点。许多数学课和科学课采用的教学法都是合适的。然而，在传统教育中，学习的内容和每日忙碌的生活并不太相关。教育体系出了问题，通常是由于方法和理念的陈旧。这些理念大多形成于 100 多年前，那时候，学习和生活的相关性在于死记硬背。工业时代，大部分孩子只需要完成工厂流水线上的工作，并不需要理解相对复杂的运算过程。但如今，数学和科学教育仍旧这样看待数学、科学和未来的工作，仍在为这种陈旧的思维方式服务。

今天，所有人都应该努力找到学校教育中的数学与生活之间的关联。我们不再希望自己的孩子成为工业车轮上一颗无足轻重的螺丝钉。一旦男孩的大脑得到激活，它们会呼号着反对成为螺丝钉。作为父母，我们可以有所作为。即使凯文的父亲是在笨拙地教儿子学数学，但他所举的奶奶家的例子也能让他的讲解变得亲切而清楚。其实我们可以做的还有更多。

帮助学龄前男孩启蒙数学思维

在儿子出生后不久，你就会发现，他会把注意力集中在空间里的物体上，比如挂在摇篮上方的床铃。当他看着床铃转动的时候，你可以用唱歌的方式数一数床铃上有多少架飞机，比如用《小星星》的曲调来唱："一二三四五六七，共有七架小飞机。"不断重复哼唱和数数可以帮助男孩建立大脑中的数学思维。

从婴儿时期开始，你就要做好准备让儿子的大脑喜欢上数数。他长大以后，会专注于打篮球、打棒球、玩滑板、攀爬跳跃、拼搭修建，再后来他会开始使用电脑、玩电子游戏，所有这些空间操作性活动都常常使男孩的大脑感到放松。此时，他会下意识地数一数自己击了多少次球、从墙上跳下来多少次，又有多少次创造了新纪录。

当儿子还很小，你正考虑给他买什么儿童玩具时，可以把花销主要集中在那些需要孩子把物品进行配对、按大小和颜色分类、按喜欢或不喜欢进行计数的玩具上。拼图玩具本质上就是在促进孩子的空间感、动手能力和数学思维的发展。

下面，我们来仔细看看你能为儿子做哪些具体的事情。

制作一个"关于我的每件事"的记录本。和儿子一起，在"关于我的每件事"的本子上做记录。这就像是棒球数据记录本一样，但里面写的都是关于他的数据：身高、体重、牙齿数量、衣服和鞋的尺寸，分别用周、月、年来计算的年龄。你可以采用一些有创意的法子来收集这些信息。比如，你可以展开一大卷厚纸，让儿子躺上去，两脚微微张开，双手在身体两侧微微展开下垂，把他的身体画下来，然后剪掉其他部分，把他的"身体"挂在房间里。定期重复这项活动，并用同样的办法来测绘他的脚，很快，你就可以通过这些图片来和儿子聊一聊他的成长了：

"你看，你的腿已经比原来长了这么多！足足5厘米！"

"哇，怪不得你需要一双更大的鞋了！你看你的脚长得多快啊。这是你穿过的 3 码的鞋，你看看 4 码的鞋长了多少。"

儿子的牙齿也可以成为做记录的天然话题。在记录本中，给儿子看一幅图，告诉他人一辈子一共会长多少颗牙。你可以从网上或者儿子的牙医那儿找一幅通用的图。鼓励儿子在图上给他已经长出的牙齿填色，每新长出一颗，就多涂一颗。给他讲讲长新牙和乳牙换成恒牙的现象。

身高、牙齿数量、体重以及其他可以计数的物体和互动行为都可以囊括到记录本中。这样，你儿子在这里就能不断地参与到数学学习中。如果他在不同的纸上进行各种学习活动，这些纸很容易丢失，学习内容也很容易被遗忘。而用一个专门的笔记本来学数学，至少可以坚持几个月，这是一种很好的锻炼，而且对他在今后的生活中开展数学学习计划和掌握教科书里的知识都有好处。

另一项可以利用记录本进行的有趣而益智的活动是卷尺测量。首先，为了防止划伤手，要给儿子准备用布或者塑料做成的专属卷尺。他可以用来测量东西、比较数字。你可以给儿子做示范，教他如何用卷尺来采集房间、院子和公园里各种东西的数据。所有这些数据都可以写进记录本。

制订一份日程表。随着孩子的成长，他们会逐渐掌握"时间"这个数学概念，制订日程表是一种具体而有趣的帮助他们强化时间概念的方式。把值得期待的事情在日程表上标注出来，激起儿子的好奇心。你们可以一起数一数，还有多少天他的生日就到了，还有多少天假期就开始了，还有多少天爷爷奶奶就要来看他了。用不同形状的贴纸对日子进行"报数"。用一个星期来记录每天太阳下山和次日重新升起的时刻，强化时间和季节的概念。

你还可以把每个月中有趣的节假日或大型社区、文化团体的庆典活动张贴出来，越多越好。当地的图书馆可能会是很好的消息来源。

在儿子入学后，可以继续制订日程表。那时，家庭作业和学习计划会成为他生活的一部分，而日程表能在这方面帮他加深印象。相比于女孩，男孩在安排自己的学习，尤其是做作业时会遇到更多问题。但如果你儿子习惯了使用日程表，他就会在交作业的时间点前做好准备，保证按时完成。同时，日程表还能帮助孩子培养自我约束、严守时间的习惯，这是小学阶段需要达到的一项重要能力指标，能帮他面对少年时代的诸多挑战。

帕特里夏·圣杰曼发现，父母协助孩子制订日程表能帮助男孩在学校里表现得更好。“在家里和学校坚持制订日程表几乎总能帮助孩子表现得更好。日程表能同时调动孩子的触觉、视觉和空间感。男孩可以在上面看到自己的目标，估计出达成目标所需的时间。日程表实在太有用了。”

帮助小学男生建立数学思维

现在，假设你的儿子已经一跃成为小学生了。你可以继续在家庭生活中构建他的数学大脑，同时为学校老师的工作提供帮助。下面是一些方法。

艺术技巧：利用音乐！让你的儿子多接触音乐是非常重要的，包括录制音乐和实况音乐、古典乐和流行乐，还有他自己演奏的音乐。你或许会说：“等等，我们现在讨论的是数学，对吧？实况音乐和数学有什么关系呢？”

实际上，大脑中负责数学能力的许多区域都与对音乐产生反应的区域相同。[4]音乐可以“唤醒”大脑来进行数学学习，并使它保持清醒。这就是你的孩子喜欢一边享受背景音乐一边写作业的原因之一。

大量研究证明，音乐与数学才能直接相关。音乐技巧建立在由音阶、一定音程的和弦、节拍、韵律以及伴奏构成的数学框架下。如果你儿子学了一种乐器并坚持每天练习，这项简单的训练便能促使他的数学成绩进步。

全家一起做游戏。很多有趣而广受欢迎的游戏都运用了语言和数学概念。多米诺骨牌、飞行棋、大富翁、快艇骰子等多种多样的棋牌游戏都鼓励孩子运用计数和策略技巧，这些都能帮助培养小学生的数学能力。和儿子一起玩游戏还会带来额外的好处，促进亲子交流，同时锻炼孩子的语言能力。在这样的亲子时光中，技能的学习与家庭的亲密感结合了起来，每一个孩子都会潜移默化地感受到，学习与他们的生活息息相关。

如果儿子没有和你一起做游戏，而是独自或者和朋友们一起玩电子游戏，你可能需要想办法把“家庭游戏之夜”变成一项传统。玩不需要数学运算的电子游戏浪费了让大脑变聪明的机会。正如我们在第 5 章中讨论过的，适度玩电子游戏并不算有害，但也无益于大脑的发育。它们不是我们在本章里所指的“游戏”，不与生活直接相关，也不能锻炼大脑中的重要部位。

帮助中学男生提升数学能力

进入初中阶段时，青春期的大脑正在迅猛成长。伴随着更高难度数学课程的挑战，男孩的抽象数学思维初步形成。如果前几年他通过制订日程表、建立音乐和数学之间的联系、经常做游戏等，在日常生活中充分感受到了数学的意义，那么他已经培养出了解决具体数学问题的能力，做好了真正享受抽象数学的准备。

但是，即使大脑已经准备好学习更高难度的数学了，很多初高中男生仍受困于一个具体问题：如何完成作业并按时上交。在本章关于科学学习的部分，以及书中其他一些地方，我们着重讨论了男生完成作业的问题。在这方面，青春期的男生需要更多额外的激励。你要“审问”他们是否交了作业。哪怕已经到了高中阶段，在完成作业时，他们可能仍然需要你或者其他家长团队成员的帮助。

我们还需要向学校倡议，允许青春期的男生在数学课堂上进行更多的肢体运动。其他改革措施你将在本章后面的“让男孩爱上数学，老师可以做什么”一节中读到。当儿子面对挑战，开始学习更复杂的数学课程时，你的主要职责之一就在于为男孩发声。

为了帮助儿子更好地学习数学，下列这些具体的事情是你和你的团队可以做的。

把运动和数学相结合。来自科罗拉多州斯普林斯市的比尔从儿子乔希 12 岁起，就送他去参加棒球小联盟的比赛。比尔对凯茜说：

> 乔希对数学作业不感兴趣，但在球赛中，他总是乐意为球队记录所有的数据。我从他的兴趣出发，向他展示当地报纸中列出的球队在各个特定区域的得分统计表，并且告诉他记录自己的击球率对球员来说有多重要，了解自己需要多击几次球、多几次跑动才能突破个人最好成绩也很重要。在诸如此类的思考中，他学习了数学，享受了数学。这个过程甚至他自己都不曾发觉！

像凯文的父亲一样，比尔也希望把数学与孩子天生感兴趣的领域联系起来。

我们还可以通过其他很多方法把学习数学和体育爱好结合起来，因为体育比赛中包含了很多的数字、记录和统计问题。不管你从事或者爱好哪一项运动，都可以让数学成为其中一部分。

“儿子，你看见了吗？这是铃木一郎的第 256 次击球！他打破了长达 84 年的纪录！你怎么看？你觉得这与 84 年前有可比性吗？是不是应该同时保留新旧两项纪录？你觉得呢？”对数学的运用和讨论可以持续进行下去。运动总是能和数字联系起来！向儿子发起挑战吧，请他举出一个在运动中运用数字的例子。

让儿子对自己的财务状况负责。世界的运转离不开金钱，但是我们却很少花时间来教孩子学习金钱的作用。他们拿到一笔零花钱，花在喜欢的东西上，然后就到此为止了。但是，金钱和理财可以为发展数学能力提供丰富的素材。如果你给青春期的儿子零花钱，而他在做数学作业时常常遇到困难，那么他能得多少零花钱应该由他的数学能力而定。具体来说，他需要对每一分钱的收支进行记账，并算出总数。他必须列出借贷栏。如果不这样记录自己的“资产组合”，他就得不到零花钱。当然，你需要帮助他理解借入和贷出的含义。如果你并不擅长建立和维护金融投资组合，可以借此良机向某个父母主导团队的成员求助，特别是在金融领域工作的亲戚或朋友。

如果儿子准备买车，你会有一系列的机会来帮助他提高数学学习水平：为买车存钱；对比价格；了解首付和车贷利率；计算每升的汽油可以行驶多少公里，进而计算加油费、维修费以及保险费。你可以请保险代理人帮忙，约他与你和儿子面谈，也可以请他加入父母主导团队。代理人可以花些时间给你的儿子讲讲保险是怎么回事，其中的很多原理和细节都与数学相关。

如果你的儿子快要上大学了，他在计划预算、收集学费信息、分析如何争取各种财务资助时，可能需要更多帮助。尽管你可能会想尽力包揽这一切，但是让他自己牵头来做这些事会好得多。大人不该代替孩子做这些事，而是应该陪着他们一起做。

帮他理解数学的意义。一位来自纽约的老师告诉了我们一个常识：孩子会学自己决定要学的东西，学对自己有意义的东西。她是想提醒我们注意：大脑会优先安排特定的学习任务。当大脑把某个任务列为优先项时，就会去学习这一项，而什么样的任务会被列为优先项则取决于人类个体对意义的探寻。青春期的男孩也许需要你和你的团队来帮助他们理解，数学对他们究竟有什么意义。

如果你青春期的儿子把休闲娱乐置于数学学习之上，那说明他已经忘记了数学有多么重要。作为家长，你负有重要责任，必须帮助他重新选择优先顺序，让他明白时间管理的价值和意义。为了帮助他把学习数学视为比休闲娱乐更重要的事，你可能需要绘制一张奖赏清单。休闲娱乐项目，包括看电视、玩电子游戏、逛街购物可以作为完成学习任务、取得一定成绩后的奖励。

采用这样的激励机制，目的在于告诉儿子：丰富的数学知识和技能对他来说有多重要，数学会影响职业生涯和个人生活的方方面面，影响他未来作为一个男人的人生。如果你能带儿子观摩你的工作，特别是看看你如何在工作中运用数学，他也会有所受益。你和父母主导团队的其他成员可以让他感受到，数学与他的日常生活息息相关。你有责任让儿子明白，数学不是可有可无的，而是必不可少、至关重要！

在数学课上发挥得很好的学生或许不需要你来亲自提醒，但如果一个少年把个人玩乐看得比这门用数字来丈量生命意义的学问更重要，他往往无法获得成功。

下国际象棋。如果你儿子或者你认识的某个男孩很擅长数学，国际象棋对他来说会是一种非常美妙的娱乐方式。一旦学会了走子，他就会觉得下棋非常简单。如果你儿子或者你认识的某个男孩学数学有困难，国际象棋或许可以帮助开发他们青春期大脑的数学智力。

下棋和音乐一样，调动了大脑在学数学时会使用到的很多区域。有同样作用的棋类活动还有跳棋、纸牌和其他很多卡牌游戏。但是对很多男孩来说，下国际象棋是最有收获的。它具有高度的竞争性，要求选手掌控自己的情绪和冲动，挑战选手的数学能力，还能让选手之间建立起亲密的友谊。用它来代替电视、电子游戏和无休止的上网太合适了。

让男孩爱上数学，老师可以做什么

数学老师在参加古里安研究所的培训时，常常向我们表达自己的挫败感，不知道如何在课堂上把数学变得更有趣、与男孩们的生活产生更多联系。

“有些东西孩子们必须得学，”康涅狄格州的一位几何学老师说，“它有不有趣、与生活相不相关也许并不重要。就像去教堂做礼拜一样，教堂不是每到星期天就变得有趣，它只是教堂而已。”

这位老师的观点引起了激烈的讨论，很多人理论上认同他的类比。但在研讨会结束后，大多数老师都意识到，只有当新学的数学知识与人脑对世界的好奇心相契合时，大脑才能记住最多的内容，在幼儿时期和小学阶段的学习中尤其如此。

帮助小学男生建立数学思维

正如男孩的父母有责任让男孩爱上在生活中运用数学，进而帮助他们热爱数学一样，从事早期教育的老师也有同样的责任。

利用工具。作为一名小学老师，你也许会希望男孩们在家里和幼儿园中接触到积木、拼图、手指操、儿歌、打击乐器以及游戏等多种多样的教育素材，本章以及本书的第二部分就此展开过探讨。

针对大脑的科学研究发现，教学生识数、计数时，数字滚筒是一种特别有效的工具。每十颗珠子连在一起成为一组，迭代重复，总数可达上千。利用数字滚筒，孩子们可以在肢体运动中学习数字和基本的数学原理，使数字的学习脱离书本、融入身体，这对运动知觉型的男孩很有帮助。

蒙台梭利式的数学教学法甚至从幼儿园开始就使用了数字滚筒。你可以在蒙台梭利教具目录中找到数字滚筒，它也被其他很多种类的教具目录收录了。

利用游戏和幽默。人类的游戏是学习所有技能的系统方法。霍夫斯特拉大学的研究者在 2004 年完成了一项研究，证实了过去 10 年的研究结果：体育游戏确实能刺激大脑发展。[5] 体育游戏与解决问题的能力之间具有直接的联系，后者是成功学习数学所必需的。

人类的游戏不只是身体上的运动或者玩耍，还可以是一种幽默。当你给孩子们设计数学题目时，可以尽量使它“好玩”。如果在解题的时候笑出声来，男孩或许会对此留下更深的印象。具体请阅读下面的“试一试”专栏中的内容。

THE MINDS OF BOYS

试一试

下面列出一些你可以让学生们提问和回答的“幽默数学题”。

1. 我有 37 只蚂蚁，把 9 只放在姐姐的床上，14 只倒进妈妈煎饼用的面糊里，再把 3 只留给我的宠物小青蛙。那么我还剩下多少只？
2. 老师每小时“说”60 公里，那么 25 分钟她能“说”多少公里？①
3. 我需要得 21 分才能赢得一场篮球赛。如果我首先进了 4 个三分球，那么还需要进几个两分球和几个一分的罚球？

男生们还可以自己出题，放入建议箱中。当你读到一道可以采用的题目时，就在全班面前对出题的学生进行口头表扬。

让学生组队。如你所知，每个男孩到你的班级学习时，大脑的发育程度都是不一样的。一个人在 3 ～ 12 岁时，大脑会经历多次快速的生长期，导致同一班级里的个体发展水平不均。这是组队学习的很好理由。把三四个孩子组成一组，每个孩子在科研项目或学习活动中，必须完成自己的任务。团队合作不是个人偷懒的借

① 英文中“走”（walk）与“说”（talk）发音相近。——编者注

口，当男孩们在学习上彼此依靠、互相帮助时，他们原本偶尔担心自己会跟不上的孤独感就会被驱散。

你可以基于每个孩子对数学学习的不同方法进行分组。例如，可以要求他们按出生的季度进行分组，因此他们需要思考一个季度有几个月、分别是什么、一年共有几个季度。在分组活动中，他们需要进行口头交流，找出哪些人和自己在同一个月份、同一个季度出生，然后组成同一个组。这类活动看似很简单，却同时把身体的活动、语言的交流和数学概念的加工结合了起来。你在设计全年的课程活动时，可以把它当作一个很好的范本。

将体育运动和课间休息纳入数学学习。休斯敦市圣心里吉斯学校校长安妮为了适应男性大脑的需求，修改了学校里的处罚规定。她给我讲了发生在数学课堂上的一个故事：一些男生总需要老师不断干预才能维持纪律。他们无法完成功课时，学校建议老师取消课间休息来处罚他们，让他们坐在座位上继续写作业。

但是，当老师们了解到男性大脑需要运动的刺激以后，便把处罚惯例改成了让男生劳动，比如耙土、拾叶、跑步等。作为惩罚，课间休息时，这些男生不能在操场上与朋友来往。但是，在新的惩罚模式下，干体力活让他们能量倍增，使他们在重新开始学习时能够更加投入，易于成功。安妮表示，从这次“运动”创新开始，学生们的成绩有所提高。

圣心里吉斯学校还有进一步的举措：在课堂上，孩子们享有一分钟的大脑休息时间，他们可以站起来，做做伸展运动。这种方式同样可以促进学生的大脑进入更好的学习状态。据安妮报告，在学校二年级的课堂上，每天下午 3 点左右，老师会尽可能安排学生们边走边学、边动边学。从前在这个时间段，学生们的大脑常常感到困倦。自从更加重视这个“走动方法”之后，他们的功课有了进步。

帮助中学男生提升数学能力

和其他改革措施一样，大脑休息和肢体运动不仅适用于小学生，对中学生也有帮助。无论在哪个年龄段，身体都不希望一整天坐在椅子上。男孩的身体和大脑尤其需要“动起来”。初中男孩的体内每天会出现 5 ～ 7 次睾酮分泌高峰，这使他们充满了攻击性，也使释放体力的活动变得至关重要。在古里安研究所参加过培训的老师返回各自的学校后，均向我们反馈：在帮助男生学业成功、减少违纪方面，肢体运动、手捏压力球以及让大脑在运动中得到休息的方法发挥了关键作用。

以下是老师们可以尝试的方法。

数学奥林匹克竞赛。克里斯蒂是佐治亚州海恩斯维尔市刘易斯·弗雷泽中学的老师。她在参加古里安研究所的全员培训后，对所学的内容进行了实践，不仅在数学课上增加了“肢体活动”，还进行了更富实验性的探索。在 2004 年奥运会的影响下，她带领学生们开展了“数学奥林匹克竞赛”。据克里斯蒂观察，男生和女生参与这些活动的方式大为不同，引人深思。

克里斯蒂的竞赛包括三项活动：测量一块海绵中能挤出多少水、称玻璃珠子的重量，以及测量楼梯的长度。她与我们分享了活动中的经历：

> 测量水的活动最有趣。学生们每人分到一块浸湿的海绵、一个测量仪器和一个碗，要求他们从海绵中挤出水来，收集到仪器中进行测量。男生们能自己琢磨出怎样把测量仪端在碗的上面，这样就能用碗接住溢出来的水，但是我得帮他们在碗底再放一个塑料袋，因为尽管他们已经用碗来接水，但水还是会溅得到处都是。
>
> 女生们则会不假思索地把海绵从碗里拿出来，立即开始向测量仪中挤水。她们从未提前考虑到水会流到地板上，所以没有把测量仪抬起来，用碗接住溢出来的水。

在给玻璃珠子称重的活动中，你肯定能想象，我需要不断地提醒男生们，玻璃珠子是用来称重的，不是用来玩的！

所有这些活动都把教室弄得一团糟，但是孩子们都学到了很多东西。

在教孩子度量方面，克里斯蒂还创造了另一种新方法。她让学生们玩寻宝游戏，并得到了一些有趣的发现。

学生们会拿到一张纸，上面写着要他们找出特定尺寸的物品，这些物品平时都在他们的钱包或者书包里。

女生从钱包里找到了相应尺寸的东西以后，会和团队成员分享更多信息，比如这个东西是在哪儿买的，或者是谁送的，她们为什么喜欢这个东西的颜色。

男生则没有从书包里拿出任何东西来测量，而是去量了教室墙壁上海报里物品的尺寸。他们并不觉得自己测量的东西有什么值得讨论的。

把建筑与数学相联系。亚拉巴马州卡尔曼县的一名物理老师曾参加过古里安研究所的培训。他与我们分享了他组织的一项活动：

我希望在物理课上增加一些实践性的学习内容，所以我收集了和我们居住在同一区域的印第安部落用来制作圆锥形帐篷的材料。每组学生分到三根长杆、一些绳子和盖在圆锥结构上面的材料。

杆子很长，大概有3.5米，是我从本地的一家木材厂借来的。学生们一边努力让长杆稳定在一个位置，一边把外层的织物蒙上去。我们搭帐篷的地方是户外的足球场，所以每组之间有足够的距离。他们搭帐篷时，每组各自想办法，我在一旁看着，觉得太有意思了。实际上，这个活动花了我们三天时间。在课外研究过建造方法的小组完成得最好，他们搭好以后又去帮助别人。这项活动锻炼了学生们的测量技巧，他们在这方面学到的东西比很久以来学到的都多。同伴间的互相指导算是额外的收获。

利用单性别班级。来自肯塔基州哈内德市布雷肯里奇县中学的米西和她的同事们希望提高学生的考试成绩，减少违纪处罚的次数。在校长的带领下，米西和同事们在古里安研究所接受了关于性别差异的培训。2003 年，他们在八年级组建了单性别的数学和科学课堂。

米西向我们反馈，这项改革让学生们的学习成绩取得了令人瞩目的进步。

> 采用新方法以前，好几个男生得了 F，全班男生的平均水平是 C−。女生的成绩大多更高，虽然也有几个得了 F，但全班女生的平均水平介于 C+ 与 B−之间。我们学校所有接受特殊教育的学生都在这几个班中，因为七、八年级的学生没有按天资分班。
>
> 组建了单性别课堂以后，男女生的班级都取得了比原来更好的成绩。到了学年末，两个班的平均分相差不到 5 分，总共 180 个学生中，仅有三个男生和两个女生得了 F。我认为，孩子们成绩的显著提高应该归功于单性别课堂。

同时，米西和同事们还注意到，违纪处罚的次数大幅减少了。“纪律问题也有了很大改善。一年来，我只叫了两个学生去办公室，纪律总体维持得非常好。对男生来说，使用符合他们性别特点的教学方法能帮助他们减少纪律问题。男生们需要培养领导力。”

单性别教育在数学、科学和其他许多学科上，是一项强有力的改革。第 8 章将对此专门进行阐述。

启发视觉对话。布罗克是科罗拉多州莫纽门特市刘易斯 · 帕尔梅高中的一名数学老师。她在班上制作了一幅海报，针对数学如何与真实世界发生联系的问题引起了热烈的讨论，学生们觉得很好玩。布罗克使用了下面的“你知道吗”专栏提到的“视觉对话发起者”的方法，你也可以在自己的高中班级里试一试。

你知道吗
THE MINDS OF BOYS

成为统计学家的十大理由：

10. 偏差是正常的。

9. 估计参数比对付真实生活简单。

8. 统计学家举足轻重。

7. 我一直想学希腊字母。

6. 统计学家找到工作的概率高达 99% 以上。

5. 我可以在工作中频繁更改结果而不失自信。

4. 我永远不需要得出正确的结论，只要接近就好。

3. 我是标准的，别人有误差。

2. 分析回归曲线总比进入失业阵线要好。

1. 没人知道我在做什么，所以我总是对的！

让男孩爱上科学，父母可以做什么

和很多男孩一样，我和弟弟菲尔在成长过程中，都感觉自己就是自然科学家。全家还住在火奴鲁鲁时，我和菲尔去海边研究礁石，收集贝壳，了解海葵和水母。后来搬去科罗拉多州以后，我们又在大山里探险。在拉勒米，我们玩瓶装火箭。在搞破坏、添乱的同时，我们也学到了很多。我上高中一年级的时候，从百科全书里知道了爱因斯坦，接着又开始狂热地阅读科幻小说。我在很小的时候就爱上了科学。

在对家长和老师进行学习科学的培训时，我常常思考，为什么我和弟弟从小到大都如此热爱科学？为什么我大量的写作和专业理念都建立在科学认知人类大脑的基础上？为什么我弟弟会成为一名网页设计师和发明家，每天在工作中运用科学？

为什么我们兄弟俩都从科学和学习科学的过程中得到了如此之多的收获?

现在，从遗传学和其他领域的研究中可以知道，我们全家对科学的热爱既源于先天的遗传，也来自后天的习得。我父亲是一名社会学家，致力于把生物科学与社会学结合起来。我母亲是一名人类学家，拥有敏锐的科学头脑。很显然，我的家庭带有“科学基因”。同时，父母从我和弟弟出生后的头几年就开始培养我们对科学的热爱。他们喜欢科学，所以我和弟弟也一样。

现在我们作为父辈，有责任帮助下一代欣赏科学的神奇与美妙。再次强调一下，我们推荐的方法和活动虽然同样适用于女孩，但大多数是针对男孩独特的大脑结构和发展特征而设计的。

帮助学龄前男孩激发科学兴趣

我们此前讲述的很多内容，尤其是第 3 章，都有助于帮男孩做好学习科学的准备。现在，我们把“科学启导”的概念引入早教。在孩子的婴幼儿时期，父母是天然的科学老师，可以让他参与家务、打理花园、挖挖虫子等。到儿子上幼儿园以后，一切就都成了“科学”。

在这个年龄段，我们所谓的科学是指“发现事物运作的方式”。像爱因斯坦一样的科学家生来带有强大的科学基因，但他小时候，也需要别人来告诉他，各种事物是怎么运作的。我们每个人都可以做到每天抽出一点点时间，给孩子讲解某个东西是怎么工作的。这样做对他帮助很大。当儿子听懂了你的讲解，眼睛里闪着光的时候，你能看到一个年轻的科学家正在寻找自己的方向。

帮助小学男生探索科学世界

上小学后，帮男孩培养科学方面的热情和才能仍然需要家庭的参与。

把科学启导融入儿子的生活。要帮助你家小男孩热爱科学，你自己并不需要多喜欢甚至多擅长科学。你只需要给他提供工具，鼓励和引导他在日常的探索中运用科学知识。如果感到吃力，你也一定能在家里或父母主导团队中找到有这种能力的人，比如可能会有一些曾经从事科学研究的退休老人愿意辅导孩子。如今，科技对孩子们来说如此重要，因此为你一年级的儿子找到"科学导师"也就尤为重要。祖父母、全家的朋友、家庭教师都可以帮助他为面对未来生活中的科学技术做好准备。

把科学融入日常生活。厨房是一个科学知识富集的地方，每当准备一餐一食时，科学现象总会发生。当你的儿子达到相应的发展水平后，要尽可能多地让他参与厨房里的家务。在计量、搅拌、冷冻、解冻、煮沸等过程中，可以和他聊一聊眼前的物体发生的变化，聊一聊不同的东西分别从哪里来、盐是什么，以及酵母如何让面团膨胀。

在个人卫生和饮食营养方面，也可以进行科学讲解。为什么我们要泡澡或者淋浴？刷牙的时候到底发生了什么？蛋白质是什么？它如何帮助我们变得强壮？

与外界互动带来的启发让男孩的大脑甘之如饴。院子里或者公园里遇到的一切，植物、动物或是天气，都为你提供了很好的机会，有利于把科学引入儿子的世界和语境中。

给他提供工具。显微镜是一份很好的生日礼物，可以在整个小学时代，甚至更长的时间里一直陪伴他。如果你有能力购买一台笔记本电脑，对儿子的科学课也会有所帮助。接触互联网也能帮助孩子学习科学，不过他需要在家长的监护下上网，直到青少年时期。

在孩子的小学阶段，可以抽出时间来和他一起观察显微镜下的世界，发现一滴水中的奥妙和一片叶子上的叶脉。

探索本地的生态环境。不管你们居住在哪里，当地都会有一些你们能参与的相关生态环境问题。如果你和儿子参与到这些问题的探讨中，不仅对公益事业有所贡献，还能激发他对科学的兴趣。和你的儿子一起，提出并回答下列问题：

- 我们的水源来自哪里？
- 它能维持多久的供应？
- 如何使水源变得清洁？
- 我们全家需要为此支付多少费用？
- 换车后，原来车里剩下的汽油会倒在哪里？
- 每周从路边垃圾箱里收集起来的垃圾是怎样处理的？

带着这些实际生活中的问题，你们全家可以开始一次实地考察。乡村和城市规划工程师往往会乐意花几分钟带你们转转当地的净水厂。这样的旅行能让科学在孩子的脑海中变得鲜活起来。经过一次旅行，你的儿子可能会说："我长大后想当一名工程师。"那么这时，小男孩的头脑中已经播下了成功的种子，谁知道它会长成什么样呢。

帮助中学男生进行科学实践

男孩进入青春期之后，他对科学的兴趣也许早已被自己的好奇心以及家庭和学校的创新举措点燃了。现在，我们希望他已经下定决心让科学成为生活中很重要的一部分。如果他完全对科学无感，那么我们必须重新采用基本的办法：让科学学习优先于娱乐项目，并在家庭或社区中找到可以辅导他学习科学的人。

青春期以后，你儿子将要学习的科学课极富挑战性，超乎他小学时的想象。高中时期的科学课包含许多抽象理论、经验数据、实验室实验，以及大量的作业和需要记忆的内容，可能会让男孩大吃一惊。作为父母，我们有很多事可以做。

成为一名作业辅导员。如果你的孩子想要在初高中的科学课堂上取得成功，父母或者父母主导团队的成员常常需要担任孩子的作业辅导员。

如果某位祖父母、叔叔或者朋友是一名退休工程师，或者其他具有科学头脑的人，你可以请他来做儿子的家庭教师或者作业辅导员。你儿子可以每周和这位导师见一两次面，一起复习功课。有需要的话，他们可以在电话上讨论这一周的功课和作业。

如果男孩在科学课上遇到了困难，辅导他写作业往往是最直接有效的干预措施。

成为一名记忆辅导员。由于高中的科学课堂上有大量需要孩子记忆的内容，而大脑的记忆中枢在青春期是以多变而不均衡的方式发展的，男女生都常常需要来自“记忆辅导员”的帮助。下面这些办法可以帮你把记忆练习融入儿子的日常生活中：

- 当你开车带着儿子时，可以考考他化学元素周期表。
- 你可以给屏幕时间设限：“今天晚上必须完成这项记忆任务以后才能看电视。”
- 甚至在就餐时，你也可以陪儿子进行记忆训练：“人脑分为哪三个主要部分？银河系总共有多少颗星星？”

记忆训练的时段可以使日常科学课的内容在孩子脑中“扎根”。

利用学徒期。我们祖先学到的科学知识大多来自他们小时候在农场主或者店主的指导下做学徒的经历。通过前几章我们已经发现，对孩子尤其是男孩来说，建立一对一的导师与学徒关系，是一种很有效的学习方法。男孩可能难以像女孩一样，自然而主动地结交更多的人，建立各种人际关系，他们也不那么善于通过语言从书本中学习。

过去，父母和其他重要的家庭成员会一起商量，把青春期的男孩托付给一位导师做学徒。如今，很多青少年会自己寻找导师：喜欢计算机的少年找到一位当计算机设计师的叔叔；喜欢动物的男孩找到家人的一位农场主朋友，夏天到农场干活；想要学网球的男孩找到一位好教练。

俄勒冈州一位三个孩子的母亲给我们写了这封电子邮件：

> 我儿子戴恩从来就不是一个好学生，但他对车一直很感兴趣。他小时候，小汽车和大卡车简直就是他的命根子！到了16岁，他已经通过工作挣了足够的钱来买自己的车。他想要一辆马力十足的福特费尔莱。
>
> 我和戴恩的爸爸很害怕他会因为驾驶速度过快而受伤，这孩子并不是三思而后行的类型。我们试图说服他买一辆普通的车，而不是这个引擎强劲的家伙。他感觉受到了冒犯，觉得我们不信任他。他坚持要买自己选择的车。戴恩想要一辆动力强劲的车，这个要求也不是不合理；而我们害怕他出事，也并非是没来由的担心。最后，我们找到了解决办法。他可以买这辆车，但是有一个条件：他每周末必须跟着我好朋友特蕾西的丈夫卡尔练车。卡尔是一名机械师，在赛车场参加老爷车竞速比赛。
>
> 卡尔同意和戴恩一起练车，戴恩从卡尔那儿学到了很多，不仅学到了车技，还学到了如何在学校刻苦学习。我和戴恩爸爸总是抱怨他的作业和成绩，而现在，卡尔一强调他在学校应该更加努力地学习，戴恩就做到了。看样子，我们几年前就应该让戴恩和卡尔待在一起了，只不过直到戴恩想要开那辆马力十足的车，把我们吓坏了以后，我们才想到找卡尔帮忙。

卡尔和戴恩之间建立了导师与学徒的关系。在这个过程中，戴恩积极地参与到了科学的学习之中。他的大脑在探索科学技术的实际运用。同时，他找到了一个纽带，引导他去做父母一直想要让他做到的事情：追求学业的成功。

1986—1988年，我和妻子盖尔在土耳其首都安卡拉教书。这段经历对我们和学生们来说，都奇妙而丰富。青春期孩子的身体正在有规律地发生着变化，土耳其人对这些变化抱有的坦诚态度让我颇受触动。

在土耳其家庭中，“清教主义”思想的影响比美国家庭要弱得多，他们不会因为成年人的身体带着固有的性色彩，就对此讳莫如深。土耳其人常常对青春期的孩子们讲：“这是你身体的各个部分，它们各有各的功能。”美国人往往认为土耳其人更加“压抑”，但在青春期科普方面，他们反而并不像美国的很多地区那般保守。事实上，如果你看看其他国家的家庭如何对青少年讲解他们身体上的变化，会发现他们对性教育的态度是自然且包容的，而美国家庭中的男孩却往往难以感受到这样的态度。

人体是科学探索的重要领域。本书其实就是对男性身体和大脑的一次科学考证。父母和父母主导团队的成员们可以很幸运地把有关人体的科学传授给正值青春期的初高中男生。研究显示，如果父母忽略了给儿子讲解相关的青春期知识，男孩为了弄明白生理科学，便会倾向于更早发生性行为。青春期的科学知识包括自然发育的四大重点要素：生理变化、情绪变化、心理变化和社交变化。每个要素都需要我们全面关注。

我为青少年写了一本书《从男孩到男人》(*From Boys to Men*)，深入到细节，具体描述了男孩的青春期，使男孩及其家人可以从“科学实验”的角度来认知青春期。

让男孩爱上科学，老师可以做什么

刚开始学习科学的时候，孩子们玩沙水桌、到农场踏青、去动物园旅行、攀爬户外的游戏设施等，这些活动不仅直接有助于科学课的实际开展，还可以促进大脑空间机械能力的提高，间接地帮助他们学习科学。你已经为年幼的学习者做了很多，在本节，我们将特别关注如何能够有所创新和改进。

帮助小学男生探索科学世界

在小学阶段，科学往往体现在日常事务中。很多小学课堂允许孩子们共同照顾一只班级宠物，可以是小兔子或是荷兰猪，让他们有机会定期当一当“科学家”。还有一些班级利用了艺术手段。艺术？是的，可以用艺术手段来上科学课，它们是能让科学学习变得高效的创新方法之一。

把艺术与科学相联系。俄亥俄州汉密尔顿市的老师们想要确认自己的学生有没有充分掌握太阳系的知识，他们决定与菲顿创意艺术中心（Fitton Center for Creative Arts）合作，以行星和月亮的运行为主题编排一支现代舞。这所社区艺术中心的艺术家们还帮助小学生创作了关于太阳系的雕刻与绘画作品。艺术把科学变成了一种体验！这种艺术与科学融合的体验开始在汉密尔顿市标准化考试中成绩较差的学生之间推广，结果他们的成绩提高了！[6] 我们对此并不惊讶，孩子在学习的过程得到的体验越多，获得成功的概率就越大。

接受过古里安研究所培训的一些学校运用了艺术的方法，成功帮助学生们学习数学和语文，也把同样的方法用到了科学学习上。作为一名科学课的老师，无论什么时候，只要你在教学中碰了壁，都可以采取这项备用教学法：利用图像图表、绘画着色、戏剧表演、音乐舞蹈或者其他类型的艺术媒介。尤其是对 3 ～ 12 岁的男孩来说，空间机械能力与大脑其他能力发展之间的联系，使他们能受益于艺术与科学的融合。

招纳导师。科学是需要动手操作的，所以，需要有人来“做”。这个人不可能总是老师，很多时候可以是参与辅助指导的同龄人，也可以是志愿者，尤其是某位到课堂上来协助教学的退休志愿者。69 岁的鲍勃在华盛顿州斯波坎市特伦特伍德小学为三年级的孩子批改作业，也时不时偷偷教他们玩克里比奇纸牌。在他的分析讲解下，这个纸牌游戏变成了科学和数学的竞赛。孩子们很喜欢和鲍勃老爷爷在一起，老师们也把他当成课堂和课后游戏俱乐部里不可或缺的成员。同时，能成为孩子们生活的一部分，鲍勃也感到很满足。

科学就是把人类与自然环境之间动态的相互作用用学术的方式表达出来。因此，这是一场集体的冒险。当然，孩子自己在后院或是地下室，用一套化学实验设备就可以独自进行科学的探索。但是，如果身边的同伴或是退休志愿老人有能力参与进来，这些科学的探索将变得更加生机勃勃、丰富多彩，给人带来更大的满足。他们可以成为“核心科研人员”。男孩们尤其渴望拥有同龄或是年长的男性导师。班级志愿者和导师们可以帮助学生把科学永远当作生活的一部分。负责科学课的小学老师如果不善借力，便可能错失良机。

帮助中学男生进行科学实践

初高中的科学老师已经在课堂里塞满了教学内容。在当前教育环境的压力下，学生们需要接受标准化考试的检验，老师们更是因此忙得不可开交。一开始，在科学课堂上进行有助于男孩的改革看起来像是在给老师们增加负担。尽管如此，希望你最终能理解，本节讲到的改革措施既能让你更加轻松振奋，也能激励学生们发愤图强。同时，我们也希望你能回顾一下小学部分描述的一些创新方法，其中很多方法也可以运用到年龄更大的男生身上，简单易行，且行之有效。下面的“试一试”专栏将详细举例。

THE MINDS OF BOYS

试一试

把 SCIENCE（科学）这个词在一大张纸的左侧纵向写下来，比如写在挂图板上。让男生们开动脑筋，说出以每个字母打头的单词。问问他们，各个单词可以与哪些科学知识联系起来。制订一次教学计划，在科学学习的过程中使用其中的每一个词。例如：

S sun（太阳）

C carrot（胡萝卜）

I Indians（印第安人）

E eyes（眼睛）

N nuts（坚果）

关于太阳：你可以讲一讲太阳能，让学生们用感光纸做实验，把它放在阳光下晒，就会有图像显现出来。

关于胡萝卜：你可以讲讲胡萝卜其实是植物的根部，生长在地底下。学生们可以读一读珍妮特·史蒂文斯（Janet Stevens）的绘本《上面和下面》（*Tops and Bottoms*），这是一个关于一分耕耘一分收获的好故事。

关于印第安人：你有机会讲一讲北美土著居民，他们过去如何吃穿，还有他们的生活方式。北美土著居民在大自然中求生时运用了许多科学原理。如果学生们在研究本地的原始部落，印第安人的经历会更有帮助。学生中可能会有一位北美土著的孩子，或者你可以邀请一位本地的土著居民来向学生们讲解他的文化习俗。

关于眼睛：在讨论眼睛的颜色时，你可以让学生们列一个表，记录班上蓝色眼睛、棕色眼睛、绿色眼睛和黄褐色眼睛的同学各有多少。学生们可以在各自的家庭成员中做个调查，弄明白他们自己眼睛的颜色可能遗传自哪位家人的基因。

关于坚果：你们可以吃点坚果当零食，聊一聊不同类型的坚果是如何生长的，比如花生长在地下，核桃长在树上。学生们可能会想尝试种花生。当然在吃坚果之前，先要确定班里没有人对坚果过敏。

这项活动可以重复多次，不断列出新的词汇，启发新的教学。学生们在参与的过程中会懂得，如果他们分享的词汇与自己感兴趣的话题有关，就会有机会在这方面学到更多。我们知道，大脑记忆视觉图像的能力几乎是无限的。因此，我们还可以升级这个游戏，在其中加入艺术的元素。让学生们为每个词语配图，自己绘画或者从杂志中寻找图片来制作海报。

把科学变成体验。莫妮卡是圣心里吉斯中学的一名数学和科学老师，她分享了如何把七年级的科学课堂变得更富体验性："学习动物和植物细胞组成部分的时候，学生们用剪贴纸板制作了巨大的细胞，把细胞主体和各个部分剪下来，再贴到相应的位置。这些细胞个头很大，色彩丰富明亮。每组学生在活动中都很投入，并为自己完成的杰作而骄傲。当细胞模型做好以后，每个组员轮流给我讲解他们的作品，告诉我细胞每个部分的功能。这个活动让他们非常愉快。"

圣心里吉斯是一所男校，在校长安妮邀请古里安研究所对老师们进行培训，讲解男孩的学习过程后，很多学科的教学方式都有所改变，其中就包括科学课。安妮表示："现在，我们让学生们把科学课上学到的东西手工做出来，给科学课堂带来了新的兴奋点，这些班级的学术成绩也有所提高。"

或许，所有科学老师都会凭直觉想把机械建造运用到科学教学中。但是，繁忙的学年又会让老师们产生惰性。在惰性思维的影响下，老师们往往会采用更轻松的口头指导方式，放弃浩大而嘈杂的建造工程。

安妮、莫妮卡和圣心里吉斯学校的全体员工一起与惰性思维做斗争。安妮写道："在我们这样的男校中，充斥着巨大的能量。男孩们无处不在！尽管如此，我们发现，增加调动体能的机械建造活动并没有造成问题。实际上，我们教训和约束他们的次数更少了。我们还发现，在他们陷入不可避免的失控状态后，现在更容易让他们镇静下来了。这一学年，纪律问题大大减少了。"

重新布置教室。研究员迈克尔·内格尔（Michael Nagel）是古里安研究所的一名合伙人，他在《澳大利亚中学教育期刊》(*Australian Journal of Middle Schooling*)上发表文章，讲述了自己在澳大利亚给男孩们带来的改革创新。[7] 在为昆士兰州的中学提供培训以后，他发现老师随后就在科学课堂上给了学生们更多的活动自由，还为此重新布置了教室。他举了个例子：

为了满足男生的需要，一位七年级的老师决定在课堂上给予学生更多自主活动的权利。为此，她重新布置了教室，用课桌在教室中央围成U字形。U字形的外围摆着其他一些课桌，作为单人、双人和团队工作台。一个简单的前提条件是，当老师站在U字形的中心给大家指示或讲解时，学生们必须坐在排成U字形的座位上认真听讲。其他时候，学生们可以任意选择自己喜欢的座位，并且随意走动。这项简单调整的结果至少可以说是十分有趣。

内格尔列举了一系列积极的效果，但也许这一点是最重要的："课堂中断和违纪问题减少了，冲动的行为看上去平息了，所有学生都很享受新获得的自主权。值得注意的是，整个教学环境不仅对男生来说改善了，对女生也一样，因为老师在纪律管控方面不需要再花那么多时间，就有更多时间可以陪伴学生学习。"

邀请客座科学家。很多学校举办过客座艺术家项目，邀请艺术家来访、展览艺术作品。是否也可以邀请科学家呢？尤其是在高中阶段。水电工程师、污水处理工程师、医生、牙医、护士、营养学家、健康顾问、金属雕刻师、药剂师等，可以邀请的科学家不胜枚举。在学生家长和父母主导团队中，你几乎可以找到所有这些资源。这些客座科学家可不是每天都能见到的科学老师或导师，他们是各自领域的专家，来到班上与大家分享专业经验。可能你时间紧张，每个月只能安排一位客座科学家来访，但是如果你鼓励学生创立一个"客座科学家协会"，由这个协会来组织活动，就可能超过这个每月一次的频率。每个协会成员通过锻炼组织领导能力，还可以收获一定的生活技能。当他们为班级邀请来足够多的客座科学家时，即使是学习最困难的学生，也会备受激励。

招纳体育特长生。在普林斯顿市举行的一次培训上，一位高中老师指出："青少年学生里，多的是伪装成运动员的'科学家'。"她接着说："这些运动员科学家通常已经成了学生们广泛崇拜的对象。我会给他们布置特别的作业，在这些附加学分的论文中，体育特长生们必须用'科学术语'研究自己所从事的运动，用科学原理解释运动现象。"

老师们往往感到与班上的体育特长生之间存在“疏离感”。因为运动员常常陶醉在自己强健的体魄和高超的技能之中，而忽视了学业。如果一个研究项目是关于“他自己”的，或者实质上来说，这个项目针对的是他自己选择的运动生涯，就能够让他重新与科学建立联系。他可以通过幻灯片、语言、图表等形式来讲解，也可以向大家展示他的奖杯、分享他的经历，阐述他从事的体育活动中蕴藏的科学。这样的报告会让人印象深刻，也能帮助他自己来规划如何在学习上取得成功。如果体育特长生有机会作为学生学者来展示自己，那他们在同学中将更加广受欢迎。

艺术和体育在学习中的重要性

在本章和其他各章中，你可能注意到了，许多创新措施都试图把艺术和体育融入孩子们的学习中。艺术和体育对所有孩子都有好处，把两者与学习相结合对男孩来说尤为有益。图表、视觉呈现、戏剧化的自我表达以及肢体运动和体育锻炼对男孩都有积极的作用。他们需要活动身体、刺激大脑，需要在学习中尽可能地调动视觉皮层，需要通过体育运动来帮助大脑保持思维敏捷。这些活动也许可以让男孩的成绩从 C 提升到 B，从 B 提升到 A。

现如今的教育环境以考试为导向，在重重困难下，教育体系削减了许多艺术和体育项目。很多学校几乎只专注于提高标准化考试的分数，借此保持或者增加资金来源。它们处于求生模式中，而艺术和体育活动看起来更像是肤浅的娱乐，是累赘，无法帮学校提高“存活率”。一些学校甚至取消了课间休息，以便填充更多的课时来提高考试成绩。

基于对人脑的认知，一些老师和家长在课堂教学和家庭养育中开始了创新，利用体育和艺术的手段帮助男孩投入学习。当今男孩面临的教育问题，部分原因在于工业化社会更加强调静止的案头学习。而且从 20 世纪起，对于接受高等教育的人来说，追求艺术是不受鼓励的。现在，我们必须扭转这个倾向。你可以重新在社区里宣扬古希腊人的智慧：如果男孩不能成为艺术家和运动员，那么他受到的教育就是不完整的。

当代对男性大脑的研究结果支持了古希腊人的观点。因此，我们呼吁家庭和学校在不忽略女孩的前提下，关注男孩在视觉、形象和身体方面的特质。在令他们逐渐落后的教育环境中，我们需要重新重视艺术和体育同学习的关联性。

如果你的社区正在讨论取消课间休息、叫停男性运动项目或是缩减艺术教育经费，你可以引述本章和上一章中提到的研究、证明和多所学校的成功案例，用事实和逻辑来影响这场讨论。通过体育、戏剧、绘画和音乐等方式，很多学校正在帮助学生在数学、科学、语文和其他严谨的学术领域获得成功。

男孩们活在自己的身体里、眼睛里和心中潜藏的情绪里，很多时候，纸面上的字句不足以让他们直抒胸臆。他们需要声音、色彩和运动，在这个真实的、与自己息息相关的世界里抒发心声。

THE MINDS OF BOYS

08 有效运用单性别课堂

有关单性别教育的争议主要围绕两大担忧：在公立教育体系中，这是否合法？它是否真的能让孩子在教育中受益？

——玛丽·萨洛莫内（Rosemary Salomone），
《相同，不同，平等》（*Same, Different, Equal*）作者

我们的工作常常始于一封邮件或者一通电话。对方表示："我们发现了一些问题，您的研究所可以帮我们的学校或社区做一次培训，讲讲男女生的学习方式有什么区别吗？"我、凯茜或古里安研究所的其他同事会来到这个学区、社区或者州立教育委员会，教授大脑的性别差异，以及什么样的教学法能让男生和女生都学得更好，这些内容你在本书中已经读到了。我们认为，经过培训，老师们可以更好地处理学校面临的问题。

接着，在培训中的某个时刻，有人会说："开设单性别课堂怎么样呢？有用吗？"这又派生出了新的话题。一些父母支持这个尝试，另外一些反对。一些管理者心怀顾虑，另外一些则更为坚定。一些老师马上接受了这个想法，另外一些则并

不认同。培训结束后，这个社区可以开展多种方式的试验，所以，我们常常会接到另一通电话，或者收到另一封邮件。

一位主管、校长、老师或是家长称：“我们学校决定开设单性别课堂，你们可以帮忙吗？”这样的电话会带来教学过程中的又一次冒险尝试，如果行之有效，将会收获巨大的回报。古里安研究所帮助过一些学校和学区设立单性别试点班级，从数据上看，试点取得了成功。由于设立单性别课堂明显改变了班级结构，短短几个月内，就能从统计数据中看出学生的成绩是否有进步、纪律问题是否减少了。单性别班级要么行之有效，要么徒劳无功。如果相比普通班男生，单性别班里男生的成绩更好，纪律问题更少，那么这个新策略便将在校园生活中发挥更加重大的作用。

男女同校是美国民主教育的准则，古里安研究所深知这一点。我们的培训大多都是针对男女同校的学校的。但是，单性别课堂的有效性也显而易见，我们将在本章中展现给大家。

本章中，我们将重点列举利用单性别课堂来帮助孩子争取学业上的成功的案例。在美国和其他国家，有一些非常高效的单性别学校，例如之前提到的圣心里吉斯学校就是一所坐落于休斯敦市的男校，培养一至八年级的学生。但是在本章中，我们关注的是男女同校体系内的单性别课堂。在男女同校的学校中设立单性别班级是一个相对容易的创新试验；把整所学校从男女同校变为单性别学校则更加困难，也更为少见。

如果单性别课堂是你想要为孩子或者为学校考虑的一个选择，本章将向你介绍成功推行了这一策略的学校和社区。我们认为，其中一些学校可谓成绩斐然。

追求男女平等必不可少

单性别教育由来已久。在过去百年间的大部分时间里，男女同校是公立教育的标准，然而单性别学校在公立教育还没有普及的时候，就以私立女校和私立男校的形式存在了很多年了。在 19 世纪工业革命期间，自由的公共教育的概念开始得到全社会的支持，致力于把“穷人的孩子”培养为守纪律的生产力。同时，富有的家庭需要为孩子的教育付费，私立学校因此遍地开花。

之前，美国的孩子是否上学完全由父母决定，直到 1851 年，马萨诸塞州通过了第一项义务教育法案。[1] 此后，美国政府多次立法保障孩子接受公立教育的权利，也立法废止了针对某些群体的孩子进行的种族隔离。虽然大量的私立男校和私立女校依然存在，但诸如“布朗诉教育委员会案”（Brown v. Board of Education）这样在历史上深具意义的诉讼裁决已经表明，“隔离而平等”的法律原则值得反思。[2] 法院认为：“在公立教育领域，隔离而平等的原则没有立足之地。”

对女孩的平等

在此后的 1960 年，女性平等权利的倡导者们利用了反对种族隔离的正式宣言，提出女孩没有得到与男孩平等的教育机会，他们的抗议的确是正义的。女孩们自己也常常体会到，通往高等教育的路对她们封闭了，尤其是当她们想和男孩一样努力成为医生、律师或是科学家时。这些可以带来经济回报和社会认可的职业需要女孩享有与男孩同等的教育机会。呼吁男女平等的倡导者们发起了斗争，并赢得了很多战役，明确定义了女孩将有机会接受与男孩平等的高质量教育。《1972 年教育法修正案》第九条（*Title IX of the Education Amendments of 1972*）获得通过，美国法律再次宣告：“任何一个美国人都不应该因为性别的原因被排除在由联邦资助的教育和活动计划之外，不能被剥夺这些计划和活动提供的待遇，也不能因性别原因受到歧视。”[3]

在美国，所有关心女孩的人都欢迎修正案第九条的通过。它为女孩在教育体系中终于享有平等的机会提供了基础，女性团体为此热烈庆祝。这条法案确实发挥了作用。比如，现在申请法学院和医学院的女生比男生更多，在此趋势下，女性的职业机会将得到拓展，而法律和医学曾经是男性主导的职业领域。[4] 现在，接受高等教育的女性人数已经超过了男性，大约 60% 的本科毕业生是女性，很多学科的研究生中女性也占大多数。全美知名的学术机构提高了招收优秀女性学者的数量，按传统只招收男性的机构如今也有女性入学，比如西点军校、美国海军军官学校（USNA）、弗吉尼亚军事学院（Virginia Military Institute）、南加州要塞军事学院（Citadel Military College of South Carolina）等。感谢法院的裁决和法律的制定，女孩们在男女同校的平等教育中获得了更多成功的机会。

过去的 50 多年，为女性维权的倡议运动取得了很多值得骄傲的成绩，尽管很多人都认同，我们还有很多事需要为女孩做。然而，在追求平等的过程中，男孩处在什么位置呢？在本书的第一部分中，我们审视了工业化教育给多少男孩带来的阻碍：它把男孩天生的能量从兴奋的运动世界中抽离出来，限制进封闭静坐的课堂。我们看到了由此产生的问题，这些问题在 21 世纪已经酿成了危机，要知道，今时不同往日了。

对男孩的平等

“我们看到很多社区中的一种文化变迁，”康涅狄格州学校董事会协会主席玛丽·布罗德里克（Mary Broderick）写道：“当我们庆祝女孩的成绩优秀时，勤奋学习被认为是件完全不爷们儿的事。这个局面已经矫枉过正，现在应该是找到平衡点的时候了，也许以前从没找到过。”[5] 布罗德里克的话代表了一种新的观念，那就是需要推动变革，来保护男孩获得高质量教育的平等权利。事实证明，变革是有效的。

作为美国联邦政府《不让一个孩子掉队法案》的一部分内容，公立学校可以提供单性别教育，前提是他们认为可以同时帮助男生和女生在学校表现得更好。美国文化已经开始认识到，把男孩和女孩划分到不同的班级甚至不同的学校，对女孩来说本质上并不是件坏事。实际上，大量研究结果都表明：对很多女孩来说，单性别学校和班级能为她们开启更多的机会，争取各个领域的成功，包括工程、法律和医学。政策的钟摆又回到了单性别教育这边。教育工作者和家长们如今的任务是确保单性别学校和班级这项看似新鲜实则古老的改革对男孩和女孩都有益处。

特别针对男孩的需要，全美上下的学校正在探索单性别课堂是否不仅可以提高他们的成绩，还能减少他们因纪律问题受到的处罚。统计显示，男生受纪律处罚的次数远远超过女生，有时甚至是 10 倍之多。2004—2005 学年初，全美单性别公立学校协会认证了 113 所设立单性别课堂的公立学校，[6] 最常见的科目包括语文、数学、科学和社会研究。

设立单性别课堂的学校列表中包括了从幼儿园到高中所有阶段的学校，但是其中很多都是初中，根据不同州和学区的划分情况，大致集中在五到八年级。我和同事们认为，初中阶段的少男少女们正值青春期，会遇到激素分泌、身体发育和社会交往等方面的问题，因此，让他们分开学习某些课程非常重要。我们发现，单性别课堂设立之初的驱动力来自提高标准化考试成绩的需要。标准化考试用成绩来衡量学生在数学、语文、科学和社会研究方面的能力。尤其在初中阶段，当学区、校长、老师和家长们寻找提高成绩、规范行为的方法时，发现单性别课堂是很好的选择。

在与这些学校的合作中，古里安研究所发现，学生在重点科目的单性别课堂中通常能取得成绩的进步，下文将详细阐述。更值得大书特书的是另一项发现。青春期的男孩在竞争激烈、男女同校的环境中，倾向于压抑自己艺术创造性的一面，但如果学校为他们开设单性别的艺术创作、音乐和戏剧等课程，他们的投入程度会更高。

单性别课堂的成功案例

想要力挺一种教育策略，尤其是像单性别课堂这样富有争议的政策，就必须靠结果说话。包括美国、加拿大、英国和澳大利亚等世界各地的主要研究结果都表明，单性别教育对男孩和女孩都有帮助。澳大利亚教育研究委员会在6年间调查了53个学科领域的共计25万余名学生，发现单性别课堂的学生在学术表现上的得分比男女同班的学生高出了15% ～ 22%。英国的一项研究着眼于800所公立学校的考试分数，发现接受单性别教育的学生不仅有更好的学业表现，学习态度也更好，对学校的评价更积极，而且男生和女生皆是如此。[7]

下面列举一些我身边的具体成果。

在亚拉巴马州，2003年，卡罗尔·克劳福德（Carol Crawford）作为教育部项目负责人在全州范围内组织管理人员、学校校长和培训师团队参加了古里安研究所的培训，旨在帮助亚拉巴马州的学校提高教学水平。培训后，管理者们把古里安研究所的资源和方法带回了各自的学校，一些学校开始进行单性别课堂的试点。

试点过程中，古里安研究所结识了亚拉巴马州拉德中学校长戴伊，拉德中学有六、七、八这三个年级。2004年夏天，杰姬邀请凯茜到她的学校，为老师、管理人员和家长提供培训，主题是男孩与女孩学习方式的差异。杰姬说："我们很快收到老师的报告，男女生受纪律处罚的次数都减少了，学习成绩也提高了。"拉德中学在语文、数学和科学课上进行了单性别班级的试点。

在佐治亚州，刘易斯·弗雷泽中学的校长助理基尔博士读了《男孩女孩学习大不同》一书以后，开展了关于单性别教育方案的研究。此后，她与古里安研究所取得联系，请我们到学校培训老师如何在课堂上针对不同性别采取不同的教学策略。凯茜前去组织，除了面向教职工的培训，还在晚间为家长们开展了一场关于男孩女孩学习方式差异的培训。刘易斯·弗雷泽中学选择单性别课堂来作为改革创新之一，并向我们反馈了他们在组织新课堂的第一年，即 2003—2004 学年中取得的成绩。

表 8-1 列出了 2002—2003 学年，刘易斯 · 弗雷泽中学考试成绩低于佐治亚州全州标准的学生比例。

表 8-1 刘易斯 · 弗雷泽中学考试成绩低于全州标准的学生比例（2002—2003 学年）

性别	阅读（%）	语言艺术（%）	数学（%）
六年级			
男生	23	36	32
女生	7	16	18
八年级			
男生	27	26	47
女生	18	16	46

2002 年，在向学校董事会所做的陈词中，基尔提到六年级学生中低分学生的比例令人担忧，和女生相比，男生的各科成绩越来越落后也令人不安。她还指出，八年级的男生和女生总体成绩都在退步。学校董事会一致认为，针对不同性别的教育方法可能有利于各类科目，同意在六年级试点设立单性别的语文和数学课堂，约一半的学生，即 277 名学生中的 120 名，被划分进了单性别班级，下面称作“性别小分队”。下一学年的考试成绩公布以后，基尔和同事们着眼于对以下两方面进行衡量：一是老师们对男女生的大脑特点有了新认识，六年级学生的考试成绩有没有因此而普遍提高；二是单性别班级，即性别小分队的成绩有没有取得明显的进步。

实际上，该中学全体学生的成绩和单性别班级的成绩都取得了立竿见影的进步。在 2003—2004 学年，仅有 12% 的六年级学生在阅读水平方面、18% 的学生在语言艺术方面、19% 的学生在数学方面未达到全州的标准。与表 8-1 中的数据对比，你会发现这是明显的进步。基尔博士认为，进步的原因很大程度上在于老师们对男女大脑差异和学习方式不同的敏感性增强了。她告诉我，即便在男女同班的课堂上，老师们也使用了针对两种性别的新式教学法，来适应男女生的特殊需求。

在单性别班级中，语言艺术和阅读课的考试成绩取得了更大的进步。表 8-2 列出了 2003—2004 学年，单性别班级考试成绩低于佐治亚州全州标准的学生比例。

表 8-2 刘易斯 · 弗雷泽中学考试成绩低于全州标准的学生比例（2003—2004 学年）

性别	阅读（%）	语言艺术（%）	数学（%）
六年级单性别班级			
男生	7	7	11
女生	2	2	8.5

基于这些措施对男女生同时产生的积极成效，基尔和同事们准备建议学校董事会下一学年在更多年级中设立单性别课堂。

基尔博士对我们说："仅仅是认识到男女生的学习方式有哪些不同，就已经对我们在男女同班的课堂上的教学方法产生了很大影响。同时，促使我们向学校董事会提请开设更多单性别班级的原因是，实践表明，这些班级在考试成绩、教师愉悦度，以及遵守学校纪律等方面都得到了提高，家长和学生也都非常认可，他们大多数人都很喜欢单性别课堂。"

在刘易斯 · 弗雷泽中学的性别小分队中，纪律处罚减少了 50%。此外，性别小分队中没有发生过与性别相关的纪律处罚以及性骚扰事件。

在肯塔基州，2002—2003 学年初，博蒙特中学开始推行一项单性别课堂的计划。博蒙特中学是费耶特县公立学校联盟的一员，该联盟与东肯塔基大学研究员帕特里夏 · 史蒂文斯（Patricia Stevens）和尼尔 · 格雷（Neal Gray）签署了协议，开展一项关于单性别教育创新的独立研究。结果显示，男女生的成绩同时取得了进步，学术阅读量表（SRI）的测评得分也有所提高：女生班提高了 134 分，男生班提高了 169 分。

在加利福尼亚州，1999 年，位于长滩联合学区的杰斐逊领导者学院在校长罗贾斯的指示下，在六至八年级的核心科目课堂上开始了男女分班。她表示："我们见证了杰斐逊学院的男女生在考试成绩和评级上都取得了进步。"邓肯是加利福尼亚州另一所中学的校长。他所在的旧金山 49 人学院位于东帕洛阿尔托，学校非常支持罗贾斯女士的改革热情。决定开展单性别课堂之前，邓肯校长说："在我们学校，很多男生很难做到按时上学、遵守纪律，甚至有可能涉嫌刑事案件。而现在，我们已经连续 7 年没有开除过一个孩子了，这就是单性别课堂的魔力。"

在威斯康星州，2003 年 5 月，北布兰奇主街中学的老师鲍尔泽和苏珊找到校长斯维尔，陈述了一个想法：建议在四年级的部分班级试点单性别教育。苏珊读过《男孩女孩学习大不同》，也留意到了其他学区开展单性别教育的积极成效，于是对这项改革很感兴趣。她向斯维尔校长展示了一组华盛顿市某小学的数据。这所小学位于低收入区域，由男女同班转变为男女分班之后，考试成绩飞速提升。在数学考试中取得前两个评分级别的学生此前仅有 49%，而现在为 88%；在阅读测试中取得前两个评分级别的学生此前为 50%，现在有 91%。斯维尔校长同意了单性别班级的试点。鲍尔泽表示，男生在文学课上参与度的提高让他大为欣喜。

在西雅图市，瑟古德·马歇尔小学位于经济欠发达地区，学生们按照性别进行分班。在学校面临提升学业成绩的挑战时，校长赖特展现了远见和魄力。他也因此荣获华盛顿州 2003 年度杰出校长称号。[8] 班级的规模没有改变，老师没有更换，实际上，除了改组成单性别班级之外，什么都和原来一样。

瑟古德·马歇尔小学的学生们的学习成绩取得了可观的进步：一年后，阅读水平达到华盛顿州全州标准的学生人数比例从 27% 跃升至 51%，数学水平达到全州标准的比例从 13% 提升至 35%。男生的进步最为显著。此前，每天都有源源不断的学生因为违反纪律被叫进校长办公室，这些问题主要发生在男女生之间，包括打架、骚扰、嘲笑、肢体接触。开设单性别班级以后，这些事件基本都消失了。

利恩老师说："我发现男生变得更强大了，而那些胆小害羞的女生也开始表达自己的看法，尤其是在数学课上。她们现在可以畅所欲言，做她们自己。"在这所小学中，男生和女生都在变得更好。

全美各地的试点学校都取得了积极成效，它们的经验可以推广到其他地方。这些成功的案例说明，让男生用自己的方式学习是行之有效的。"男孩的方式"并不是成见，也没有害处。英国德威学院院长格雷厄姆·埃布尔（Graham Able）的研究发现，男校的男生在考试成绩方面长期领先于男女同校的同级男生，说明单性别环境对男孩尤为有利，也证明了我们常说的男女同班中，女生能为男生树立良好的榜样，促进他们更好地学习这一观点是有误的。[9]

2003 年，国际男校联盟大会（International Boy's Schools Coalition Conference）在澳大利亚悉尼举行。会上，布鲁斯·库克（Bruce Cook）博士在报告中讲道："在男校中，我们关注男生的学习方式。在男女同校的学校中，因为有女生在，男生们倾向于表现自己的阳刚之气。他们认为，草率夸张的过度反应可以突出自己正在形成的男子气概。在男校中，他们参与活动时可以不考虑既存的性别偏见。相反，在男女同校时，你会看到男生根本不去尝试参加合唱团或是辩论队，因为他们怕被认为是同性恋或者娘娘腔。"[10]

纽约大学心理学教授戴安娜·鲁布尔（Diane Ruble）等人对单性别教育改革进行了研究。鲁布尔提出，单性别教育的积极成果来自男孩们享有了更多自由，不必被男女同校的环境中盛行的性别刻板印象束缚，可以大胆地做自己。[11] 在古里安研究所试点或辅助设立的单性别环境中，鲁布尔的理论得到了证实：男生们变得更喜欢参与艺术、音乐、戏剧和外语的学习了。

老师和家长的认可至关重要

在上述这些学校中，正在发生一件非常重要的事：一项适应学生需求的改革得以尝试，并正在走向成功。如果你的社区正在考虑尝试单性别教育，要密切关注以下事项：老师的培训和认可、家长对单性别教育的看法，以及男生和女生的社会化。

老师的培训和认可

单性别课堂取得成功的一个关键决定因素在于老师们接受了培训，了解到男女生实际上是如何学习的。学校和老师经过培训以后，掌握了男女大脑在学习方式上的差异，即使依然男女同班，情况也会变好。至关重要的是，接受过培训的老师最适合，也往往最享受给男女分班的学生们上课。如果老师没有理解大脑的性别差异，或者不认可这个理念，课堂效果就不会那么好，尤其是在老师迫于所在学区或者社区的改革热情，不得不开展单性别课堂的时候。

古里安研究所培训过的一所学校近日联系凯茜，说有一位老师在全是男生的语文课上遇到了困难。学校校长说："这个老师不喜欢班里只有男生。她认为，男女生学习方式不同的观念是政治不正确的。她的班上出了很多问题，学生们表现不好。"为了保护学校内部的评审机制，我们没有举出当事人的名字。校长的话很直白，但也揭示了很重要的现实，这在很多学校的很多人身上时有发生。

如果老师不认可，或者没有接受过相关培训，那么单性别教育实施起来可能就不会那么顺利。事实上，整个计划很可能事与愿违。一个老师面对整个教室里的 28 个男生，却并不喜欢或者不知道如何应对他们的能量，这对于整个教育体系和身处其中的学生来说，都是有害无益的。我们发现，在所有高效的单性别课堂中，老师都接受过如何驾驭这种课堂的培训，并且从信仰的角度，他们至少不能是单性别教育的坚定反对者。我们很清楚，如果在社区中，没有老师愿意开展单性别课堂，管理机构或学校董事会也不支持，这项计划肯定无法达成，也根本无须做此尝试。

如果人们认可单性别教育，并愿意投身其中，我们研究所的经验可以随时随地提供支持。迈克尔·扬格（Michael Younger）是我们中的一员，负责在英国指导单性别教学方面的研究工作。他观察到，在教职员工、学生和家长都认可单性别教学理念的地方，改革的效果很好；而在教职员工不那么投入的学校，效果则不尽人意。[12]

从统计数据来看，在此前提到过的杰斐逊领导者学院，男女生的考试成绩和评级都得到了大幅提升。该数据取自处于七年级和八年级，且一年前也在该校就读的学生。教职员工把学生们的进步归功于单性别的教育改革、老师接受的适当培训，以及另外一个成功因素：父母的参与。[13] 与其他许多在学校开展的创意活动一样，父母和家庭需要参与其中。

父母和孩子的评价

关于单性别课堂，父母和孩子们都说了些什么？我们请一些试点学校在报告中不仅关注学生的学业成功，还要关注父母们对单性别课堂的接受程度。

前文提到的刘易斯·弗雷泽中学的校长助理基尔博士告诉我们：“家长们在公众开放日对老师说，他们很喜欢开展单性别课堂的想法，很期待看到孩子们来到学校是为了专注学习，而不是关注彼此。”

卡罗来纳走读学校中学部主管佩姬告诉我们：“现在，我们已经开学 4 周了，六年级的单性别课堂反响很好。我们的初步印象是，学生和家长都很开心。社区里流传着很多积极的评价。老师和家长们都很兴奋，对目前的创新感到很满意。”

最近，一个六年级男生的母亲告诉佩姬，虽然大家没有公开讨论，但她能确定六年级的男生都很享受单性别课堂，她也从其他家长那儿听到了类似的评价。学校开展单性别教育的潜在好处已经无可争议了。

古里安研究所在卡罗来纳走读学校为家长们提供了培训课程。一位父亲表示，在参与课程之前，他对单性别教育抱有疑虑："我担心，我的儿子只不过是换了一种方式吃亏，但是现在，我发现并不是这样。单性别课堂至少让我的儿子能和女生们一样受益。这是明智的安排，我很信服。"

一个男孩从男女混合的班级转入了单性别班级，他的母亲跟我们分享说："这个转变太棒了。上一年，我们遇到的很多问题都和女生有关。儿子跟我说，这一年没有女生和他同班了，他很高兴。他不用再为女生烦恼，只需要做好自己分内的事，不惹麻烦就行了。"

对这位母亲来说，单性别课堂的意义很简单。儿子在学校的表现进步了，成绩提高了，行为举止也没有问题。他在学校得到了更多的收获。而影响这一切的重要因素在于，上学的时候没有女生让他分心了，他可以集中精力学习。

那么女生们有什么看法呢？一位来自北卡罗来纳州的老师与我们分享了一篇作文，是她的一个女学生最近写的："我曾经认为单性别班级会很糟糕，但现在感觉很好。学习变得简单多了，我在课堂上举手发言的时候不再感到害羞，不再害怕有人会因为我答错了而嘲笑我。单性别班级中的人更少，这一点我也很喜欢。"

当然，有一些男生和女生还是希望和异性同班，也有一些家长质疑单性别教育的策略。在一次家长的夜间研讨会后，一位家长找到凯茜说："不管你怎么说，我都不认为这是个好主意。我不会改变想法，也不希望我的孩子进入单性别班级。"能够听取这样的观点非常重要，的确有些时候，这项改革无法得到家长的认可。但值得庆幸的是，这位家长的孩子所在的学校既有男女混合的班级，也有单性别的班级，所以他的孩子可以选择进入男女混合的班级。

男生有没有足够的机会与女生互动

有的学生即使在单性别班级中学习进步了，遇到的麻烦也减少了，但仍然怀念男女混合班级里的社交。拉德中学的一个男生告诉来自《伯明翰先驱邮报》（*Birmingham Post-Herald*）的当地记者："我没有准备好进入单性别班级。"

每次培训课程中，都至少有一名家长都会提到这个担忧：如果男女生分班，他们将失去社交的机会，而这样的机会对孩子未来建立成功的人际关系非常重要。如果你的社区正在考虑开展单性别课堂，这是你需要问自己的问题。

幸运的是，一旦单性别课堂推行起来，这个问题就不再值得担心了。父母们会清楚地意识到，当今世界上，男孩和女孩都拥有大量的机会来与异性进行互动。在设立核心科目单性别课堂的学校中，男女生可以在选修课上，比如艺术、音乐和外语课，还有午餐时段以及课外活动中交往。离校以后，男女生在家、在商场、在社区活动中都可以互动。在这些场合，家长可以判断他们之间的互动进展。

来自青少年的评价

我们在前文介绍过，帕特里夏·圣杰曼开办了独特的"大脑运作"课程。男孩在课程中可以探索大脑的性别差异，并描述他们作为男性个体是否适应高中环境的预期和既定模式。在课程结束后提交的论文中，很多男生对自己的单性别教育经历发表了见解深刻的评论。

一个 17 岁的男生写道："现在，我审视自己对一些情形的反应，能明确地知道自己是一个拥有桥梁型大脑的人（详见第 12 章）。我经常在看电影时或者公共场合里哭。我现在常常感到自己与别人更合拍了，但总是没有机会聊这些。只与男生待在一起对我的帮助真的很大。”

另一个 18 岁的男生分享说：“我敏锐的男性大脑正在给我带来层出不穷的麻烦，令我迷惑不已。这次课程对我来说恰逢其时，让我拥有了男性大脑的使用手册，帮我反思过去发生的事情，知道现在该如何应对。”

对所有年龄和年级的孩子来说，单性别课堂都可以帮他们提高成绩、减少纪律处分，上述这些男孩的评价还反映了在中学阶段设置全男生课堂的一大潜在好处：男孩之间的对话会变得更有深度，因为在单性别群体中学习，能启发他们追问自己作为男性的身份，以及正在形成的男性特质，而在男女混合的群体中，他们不会想到这些问题。

单性别课堂是开展性教育的重要场合

一提到单性别课堂，我们常会想到帕特里夏·圣杰曼开办的创新型课堂，或是正在致力于提高成绩的中小学，却往往忽略了开展单性别教育的另一个重要目的：性教育。和古里安研究所合作过的所有学校，无论是单性别学校还是男女同校，无论是公立学校还是私立学校，都几乎毫无例外地承认，学校的性教育并不完整，老师和家长也都对此表示沮丧。即使有些学校一般早在五年级就在健康教育课中讲述了人体发育的相关内容，也不得不遗憾地承认，这些课程不能有效减少青春期性行为过早发生，以及青少年感染性传播疾病的数量增加等广泛的社会问题。在科罗拉多州斯普林斯市哈里斯学区，尽管青少年怀孕率居高不下，但由于预算缩减，初中阶段的健康教育课从课程表中被删掉了。

如果你的学校或者学区对于是否在语文、数学、科学和其他核心课程中设立单性别班级尚存疑虑，想先尝试一些从逻辑和直觉上更能接受的举措，那么性教育就是一个开始试验的现成机会。如果性教育课程已经取消，就从恢复课程做起。

很多学校已经认识到，一个令人感到舒服的单性别同龄群体会让男女生都从中受益。身在其中，他们可以在性和卫生方面自由提问、讨论，这在混合性别的群体中是无法做到的，至少无法进行严肃的讨论。你的学校可以利用一个星期或者更长时间开展单性别的性教育课，过程中由一名同性观察员来观看男生之间的互动、肢体运动、敲铅笔的动作、与老师说话的方式，以及本书中讨论过的其他一些男性特有的肢体和口头语言。他们在性教育课堂上表现出的行为习惯与语言表达的进步，也许会使你从中找到在核心科目开展单性别课堂的理由。同时，你也可以在社区的年轻人中发起关于性的讨论，这是一场关键的人类对话。

孟菲斯长老会走读学校的校长伯恩斯和高年级主管卡尔顿创立并执行了一项计划，名叫“养育男孩，创造男人”。通过这项计划，他们可以积极地参与到年轻男孩的生活中去，评估单性别团体的运行状态，并致力于帮助五年级和六年级的男生培养男子气概。低年级主管苏珊参与了古里安研究所的培训，她在田纳西独立学校联合会上发表演讲称：“我们组织了单性别的‘家长午餐’，大家在用餐时可以讨论同学交往、酒精、女孩与约会、亲子关系之类的话题。这项计划的另一活动还包括父子共享的静修、旅行和晚餐时光。”[14]

你可以为男孩们提供男性榜样和导师，让父亲和大家庭中的其他男性参与他们的成长，让男老师和男教练参与他们的教育等。通过上述方式，你可以帮助男孩应对性别问题，并在这个过程中关注男孩与男性长辈们的互动。同时，你也可以评估性教育的特点和发展目标，为学校在其他课程中推行单性别教育做好准备。

把单性别创新教育引入学校

在本章中，为了取得成功，我们建议把设立单性别课堂作为你可以在学校采纳的策略之一。如果你作为家长、老师、教育工作者，或是关心教育的人，认为这个想法有可取之处，那么本书可以提供有用的资料。本书的每一章中都包含着你可以用在单性别课堂上的元素。这些元素都在男女同班的环境中获得过成功实践，并不一定需要单性别环境。但是，如果课堂上只有男生的话，它们所带来的好处会非常可观：

- 肢体运动变得更多；
- 有更多男孩使用压力球；
- 在教学中更多地使用表格、图解和照片；
- 在音乐和艺术技能方面，有更多男生达到较高学术水平；
- 阅读更多有益于男孩的书籍；
- 有更多的男性教师和志愿者参与进来。

作为家长，如果你信服单性别课堂的作用，会想要成立一个倡议小组，来与学校校长商议。你可以向校长展示本章中探讨过的成功案例。会见校长之前，你可能需要争取一些核心教师的支持，使他们乐于在学校开展单性别课堂的试验。

如果你是教师或者教育管理人员，因为唯恐触犯《教育法修正案》第九条或引起家长的担心，而拒绝了一项关于开展单性别课堂的提议，我们希望本章的内容可以纾解你的一些忧虑。你可以在网上查到更多的成功资料，包括对更多试点学校和项目的描述。本书的理论不仅可以运用在男女同班的背景下，也可以在单性别班级中进行实践。

一所学校可以在不设立单性别班级的情况下，给男孩带来积极的改变吗？当然可以。其他章节中的成功案例显示，如果老师接受了关于男孩学习方式的培训，并在教学中采用对男孩有益的策略，就可以帮助男孩更好地学习。与此同时，单性别课堂带来了更加显著的效果，成为一个强有力的工具：在这个小天地中，我们既能根据对男孩所知的一切来开展创新，又能保障男孩情绪上的安全感，让他们勇于做自己。这是多么让人振奋啊！

现在，我们将进入本书的最后一个部分，讨论如何帮助学习上有障碍、动力不足、表现不佳、情绪敏感的男孩。在下面的章节中，我们不会再重述单性别课堂可能产生的成效，但我们把本章放在最后一部分之前，就是为了让你把相关的内容放在心上。单性别的课堂、学习小组和学校俱乐部都可以对动力不足、情绪非常敏感、需要特殊教育的男孩有所帮助。在关注这些需要更多帮助的男孩时，请记得把开展单性别教育作为可选的举措之一。

THE MINDS OF BOYS

第四部分

如何帮助“问题男孩”

If Huckleberry Finn or
Tom Sawyer were
alive today,
we'd say
they had ADD
or a conduct disorder.

如果哈克贝利・费恩或汤姆・索亚
生活在今天，
我们大概会说
他们患有注意缺陷多动障碍
或品行障碍了。

THE MINDS OF BOYS 09

拯救那些挣扎在障碍症里的男孩

和其他器官一样，大脑也可能会出问题。

——丹尼尔·亚蒙

男孩服用了全世界 82% 的利他林，服用量较 10 年前增加了 500%。

——《商业周刊》，2003 年 5 月 26 日

2003 年春天，《商业周刊》发表了一篇封面文章，讲述了在美国的教育系统中男孩身上所发生的事。过去 10 年间，古里安研究所为各大媒体提供过关于儿童教育和健康状况的信息，但很少有商业杂志选择男孩的教育与健康作为主题。《商业周刊》的封面文章为各个公司敲响了警钟，男孩们正面临教育危机，尤其是过去 10 年间，男孩们患大脑疾病的诊断率值得警惕。这篇文章呼吁商业体系注意，企业的健康运营取决于社会的健康发展，而全社会的健康都始于孩子们的健康。

值得庆幸的是，企业界已经开始加大对男性大脑疾病问题的关注。2004 年 5

月，美国最大的处方药福利管理公司美可保健公司（Medco Health Solutions）在其年度用药趋势分析中，发布了一项关于儿童用药的研究，其中一些研究结果列入了下面的“你知道吗”专栏中。

你知道吗 THE MINDS OF BOYS

- 每年儿童服用的药品中，例如利他林等治疗行为问题的药物费用已经超过了其他所有种类的药物，包括抗生素和哮喘药。
- 具体来讲，2003 年，儿童的药物费用中，17% 用于治疗行为问题，而抗生素和哮喘药占比为 16%，皮肤病用药占比为 11%，抗过敏用药占比为 6%。
- 2001—2004 年，5 岁以下幼童因为治疗注意缺陷多动障碍而服用的药品量增加了 49%，这些药品的总费用增加了 369%。
- 服用此类药品的所有年龄段的儿童总数每年增加 23%，其中 5 岁以下儿童的用药增量令人震惊。
- 2003 年，大约 5.3% 的美国儿童，即超过 600 万人，服用过某种治疗行为问题的药物，包括利他林、阿德拉、择思达（Strattera）、专注达（Concerta）和百忧解（Prozac）。他们之中 3/5 的孩子服用了治疗注意缺陷或行为障碍的药物，其余的孩子服用了抗抑郁药物，还有人两者同时服用。[1]

这些数据引人深思。还有一个不容乐观的事实是，根据美国卫生数据统计中心（National Center for Health Statistics）的统计，患有注意缺陷的美国儿童预计已经达到了 10%。3 ～ 7 岁的儿童中，患有注意缺陷障碍和注意缺陷多动障碍的人数从 1997 年的 330 万增至 2002 年的 440 万。[2] 同样发人深省的是，针对行为问题的药物治疗常常会给患者的身心带来持续的影响，尤其是对幼儿。

新的科学研究是否可以帮我们弄清楚状况呢？从过去几十年的研究来看，一些专家认为，儿童大脑疾病是由于大脑存在“异常”或者“萎缩”造成的，而药物治疗可以奇迹般地缓解这种情况。但另外一些专家认为，用以治疗大脑疾病和异常的药物可能导致其他种类的异常，或者大脑其他部位的萎缩。

需要记住的重要事实是，患有注意缺陷障碍、注意缺陷多动障碍等疾病的大脑中，胼胝体、右侧额叶以及侧脑室后部等负责高效学习的部位通常发生了萎缩。提到“大脑异常”，通常指的就是这些部位的萎缩。一旦此类疾病确诊，内科医生和精神科医生、家庭和社会，都有责任通过安全有效的方法来帮助孩子的大脑脱离险境。但是，父母和专业人士究竟应该做些什么？什么样的治疗和用药才是适度的？

来自底特律普罗维登斯圣约翰医院的霍华德·舒宾尔（Howard Schubiner）医生支持使用药物，他告诉我说：“服用药物对治疗儿童和成人的注意缺陷障碍都非常有效，拒绝服药是令人痛苦的错误。对患有注意缺陷障碍、注意缺陷多动障碍，或者其他行为障碍和大脑疾病，比如焦虑或者抑郁症的孩子来说，药物治疗是唯一有效的干预手段。”[3] 舒宾尔医生是《关注青春期男生的注意缺陷或多动障碍》（*Attention Deficit/Hyperactivity Disorder in Adolescent Males*）一文的作者之一，文中讲述了药物治疗的各种好处。舒宾尔医生很清楚父母和其他人对药物治疗抱有的恐惧，他们担心服用药物在解决问题的同时，会导致其他问题。但是，他引述了一项 2002 年刊登在《美国医学会杂志》（*Journal of the American Medical Association*）上的研究，指出药物治疗和大脑萎缩之间几乎没有发现值得警惕的联系。另一项历时 10 年、针对 291 名儿童和青少年的研究也发现，服用药物不会导致大脑萎缩。

但是，除这项研究之外，还有其他一些科学研究在质疑药物治疗对发育中的人脑造成的影响。关于药物是否会在治疗中给大脑带来新的问题，神经精神病学家丹尼尔·亚蒙最近告诉我说：“大脑萎缩的问题还没有定论。”包括心理学家威廉·波拉克在内的哈佛大学研究者正试图确定儿童是否会因为长期服药导致大脑失去潜能。内科医生彼得·伯根（Peter Bergen）是利他林直言不讳的批评者，戴维·斯坦（David Stein）是《利他林不是解药》（*Ritalin Is Not the Answer*）一书[4]的作者，他们这些专家和很多父母都担心，如果药物治疗实际上会对某些儿童的大脑产生严重的负面影响，那么当我们回顾这个年轻人持续服药的时代时，整个国家都会为之深深后悔。很多孩子表面上看确实需要服用利他林之类的药物，但加州大学的一项研究结果却让人对此产生了疑虑。研究发现，服用利他林和类似的药物可能会给身体发育带来负面的影响。[5]这项研究由美国国家精神卫生研究所（National Institute of Mental Health）资助，由斯蒂芬·欣肖（Stephen Hinshaw）博士牵头。还有其他研究者指出，5 岁以下的幼童服用这些药物后，身体和神经系统同时受到长期伤害的风险急速上升。

面对现状，父母和老师应该做些什么？总的来说，在大脑疾病的诊断和药物治疗方面，我们的孩子尤其是儿子身上明显出了问题。确诊患有学习障碍的病例中，70% 是男孩；患有注意缺陷障碍和注意缺陷多动障碍的病例中，85% 是男孩；接受特殊教育的学生中，大多数是男孩。这个问题正给越来越多的男孩、家庭和学校带来危机。

在本章中，我们为看待这个问题为提供了新视角。首先，我们将一起审视现有的诊断流程如何判断男性的大脑疾病和学习障碍的病因，以及过度诊断可能产生的后果。其次，我们会论证一个危险的成见，它没有真正得到脑科学的验证，却影响了美国文化对学习障碍的诊疗。再次，我们建议在诊断大脑疾病时，应采用一种更加准确的新方法，避免因为成见而造成误诊。最后，针对确实患有学习和行为障碍的男孩，我们为家长和老师提供了与其相处的策略。

男性的大脑天生脆弱

高中数学老师海伦妮·克鲁佩写道："作为学习者，男孩们天生是脆弱的。当他们没有听懂，或者知道自己没做好事时，我可以从他们的眼睛里看到脆弱。实际上，如果看不到这种脆弱，我反而会开始担心。当他们的眼神变得空洞，对学习表现出‘无所谓’的态度时，我知道他们脆弱的内心世界已经被自己或者别人摧毁了。这时候我就知道，他们已经迷失，没法再学习了。在特殊教育班级和学习障碍小组中，我见过很多这种迷失的男孩。很多男孩并不坚强，他们心智脆弱。”

过去几十年间，很多人了解到，男性在生理健康方面很脆弱。男性更容易患上各种各样的疾病，尤其是把种族因素纳入考虑之后；男性比女性寿命更短，其中白人男性比女性平均寿命短 7 年，黑人男性比女性平均寿命短 12 年。

过去几十年间，我们也听闻，男性在情绪上可能会非常脆弱，这种脆弱表现为自杀、他杀或者其他暴力方式。我们发现，男孩们往往有着坚强的外表，但内心的情感深厚而强烈。16 岁的贾迈勒在密歇根高中的社会科学课上写了一篇关于性别角色的论文，他写道：“男孩们很坚强，但也一样会受伤。我经常会哭，只是不流泪而已。”

现在，对男性的身体与情感，美国文化已经开启了理解之门，准备开始读懂人脑生物学的一项重要原理：男性大脑在学习时具有天然的脆弱性。

从神经学上看，男性并不像、也不应该像文化传说和刻板印象中那么坚强。

神经系统的脆弱性

“瓷娃娃”这个比喻一般用来形容女孩，而不是男孩，但是更加符合性别特点的比喻应该是：“学习中的男性大脑像陶瓷，学习中的女性大脑如钢铁。”

虽然，女孩也会经受特有的痛苦和脆弱，但是也请思考下面的“你知道吗”专栏中总结的关于男性大脑的一些研究结果。

你知道吗
THE MINDS OF BOYS

- 美国国家精神卫生研究所儿童精神病研究主任朱迪丝·拉帕波特（Judith Rappaport）博士称，磁共振成像结果显示，男性大脑比女性大脑更容易遭受某些精神疾病和学习障碍的打击。[6]
- 在美国的学校中，被诊断为大脑疾病的学生大多数都是男生，其中最主要的是注意缺陷障碍和注意缺陷多动障碍，男女生患者之比为7 : 1。
- 被诊断为学习障碍的儿童中，男孩占了2/3；被诊断为行为障碍的儿童中，男孩占了90%。学习和行为障碍的程度越严重，男孩所占的比例越高。
- 神经生物学家杰伊·贝尔斯基（Jay Belsky）研究人的毕生发展。他得出了一个全社会需要共同面对的性别反转的结论："其实男性在生理上比女性更脆弱。"[7]

当拉帕波特、贝尔斯基等科学家宣布这些研究结果时，还有人持怀疑态度。美国文化习惯于一种成见，即男性是坚强的，女性是柔弱的。因此大家对新的研究结果很难相信。值得庆幸的是，磁共振成像和正电子发射计算机断层扫描技术能让我们打消怀疑，特别是在具体讨论学习能力的脆弱性时。正如谚语所说："眼见为实。"

在扫描孩子们的大脑时，科学家不仅发现有更多男孩的注意活动较少，还发现男性大脑在学习时负责冲动控制的区域血流量较少。大脑额叶对整体学习过程和冲动控制来说非常重要，大多数男性的额叶发育较迟，在婴幼儿时期也比女性更容易受到伤害。

大脑皮层的脆弱性

本书中，我们花了大量的篇幅讲解大脑皮层的发育。现在，我们再次回到这个话题，因为正是“思考中的大脑”的脆弱性，促使南希·贝利在20世纪90年代末得出了这样的研究结果。[8] 在加州大学伯克利分校，她研究了教养中的依恋关系分别对男女生学习中的大脑的影响，结果发现：如果母亲与女婴建立安全的依恋关系时出现了问题，女儿到了青春期的智力水平并不会明显低于与母亲拥有安全依恋关系的女生，尽管她们在情绪管理和人际关系方面可能会有问题；相反，不能与母亲建立安全依恋关系的男孩在高中阶段的智力指标明显落后。贝利的研究显示，就大脑皮层负责教育学习的区域而言，女性大脑在某种意义上比男性大脑更坚强。

新的遗传学发现

遗传学家发现，男性神经系统的脆弱不只局限于大脑皮层的认知和智力中枢。新的遗传学研究告诉我们，在细胞层面，男性大脑的神经系统也更加脆弱。在过去几年间，DNA研究发现，男性生长过程中细胞的脆弱性会影响大脑的学习能力。遗传学家布赖恩·赛克斯（Bryan Sykes）在其著作《亚当的诅咒》（*Adam's Curse*）中报告了自己的研究结果：人类的46个染色体中，Y染色体是唯一一个负责创造男性性别和大脑的染色体，而它本身就比女性的X染色体更脆弱。赛克斯指出：“讽刺的是，尽管Y染色体成为男性勇狠的代名词，但它本质上并不稳定。”他还表示，Y染色体受到侵害而发生改变的可能性是X染色体的10～15倍。相比男性，DNA在女性的体细胞和脑细胞中，能受到更好的保护。[9]

遗传学和脑科学关于男性脆弱的研究对美国文化有着重要的影响。作为家长或者老师，我们都有义务帮助西方文明接受这一点，并借此打破“男性坚强”的刻板印象。最重要的是，在学校对男性的大脑疾病和学习障碍的诊治流程上打破成见。

在美国的教育体系中，患有学习障碍、大脑疾病和行为障碍的学生大多数都是男生。但是，学校在就这些问题对男生进行诊治时，却并没有理解男性的大脑。

很多被认定为学习障碍的男生其实只是“学习能力脆弱”，而不是“学习能力缺失”。解决学习障碍的起点其实在这里：我们需要呼吁当前的教育文化从表象走入内在，去关注和理解男性天生的脆弱，对他们学习能力的脆弱更加敏感，适应他们的学习需求，而不是给他们贴上“学习障碍”的标签。男孩们需要的不是治疗，而是理解。

不是每个男人都终将成功

我们在此已经充分说明了男孩在接受教育时的脆弱性。最近，我在一次研讨会上再次提出了这个观点，引发了一次非常重要的讨论。

一位名叫贝茨的初中老师说：“可是男孩们在学习上脆弱不脆弱重要吗？就算脆弱，男人也会成功的。”接着她从比尔·盖茨和沃伦·巴菲特，列举到了乔治·布什和历任美国总统，充分说明了社会的最高层是由男人主导的。而且大多数运动明星也是男性。研讨会上的其他人也和贝茨老师一样怀有疑问，既然命运已经以各种方式暗自偏爱男性，即使他们早期在学习上有脆弱性，但后来总会得到弥补，所以我们不需要为此担心。

针对这个困惑，研讨会上出现了三种主要的回应。

1. 虽然有一些男性走上了金字塔顶，但是大多数男性和其他人一样在奋斗挣扎。实际上，生为男性并不是未来可以成功的保障。正如第 1 章中指出的，新的研究表明，想要成功，男孩们需要接受良好的基础教育，然后遇到好的导师、进入好的大学或者接受继续教育，又或者三者同时实现。
2. 标准化测试和其他严格的学业指标，使得一个男孩如果从早期教育时就开始失败，那么失败很可能会伴随他未来的整个职业生涯。法比亚恩是一位拥有 30 年教龄的老教师，他说：“我们通常认为，男孩们能挺过来，他们可以解决问题，最终总会成功的。但是现在这个想法已经过时了。在新的测试标准下，孩子们都是不成则败，男孩和女孩都一样。参加测试就是一个贴标签的过程，幼年的失败会成为男孩们的标记，长远来看会产生严重的后果，影响他们的自尊心和未来成功的可能。”

3. 不只是男孩，成年男性在生理上和社交中也都是脆弱的。我们在讨论社会中的男女时，常常回避这一点。一位名叫朱迪丝的高中老师指出：“大概5年前，我读了沃伦·法雷尔（Warren Farrell）写的一本书，名叫《男权的神话》（*The Myth of Male Power*），它对我的影响实在很大。直到读了这本书，我才明白男人不是天生就容易成功。男人比女人更可能自杀；男性的失业率已经高得吓人；精神病院里的病人大多数都是男人；无家可归的流浪者也大多都是男人。我们认为男人坚强而成功，却忘记了他们其实非常脆弱。”

为了粉饰太平或是出于政治需要，一些人评论道：“男人终究会成功，在学校里成不成功又有什么关系呢？”这些人假设所有男孩都会成长为成功的男人。但是，如果你是男孩的家长，或是男孩的老师，你会知道，这个假设是多么不完善。

研讨会结束时，我们回到了男性脆弱的主题。大家一致认同，男人比我们想象的更加脆弱。男孩们不一定是错的、坏的、失调的或是有病的，他们也不是“坚强的硬汉”，并不会因为生为男人就一定成功。男性的大脑很脆弱。不明白这一点的话，在与他们交往时，你要么把他们当作政治家、漫画里的英雄人物，要么把他们视为天生有缺陷的生物，却不会真正认识他们自己：他们和别人一样在生活中奋斗挣扎，从生命的最初阶段开始，就需要得到清晰易懂、合理得当的帮助。

正视男女差异，保护脆弱的男孩

“我们需要改变课程，”作为一名有30多年工龄的社会工作者和学校咨询师，舒尔茨告诉我，“如果不做出改变，被视为病态的男性会越来越多。不知不觉间，学校中已经有 1/3 的男生被贴上了大脑疾病、学习障碍或者行为障碍的标签。我们一直把“脆弱”误读为“障碍”，或者对男孩们真正脆弱的地方视而不见。在误解或是错失之中，越来越多的男孩在学校里遭遇失败，又把失败延续到了生活之中。”

舒尔茨的预言，包括他所统计的 1/3 这一比例，听起来很离谱，实际上却并不遥远。现在，17% 的学龄儿童正在参与特殊教育计划。[10] 10% 的孩子被认定为注意缺陷障碍和注意缺陷多动障碍，但其中的大多数孩子没有被纳入特殊教育计划。即使这两类孩子的群体有所重叠，也有接近 1/4 的学龄儿童被认定为患有学习障碍或者大脑疾病，而这其中 70% 都是男生。虽然也有很多男孩因为准确的诊断和恰当的帮助而收获了成功人生，但是大量被“误贴标签”的男孩生活质量急转直下。舒尔茨希望，在未来的教育体系中，男孩们都能得到正确的诊断。

舒尔茨来到科罗拉多州斯普林斯市，参加了古里安研究所在科罗拉多大学主办的暑期课程，和越来越多的教育工作者一道，专门投入精力来研究男孩在学校中的需求。舒尔茨告诉我们：“在政策的制定和执行过程中，首先要认识到一个重要的事实，那就是男生和女生无法在同一时间用同样的方法做同一件事。如果我们正确地处理了男女生之间的差异，我估计过去 10 年间，被诊断为学习障碍并推荐加入特殊教学计划的人数会减少一半。”

一群资深教育工作者正在致力于唤起人们的意识，他们的队伍日渐扩大，舒尔茨就是其中一员。他协同古里安研究所，与同道们一起，努力试图为男孩教育创造一个新视角。

正如我和舒尔茨讨论到的，如果花一点时间，仔细思索你所知道的每一个国家、每一种文化，你就会发现，植根在人类文明深处的是对女性身体远离侵害的保护。虽然战争、大男子主义、强奸和其他形式的暴力削弱了这种保护，但是，每一种文明都有志于保护女性远离暴力，不受到身体上的伤害。沃伦·法雷尔在《男人为什么是这样》（*Why Men Are the Way They Are*）一书中对性别问题进行了跨文化分析。他表示，男性的身体在历史上就被认为是可以放弃的，可以直面伤害。他们被送上战场，或是去承担城市和农村中最危险的工作；同时，女性的身体则被认为至关重要，受到保护。[11]

在美国的学校文化中，对女性身体的保护最直观地体现在体育活动中。女生们几乎不打橄榄球，也不踢足球，甚至不和男生一起赛跑。我们都清楚女生和男生肌肉质量的差异，所以会在男生面前保护女生。采用不同的体能标准来衡量运动水平，本质上也是对女生的保护。我们并不期待一个体重 65 千克、肌肉质量较低的女生，能和一个体重 90 千克、肌肉质量较高的男生以同样的标准来举重。我们也不期待看到一个小个子的女生和一个大块头的男生比赛，即使有时候女生其实很有竞争力。因为，大多数情况下，冒着身体受伤的风险来参加比赛对女生并不公平；而且在很多运动项目中，男生的大块肌肉让他们在比赛中占有优势，这也对女生不公平。所以，在大多数体育比赛中，我们都把女选手单独分组，来保护她们的身体和自尊心，并确保比赛的公平。为了照顾女性的脆弱，我们会给她们提供单独的运动场，也可以说，这是在保护年轻女孩的身心免受伤害。

正如男女身体生来不同，如果你也认同男女大脑之间存在天生的差异，也许就能马上明白我们为什么用体育运动来进行类比。通过这个类比，你可以问问自己：为什么教育体系尊重女性生理的脆弱，却不尊重男性神经的脆弱？在某些学习领域，女生的心智更成熟，而男生欠缺与她们竞争的能力。男生为什么要因此受到惩罚？

正电子发射计算机断层扫描、磁共振成像和单光子发射计算机断层扫描为我们展示了男女大脑的生理差异，如果没有掌握这些技术，我们就无法在大脑和身体之间做出有说服力的类比，更无法问自己这些问题，只会继续说：“对啊，男生和女生身体不一样，可是大脑都一样。”现在，科学技术的发展让谬误站不住脚了。身体上的差异很明显，肉眼可见；大脑中的生理差异也很明显，扫描立现。我们认为，男性在学习上的脆弱已经是既定事实，就如女性在身体上的脆弱一样无可争议。

所以，特里·舒尔茨和海伦妮·克鲁佩在男孩的眼睛里发现的是一种需要整个文化付出更多同情的脆弱。正如本书中指出的，过去的教育模式常常没有保护男性神经系统的脆弱，给神经脆弱的男孩们提供了不公平的竞技场。我们过度强调人造的学习环境，忽视自然的学习过程，制止男性学习过程中自发的肢体运动，重视阅读、写作和用语言表达情绪，而这些对很多男孩来说是很困难的，因为他们大脑的布罗卡区和韦尼克区早期发展不及女孩。在家庭和学校里，从情绪到智力，我们对易受伤害的男性大脑给予的关照太少了。同时，家庭和学校都相信性别的可塑性，试图改变男孩大脑运作的方式。如果男孩适应不了或者无法改变，往往就会被诊断为智力缺陷，被贴上“大脑疾病”的标签。

对待脆弱的男孩，有没有更好的方式呢？当然有！先要从改变对学习障碍和大脑疾病的诊治标准开始。如今，美国拥有经过科学验证的诊断治疗技术和相应的调整手段，可以准确地区分出真正患有大脑疾病的男孩和被误贴标签的男孩。所以，下一代的男孩在面对这个问题时会得到更好的关照。

借助现代科技得出正确诊断

当凯茜的儿子迈克还是卡尔时，老师鉴于他的表现，产生了对他进行特殊需要评估的想法。这位老师怀疑他患有注意缺陷多动障碍，以及一种或多种学习障碍。凯茜带儿子去找心理医生。医生和卡尔聊了一个小时，看了他写的作业，又听凯茜简短讲述了儿子上学的经历。交流结束后，心理医生把孩子诊断为注意缺陷多动障碍以及另一种学习障碍，给他开了利他林，最终卡尔被安排到了特殊教育的班级。

回顾儿子教育历程中的这一次诊治，凯茜心里充满了悲痛。“这已经是 17 年前的事了，我也知道，对像我儿子一样的男孩来说，一切都在变得越来越好。但是，当时误诊的过程还是让我感到震惊。也许卡尔的确患有大脑疾病，但是诊断如此草率，我们如何能够真正确定呢？”在本章的后面部分我们会介绍，凯茜成了一名诊断策略的倡议者，她总结道："很幸运的是，我们现在可以更加清楚地进行诊断了。我们有了新的工具来帮助有特殊需要和注意缺陷的孩子，不管是对男孩还是女孩，新的诊疗方法已经和17年前大不一样了。"

凯茜指的是通过正电子发射计算机断层扫描、磁共振成像和单光子发射计算机断层扫描等神经成像技术，以及神经心理学和其他评估手段，对大脑疾病进行的诊断。这些新的工具给医疗诊断带来了激动人心的新潮流。

探索新的可能

如果你的孩子被诊断为学习障碍、注意缺陷障碍、注意缺陷多动障碍、双向障碍或者行为障碍，大脑扫描技术可以用最前沿的手段来诊断和证明孩子是否有特殊需求。精神科医生会与你的孩子谈话，并进行言语和写作能力的测试，老师和你自己对孩子社交情况的观察也是诊断过程中的重要步骤，但是看到孩子大脑的真实图像可以极大地帮助医生得出确切的诊断。你和医生可以探索一下这个新的可能性。诊断者在对幼小的儿童进行脑扫描时需要非常慎重，所以坦诚地讨论所有可能性极为重要。

请记住，在精神病手册中，确诊注意缺陷障碍和注意缺陷多动障碍的关键指征包括"注意力短暂、行为冲动、难以专心和静坐"。如果你读了本书的前几章就会明白，这些"症状"中的每一项对千千万万的小男孩来说，都是正常现象。如果老师、家长、咨询师或者其他医学专业人员专门"寻找"这些症状并视之为病态，他们可能会对男孩的未来犯下令人痛心的错误。

大脑扫描则并不是在寻找症状，而仅仅是给大脑拍照。图像可以显示些什么呢？

1．你和医生可能会发现孩子的颞叶受伤了。他可能在你不注意的时候受过伤，头盖骨内侧锋利的边缘划伤了颞叶。如果扫描有所显示，你可以更加确定儿子正在遭受哪一种精神障碍：是双向障碍还是学习障碍。

2. 你和医生可能会发现孩子的额叶萎缩或者不活跃。通过发现额叶某些区域的血流量不足，你能更好地判断他是否患有注意缺陷障碍。

3. 你和医生可能会发现孩子前额叶皮层的活动水平低下。尤其当你发现边缘系统的扣带回激活较少时，可能就发现了孩子难以静坐和集中精力的原因：他患有注意缺陷多动障碍。

如今，利用教育学和心理学资源对注意缺陷障碍、注意缺陷多动障碍和其他大脑疾病进行的诊断很多时候都很准确。许多心理学家和学校老师可以在数小时之内，就凭借外部诊断或是自身直觉，判断出一个男孩是否患有某种疾病。脑扫描技术的存在不是为了否定心理学家、精神科医生、学校老师和相关家长的工作成效，而是可以被整合成为诊断模式的一部分，在需要的时候成为你的一大利器。我们将对整合模式提出如下建议。

父母可以做什么

如果你接到学校老师的电话，告诉你“你的儿子可能患有注意缺陷障碍”或者“你的儿子可能患有学习障碍”，那么下面这一系列举措可以帮助到你。

我们建议诊断过程以家庭为基础。尤其是父母和父母主导团队，需要仔细观察孩子在学习中表现出的脆弱行为，审视学校和家庭的教育体系是否对此有所忽视。你和你的团队可以进行一次“学习脆弱性诊断”，在学习时间观察男孩的学习习惯，调查他的家庭基因有没有可能导致他出现学习障碍。这项家庭与学校协同进行的研究可能需要花上三个月的时间，通常需要回答以下这些问题：

- 在学习方面，我们家里哪些地方做得好，哪些地方做得不好？

- 学校哪些地方做得好，哪些地方做得不好？
- 我的儿子有哪些捣乱行为干扰了学习？
- 家里还有其他人有学习障碍吗？
- 他们是如何解决问题的？

在开始医学检测之前，花功夫弄清楚这些问题，会对诊断过程贡献很大，让父母和老师有机会观察到男孩的消极行为或者“症状”仅仅是他成长中经历的一个正常阶段而已。这个阶段也许会自行消失，或者学校和班级可以做出本书建议的一些调整，来帮男孩解决问题。学校管理人员也可以留意，是否看上去有问题的男孩都来自同一个班级，如果是这样的话，可以考虑给这个班换老师，或者像前一章所介绍的那样，给男孩们创造单性别学习环境。

但是，如果男孩的症状不是群体现象，也不是阶段问题，在几个月内都没有消失或者减轻，你就需要带他去见擅长诊断男性大脑疾病的医生了。他可以是学校里负责判断孩子是否需要接受特殊教育的心理老师，也可以是校外的精神科医生、心理医生或者神经心理学家。这位医生会有专业的评估工具。

下面列出了两种神经心理学家使用的工具，可以得出精确的检测结果：

- 霍尔斯特德－雷坦神经心理学测验（The Halstead-Reitan Neuropsychological Test Battery）；
- 卢里亚－内布拉斯加神经心理学测验（The Luria-Nebraska Neuropsychological Batrery）。

如果专业人士仅花了一个小时就判断出你的儿子患有大脑疾病，你可能需要请他再多花些时间，多做些检测，或者推荐另一位专家来提供意见。如果这位专业人士已经花了足够的时间来对你的儿子进行诊断，你就只需要继续对症治疗了。

同时，也可以运用大脑扫描来帮助诊断。如果医生利用外部观察的诊断方法，判断你的儿子患有学习或者行为障碍，你可以要求进行一次脑扫描，或者寻找一家拥有脑扫描设备的机构。你可以直接联系相关诊所，或者联系其中一位医生，也可以咨询你所在区域的精神科医生、心理医生和其他专业人士，看看哪位医生擅长通过脑扫描对儿童进行诊治。你需要记住的重要问题是，很多医生不推荐进行大脑扫描。医学界对大脑扫描是否必要尚未达成 100% 的共识。

如果大脑扫描结果证实了男孩患有注意缺陷障碍、注意缺陷多动障碍、某种学习障碍或者其他大脑疾病，他就可以开始在家和学校里接受适宜的治疗了，而诊断结果是结合最初的对话、观察、神经心理学方法与大脑扫描得出的结论综合形成的。

是否有可能存在专家判断患有大脑疾病，而扫描结果却显示大脑不存在障碍的情况呢？这是有可能的。在这种情况下，父母需要面对的问题可能是孩子不适应所在的教育体系，或者家庭教育出了问题。也就是说，男孩在学习上的脆弱性，以及家庭和学校环境对此的忽略被掩盖了。所以从表面上看，他具有学习障碍或者大脑疾病的“症状”。应对的方法包括全家参与家庭疗法，或者学校对男孩的教育重新评估，也可以双管齐下。在这种情况下，男孩可能并不需要介入性治疗。

有没有可能大脑扫描的结论是错的呢？孩子的大脑确实发生了紊乱，但是由于某种原因，在扫描或者读片的时候并没有发现。是的，这也有可能。一切皆有可能。神奇诊治和灵丹妙药并不存在。正是因此，我们才建议诊断的过程要同时综合一位或多位专业人士进行的数小时的外部诊断，以及必要时进行的一次脑部扫描。

在治疗过程中保护患有大脑疾病的男孩

在本章的前面部分，我们提到男孩患有大脑疾病时，大脑负责学习的关键区域发生了组织的异常或者萎缩。这些区域包括：

- 胼胝体——帮助大脑半球之间进行沟通，以更快地处理不同类型的情绪、认知和感觉信息。
- 前额叶皮层——参与冲动控制。
- 左侧尾状核——参与对奖赏和成功的感知。
- 后顶叶皮层——参与运动。
- 小脑——参与任务的完成。
- 右侧额叶——与注意力的持续时间有关。
- 灰质——与注意力的持续时间有关。

如果你的儿子患有大脑疾病，并在这些区域有所体现，那么进行大脑扫描是一种非常直观的诊断方式。开始药物治疗之前，先让你的儿子进行一次大脑扫描，并在用药后几个月内再扫描一次。一位有经验的诊断医生可以对比两次扫描的结果，看看使用药物和本书后面谈到的其他治疗手段对你儿子的大脑产生了怎样的影响。这样，通过显示孩子用药前后的大脑结构，脑扫描可以帮助你在是否继续服药、如何继续服药的问题上，做出最好的决定。不借助扫描，你就难以发现药物在解决症状的时候，有没有对大脑的其他区域造成消极影响。当然，扫描无法提供任何绝对的保证，但至少可以让你看到一幅儿子大脑的图像。

在这个过程中，需要记住以下几个关键的问题：

- 在美国，注意缺陷障碍、注意缺陷多动障碍和其他大脑疾病往往会被过度诊断。父母和父母主导团队在诊疗过程中保持警醒非常重要。如果你的儿子并没患有大脑疾病，就不需要给他贴上这个标签。
- 但是，也有一些注意缺陷障碍、注意缺陷多动障碍和其他大脑疾病的病例没有被诊断出来。如今的医疗体系还远不完美，所以很多患有大脑疾病的男孩没有得到诊治。因此，父母必须同时对漏诊和误诊保持警惕。
- 清晰和准确的诊断和治疗需要采用全面的方法：训练有素的专业人士

需要在专业领域带领就诊的家庭，而家庭需要提出很多问题，并支持使用先进的诊断方法，比如大脑扫描。

如果你读过一本书、一篇文章，看过一次媒体报道，或是听过一次演讲，内容是说注意缺陷障碍和注意缺陷多动障碍并不存在，那么要记住这个观点非常极端，现有的科学研究对此并不支持。同样的道理，如果你遇到一位医生或者其他医学专业人士，在所有治疗手段中最偏好使用利他林之类的药物治疗，而且做出诊断的过程很快，比如只有一个小时的访谈，也不借助其他工具，那就说明这个专家可能太过忙碌，没有在你儿子身上花足够的时间。请你的医生至少要保证合适的诊疗时间，并完成完整的神经心理学测验流程，比如我们前面列出的那两组，这是非常重要的。我们所有人都要与儿子受到的“快速诊断”做斗争。

合理支付大脑扫描的费用

最近，我与一些家长讨论了大脑扫描的价值和重要性，很多人提到了钱的问题。我们应当如何支付大脑扫描的费用呢？我咨询了亚蒙诊所的创始人丹尼尔·亚蒙，他是利用脑扫描技术进行诊断的专家。我认为他的回答很有道理：

> 在我们诊所，半数左右的大脑扫描检查由保险公司支付。这符合它们的长远利益。即使在保险公司不承担费用的情况下，家长和社区也有意愿使用扫描技术，因为扫描能为他们节约费用，抵消花销。反复拜访专家而无法确诊所产生的费用可以被一次扫描节约下来。
>
> 下面我举一个这种情况的例子。我研究了6种类型的注意缺陷障碍，但是如果不通过扫描，很难确定一个孩子患的是哪一种，他可能需要看很多次医生，更换很多种药物。医生的诊疗费和尝试用药的费用可能高达几千美元。进行一次大脑扫描则可以获得明确的诊断，免除这些花销。孩子可能仍然需要尝试不同的药品，但有了扫描结果，你已经为孩子得到正确的用药方案和治疗手段做了最好的准备。

只有你自己可以确定，家庭的医疗保险和财务状况支不支持孩子通过大脑扫描获得诊断。我和凯茜都有自己的孩子，我们希望所有可能有特殊需要的孩子都能在父母的支持下，花费足够的时间、借助一切可利用的工具来获得诊断，包括大脑扫描。我们也希望，大脑扫描的价格可以逐渐降低，使更多孩子可以得到帮助。同时，我们也非常清楚，有研究显示，大脑扫描虽然有用，但并不能包治百病。

古里安研究所走的是中庸之道。我和凯茜钻研了十几年来的科研成果，也接到了不同学校和家长关于患儿的反馈。我们坚持认为，大量儿童被诊断为患有大脑疾病是有问题的，而相关的科学研究并没有达成一致的结论。每一位父母和每一个家庭都有义务肩负起最终的责任，采用更全面的方法来给孩子进行诊断和治疗。

积极治疗，父母和老师应该怎么做

无论采用什么方法，当男孩被诊断为患有某种学习障碍或者大脑疾病时，相应的治疗应该马上开始。下面列出了 5 种主要的治疗工具，均需要在训练有素的专业人士指导下使用：

1. 药物治疗，如利他林、阿德拉、最新研制的专注达或百忧解；
2. 替代性药物治疗或者膳食改变，如减少糖的摄入、增加 Omega-3 脂肪酸的摄入；
3. 谈话和艺术疗法，以及该领域的当地医生使用过的其他治疗技术；
4. 学校体系下的特殊教育模式和计划；
5. 父母和父母主导团队对如何关爱男孩进行的调整。

如果你的儿子或者学生有特殊需要，而上面列出的 5 种工具中，有任何一种没有被纳入孩子的治疗，我们希望你能指出这个治疗方案是不完整的，哪怕这对你自己和你所处的教育体系都是一种挑战。

如果你的儿子正在服用利他林，但你没有改变家庭生活状况来配合治疗，我们希望你能挑战自我，做出以下即将讨论到的调整。同样，如果你是老师或者其他教育工作者，班上有学生在服用诸如利他林之类的药物，而你没有在学校里做出相应的调整，我们希望你能考虑给他们提供更周全的照顾。

下面的建议有利于所有在学习上很脆弱的孩子，其中一些可以说有利于每一个孩子。但是，这只是一份简单的概要，包括了我们能为患有学习障碍的男孩所做的最基本的事。

父母应该怎么做

承担一对一照顾的责任。从周一到周日，男孩需要得到父母和父母主导团队更多的一对一的关注。孩子的问题越严重，就越需要一对一的关爱。母亲、父亲、祖父母、导师和其他任何与孩子亲近的人都可以给他更多关注。每个人都可以扮演一个略有别于其他人的角色，比如一个人可以辅导孩子的作业，另一个人可能更擅长管理孩子的行为举止。

注重“关爱团队”的理念，而不是依靠某位“超级家长”。如果到现在，只有一位家长负责学习障碍或是大脑疾病患儿的治疗，那么就应该组建一个关爱团队了。从父母到祖父母，每一个人都应该更多地参与进来。在资金允许的情况下，可以长期聘请一位家庭教师，每周对孩子进行两次辅导。关爱团队的所有人都需要接受培训，了解如何与这类脆弱的男孩相处，使团队内部对孩子的学习情况形成一致的预期，对孩子的纪律管理采用一致的方法。

进行一次营养诊断，分析食物过敏、高糖食品、垃圾食品以及其他饮食习惯的影响，减少摄入给大脑施压的食物。垃圾食品、糖和咖啡因，包括汽水中含有的糖和咖啡因，会加重注意缺陷障碍和注意缺陷多动障碍的很多症状。[12] 血糖过低是症状的诱因之一，儿童对麸质、酵母或奶制品等食物的过敏现象也会导致注意力问题。关于大脑疾病和食物的联系，如果儿科医生或者其他专业人士接受过培训，将会很好地帮助你制订居家治疗计划，用健康的食物取代不健康的食物。这位营养专家可以为你提供一份有利于男孩大脑的膳食计划。他可能需要摄入更多常见于鱼类的 Omega-3 脂肪酸，来克服学习困难。开始学习前，他可能需要摄入更多的蛋白质。父母主导团队的每一个成员都需要持续遵守新的营养标准，以免男孩不在家的时候受到“毒害”。把你儿子的特殊需求书面告知老师和学校，可以写在电子邮件、书本和小册子中。老师们很忙，常常没法落实电话中听到的消息。

当你制订好治疗计划之后，一定要以书面的形式与儿子的老师分享。比如，你在家已经禁止儿子喝汽水，但他仍在学校喝，你就可能会发现他在放学回家后的一小时里，行为问题大爆发。所以必须写信告诉老师你的计划，以及哪些情况会打破计划。

减少男孩看电视、用电脑和玩电子游戏的时间。屏幕时间会导致男孩的注意力更加难以集中。短暂的屏幕时间一般来说还好，尤其是用电脑学习。大多数家长希望抓大放小，所以不会完全禁止孩子看电视和玩电子游戏。但是研究显示，过多的屏幕时间明显给患有大脑疾病的男孩带来了不良影响。每天看电视的时间超过一个小时，可能就已经成问题了。

避免与儿子发生争执，更为冷静地经营亲子关系。如果你的儿子患有注意缺陷障碍和注意缺陷多动障碍，他的大脑系统就需要不断地“打鸡血”，也就是说他的大脑需要额外的肾上腺素刺激，来达到常人正常的注意力水平。注意缺陷障碍和注意缺陷多动障碍患儿常常会在家里制造紧张关系和冲突的场景，来维持自己的兴奋状态，他们打架、争吵、对峙、叛逆。当然，父母和照顾孩子的人出于健康考虑给他设立限制时，可能会引起争吵和冲突，但如果冲突频繁发生，就要求助于治疗专家，帮你调整亲子间的沟通方法。频繁的冲突会让家里的每一个人过得更糟，而不是更好。

减少家中由忙碌引发的混乱，方式包括建立秩序、预先对孩子提出高度自律的举止要求、改变孩子房间的物理环境。尽量不在房间墙面和地板上使用亮色与图案。注意缺陷障碍的患儿尤其需要减少而不是增加感官刺激。对秩序感的重视几乎能使所有患有学习障碍的儿童受益。如果秩序过于死板而专制，会导致反叛和冲突；但如果规则公平合理，就能带来更好的行为习惯和学习效果。

树立个人责任感和独立性，同时不过分强调个性。对父母和父母主导团队来说，照顾一名注意缺陷障碍和注意缺陷多动障碍患儿最大的难处之一就是在孩子的独立性和责任感之间构建平衡。这类孩子往往比一般的孩子更加依赖自己的照料者，尽管他常常也会逆反，而父母的直觉和常识是应当提高男孩的独立性，尤其是青春期男孩。如果男孩可以在家里负责清除垃圾、修剪草坪和打扫房间，在独立性提高的同时个人责任感也得到了增强，这或许是一种健康的成长。但是，如果父母说："放手去做你想做的事吧！你是自己的主人！"这可能并不能帮到孩子。对孩子的个性采取自由放任的态度意味着父母的漠不关心，会让孩子感到孤单寂寞，更严重的是，还可能导致男孩的自私自利、不负责任。

确保男孩有足够的运动量。体育锻炼对这些孩子来说很重要，能帮助他们镇静下来，提高夜间的睡眠质量，更好地完成学习任务。如果锻炼身体能和一些对家庭有贡献的任务结合起来，比如修剪草坪，那么这对男孩和全家都将更为有益。

帮助男孩把治疗看作一次挑战，看作人格的发展过程，甚至英雄的成长历程，不要认为自己无能。把他的处境与英雄的特点联系起来，会让男孩明白，是病情导致他出现了一些危险的不当行为，但是他不是一个人在面对。他可以想象自己正处在成为英雄的征程之上。反思自己的"缺陷"，让它助力自己变得更加强大。

脑科学有一个惊人的发现，很多患有注意缺陷障碍、注意缺陷多动障碍或其他学习障碍的男孩大脑颞叶功能有缺陷。[13]颞叶是大脑中与个性发展联系紧密的中枢。对于一个经过多年治疗的学习或者行为障碍患儿来说，个性发展至关重要。爱他的人需要逐渐地、耐心地帮助他认识到，他不会被病情毁掉，反而会因为这次挑战而得到滋养。自我的一个明显功能缺陷，比如学习障碍，可以并且已经成为很多男孩成功的本源。患有阅读困难症的查尔斯·施瓦布（Charles Schwab）就成了美国最成功的商人之一。成功的也可能是你的儿子。

老师应该怎么做

大多数学校已经在执行一系列强有力的措施，来帮助有特殊需要的孩子。我们希望，你至少能从学校的计划中找到下列举措：

- 由经验丰富的老师们担任教练或者导师。指导患有学习困难或者大脑疾病的孩子是很大的挑战，不应该由任何一位老师来独立承担。教练或者指导应该从旁辅助。
- 利用老师团队。对于一项特殊教育计划，成功与否全看老师。教师团队的每周例会，以及家长和老师间的日常交流可以帮助每位老师解决遇到的困难，更好地照顾有特殊需要的孩子。
- 确保学校老师都接受过相关性别问题的培训，尤其是在男女大脑功能方面。你与特殊需要儿童在一起时，会遇到有关的问题。对性别问题的理解可以激发你的创新。比如，几乎每一位接受过培训、了解男性大脑脆弱性的老师，都会允许学生在课堂上进行更多的肢体运动。
- 利用单性别课堂或者学习小组。如果你没有读过第 8 章，请现在就去看一看。单性别策略对减少纪律问题、改善特殊需要儿童的学习状况非常有效。
- 给有特殊需要的男孩提供边走边聊的散步式咨询或其他形式的帮助。这些形式给男孩提供了空间机械式的刺激，以及体育锻炼的机会。如果男孩坐在办公室里接受咨询，他常常会无精打采，导致咨询效果不佳。和他一起散步可以调动他的边缘系统，提高他感知情绪的能力。此外，包含空间机械过程的艺术疗法也会有帮助。

- 用软弹枪和其他可以挤压的物品来让男孩的大脑感受紧张和放松。音乐也可以发挥同样的作用。当男孩需要镇静下来，或者大脑需要重新激活、恢复专注的时候，你都可以利用这些工具。
- 充分利用多种感官来分析男孩的特殊需求。一些患有注意缺陷障碍的男孩在视觉加工方面有困难，需要更多口头传达的信息。另一些孩子在语言加工方面有困难，所以老师对他说的话可能不起作用。通常，相比语言加工，男孩们更擅长视觉加工，他们倾向于使用大脑白质把神经信号导向视觉皮层。依靠视觉皮层，他们常常可以弥补某种类型的学习障碍。
- 改变教室和学校的环境来降低干扰，减少快速移动的图像和嘈杂的声音。患有学习障碍的男孩一般需要慢下来。他们需要墙上少挂些图画、海报和物品。教室或者其他环境中的忙碌情景会使他们体内的肾上腺素激增，毁掉整节课。
- 注重学习实践。上数学课的时候，尽量多使用数字滚筒和其他实体教具，而不是只有讲解和板书。尽可能把体验式教学法运用到每一项学习内容中。
- 给每一个患有学习障碍的男孩安排一位同龄或成年的导师。一对一的关注永远是对大脑功能障碍最有效的治疗。患有大脑疾病的孩子天生带有一种孤独感，这种复杂的情绪会影响到学习的方方面面。作为学习者，他能清醒地感知自己内在的问题和遇到的挑战。同龄或成年导师不仅可以辅导他的功课，还能帮助他抵御复杂的孤独感。

保持乐观的心态

我小时候被诊断为过度活跃并服用利他林时，全家都笼罩在阴云之下。那是

20 世纪 60 年代，对于男性大脑是怎么工作的、药物有什么作用、“迈克尔出了什么问题”、将面对什么样的未来，我们所知甚少。

当凯茜的儿子迈克被诊断为学习障碍并接受特殊教育时，相似的阴霾降临到他的家庭。虽然他的诊疗过程发生得比我晚，是在 20 世纪 80 年代，但爱他的家人仍然感到了悲伤、羞耻和绝望。

如今，摆在我们面前的数据依然严峻：男性大脑功能障碍的患病率增加，药物使用升级，特殊教育的课堂上挤满了男生。然而幸运的是，我们不再绝望。因为现在我们了解了男性大脑的脆弱性，因为检测工具和药物治疗正在不断改进，也因为总的来说我们可以公开地讨论大脑和精神健康的问题，儿子面临大脑疾病时，我们可以多一些乐观。

如果儿子的精神或者认知障碍常常使你们感到缺憾而孤独，那么现在，我们可以采用新的视角和技术来帮助他了。你理应向学校、儿科医生和心理咨询师传递对全面诊治方式的乐观。我们还希望你可以更进一步，在学校和其他教育环境中，尤其是在持续发生对男孩的误诊的学校中，坚持应有的改变。

为了让这份乐观常在，每一位父母和老师都尤为重要。很多时候，医生、心理学家和其他专业人士并不熟知大脑的性别差异。很多时候，父母和老师掌握了充足的知识，明白孩子的大脑里正在发生些什么，正是由于他们智慧而勇敢地坚持己见，才满足了男孩的需求。

希望本章中关于学习障碍的讨论可以点燃公众对话的火花，共同探讨男性在学习上的脆弱。通过正确诊断确实存在障碍的男孩，我们可以更好地帮助那些在学校里遇到困难，但大脑扫描结果正常的男孩。我们把他们称作动力不足、表现不佳或者心思敏感的学习者。现在，让我们转而关注这些男孩面临的挑战，以及对他们行之有效的方法。

THE MINDS OF BOYS 10

帮助那些学习动力不足的男孩

他心神不宁，思绪万千……悉达多的心里种下了不安分的种子。

——赫尔曼·黑塞（Hermann Hesse），《悉达多》（*Siddhartha*）作者

“整个学生时代，我都感到烦躁不安，”24 岁的巴里写道，“我并不真正清楚自己是谁、该做什么。父母说我‘动力不足’，还有些人说我懒。他们都说得对。有时候我尽了最大努力，比如六年级时，但更多时候我在学校里无所事事。我感觉自己在学校里没有发挥出潜能，高中第一年我就退学了。”

来自西雅图的谢里也讲了类似的故事，细节更加丰富：“我和丈夫很担心我们15 岁的儿子杰里米。他很阳光，有魅力，天生具有运动才能。但是他在学校里的表现远远赶不上他的能力水平。他不想学习。去年他的橄榄球打得很出色，但是现在他说自己不喜欢在助威声中度过学校时光，更喜欢玩电脑、看电视、打游戏。他说自己懒，好像那是什么值得标榜的荣誉勋章一样。”

马库斯是阿尔伯克基一所学校的咨询师。他告诉我：“我认识很多动力不足和

表现不佳的男孩，他们好像完全感受不到自身的价值，也不明白上学有什么意义。我认为他们缺乏荣誉感，但是我也知道，问题远不只如此。在我们学校，男生动力不足的问题实在太严重了，针对他们的需求，我们专门开展了一项计划。”

男生的心思从学习转移到其他东西上，或者变得无从寄托，是个缓慢的过程。也许一开始他觉得可以加入某个俱乐部或者参加某项运动。你会想，那好吧，他有这个权利。接着他的学习成绩开始下降。你能看出他是个聪明的孩子，但他“就是没有发挥出自己的潜力”。如果你是他的老师，可能会认为他家里是不是发生了什么事，让他受到了创伤。如果你是他的家长，可能想知道他在学校里是不是遇到了什么问题。他的成绩又进一步下滑了。你说教、劝诱、鼓励。但他看起来很不满意。他退出了一项又一项课外活动。他还可能会花更多时间看电视、玩游戏、上网。

你开始留意到，他每天都变得更加孤僻。“上学没意思，”他开始说，“学校就是个笑话。”他可能还会开始嘲笑那些成绩好的孩子。又或许，他只是好像把什么都闷在心里。他的表现仅仅是勉强过关，让父母和老师失望，也让他自己很失望，即使他不会承认。

当你面对他的时候，他可能会抱怨：“我就是学不好，我很笨。”或者他会说“我在做作业呢，走开！”即使当时他并没有在写作业。又或者他会说：“你没法帮我提高成绩，我命该如此。”他好像感觉生活中少了些东西，但究竟是什么东西，他自己也不清楚。你也一样不清楚。赫尔曼·黑塞的经典小说《悉达多》中，主人公开启了史诗般的探索来寻找生命中缺失的元素，但你身边的男孩不是活在书本之中，而是存在于你生活的世界。现实不是史诗，学习的历程黯淡无光。

造成男孩厌学的四大原因

“动力不足”“长期表现不佳”并不是美国医学会或美国精神病学会所认可的医

学诊断，但全美各地的父母和学校都对此非常熟悉，并为之痛苦。在男生身上，它们不仅表现为成绩较差，还表现为对学校活动的参与度不高。

我们目前无法统计美国教育体系中有多少动力不足、表现不佳的男生，但是一些相关的数据可以帮助我们理解这个问题。正如之前介绍过的，得到评级 D 和 F 的大多数都是男生，不交作业的也大多数都是男生，类似的统计结果还有很多。美国教育数据统计中心（National Center for Education Statistics）在 2004 年发布的数据概述了导致男生动力和表现问题的其他因素。下面这些数据显示，在除体育之外的所有课外活动中，参与其中的女生均比男生更多。

- 学生会：13% 的女生和 8% 的男生参与；
- 音乐 / 表演艺术：31% 的女生和 19% 的男生参与；
- 年鉴 / 报纸编写：13% 的女生和 6% 的男生参与；
- 学术俱乐部：19% 的女生和 12% 的男生参与。

对孩子来说，学校可以成为美好的港湾、学习和活动的场所，带来内在的动力。但是，很多男生发现，从学习到社交，他们都很难获得动力。为什么会这样？我们能做些什么？这些问题就是本章要讨论的重点。

如果你的儿子长期在学校表现不佳，有可能是因为动力不足。生活中导致男孩出现这种情况的原因一般有以下一点或多点。

1. 大脑本身的原因：由于生理和社交因素，男孩大脑在青春期发生了变化。
2. 学校体系的原因：某所学校没能成功、有效地教育男孩。
3. 家庭内部的原因：家庭出现创伤性事件，比如父母离婚。
4. 社会环境的原因：出现其他社会压力，如家庭贫困、营养不良、同辈压力、暴力事件。

下面，我们来详细了解每方面的问题。

大脑本身的原因

一些男孩的动力不足和表现不佳是由学习障碍直接导致的。本书第 9 章讲述了学习障碍的临床诊断过程，并对特殊教育项目提出了建议。如果一个男孩在临床上被诊断为学习障碍，父母和老师通常在他小学低年级时就已经发现他的学习困难了。他的病可能有遗传因素。随着学习任务越来越复杂，孩子的学习障碍会加重，所以可能直到四五年级才被确诊。但是，学习障碍很可能更早就出现迹象，因为它原本就存在于男孩的大脑中。

但是，我们所谓的动力不足一般在童年后期或者青春期才开始显现，有时会被误诊为注意缺陷障碍、注意缺陷多动障碍和其他障碍来进行治疗。这种情况通常不是由某个与大脑相关的单一遗传因素引起的，而是很多因素综合作用的结果。

在人脑中，动力的产生就像是一种连锁反应。反应的一端是前额叶皮层，即大脑中负责做出决策的部分，它受到的刺激可能来自学习任务，来自学校、家庭或自然环境，又或是来自书或其他文本。这些刺激开启了一次神经活动，激活了来自个体内部和外部的情绪、记忆和理解，边缘系统也参与进来。前额叶皮层可能会说："哇，有理有序，我们来开始学习吧！"于是，因为得到了最高级的大脑中枢前额叶皮层的指令，这一决策在大脑的低级通路中激活了。随后激活的是背侧纹状体，它是边缘系统的一部分，会在人感到享受和满足时激活。通过情绪和记忆，边缘系统持续被激活，然后重新反馈到大脑最高级的部分：负责理解和意义的额叶和颞叶。边缘系统可能会说："我还要更多，我还想读书、学习、运动、做游戏，这项刺激我还要更多！"这些情绪中枢就像化学反应器，肾上腺素、皮质醇、多巴胺和内啡肽在其中呼啸而过。然后，前额叶皮层和额叶说："好，这样做你就能得到更多。"通过这个过程，来自前额叶皮层的一点星星之火，点亮了整个大脑。动力产生于复杂而脆弱的大脑过程，在生化反应、神经递质和神经组织的共同作用下，追寻着意义、理解、技艺、成就和成功。[1]

通过理解大脑在动力产生中的作用，我们接近了“动力不足”的真正定义：它是一个人前额叶皮层、情绪中枢以及它们之间神经连接功能的不足。边缘系统中的扣带回是重要的连接区域之一，当你的儿子或者学生失去了“想要，想要，想要”的学习冲动时，它似乎就会关闭男孩的“动力中枢”。男孩的大脑变得无精打采，内心的想法变得质量低下、意义缺乏。动力不足的男孩常常会厌倦学习，但最初他可能还没有开始厌倦生活的其他方面，只是在某些情况下对自己的学习能力感到沮丧。几个月或者几年以后，他的厌学情绪可能会扩散到生活的其他方面。他大脑中的“神经之光”开始熄灭了。

在神经功能方面，把动力不足的男孩与患有抑郁症的男孩对比来看待，是我们探索如何帮助他们的第一步。我们还会发掘动力不足的其他原因，关注它们如何引发了厌学情绪，如何使男孩大脑的前额叶或边缘系统中的光亮熄灭，从而消磨掉了他好好学习、天天向上的动力。

学校体系的原因

凯茜还记得儿子动力不足的那段时光，她从一个母亲的角度，描述了自己的感受：

> 凯文是我的大儿子，他没接受过特殊教育，也没服用过利他林，但是整个学生时代过得无聊而散漫。到了高三他终于退学了，转而学习音乐，这才是他的真爱。他觉得自己在学校一无所获，但是他没有像迈克一样烦躁不安、表现出格。凯文很安静，从来不违反纪律。现在，我得以更好地从专业角度回顾凯文的动力不足。我发现，他的老师都在忙着对付吵吵嚷嚷的“迈克”，哪里还有时间留给安静而渐渐迷失的“凯文”们？

和你认识的很多动力不足的男生一样，在出现轻微的厌学情绪时，凯茜的儿子们表现各不相同。他们在同一教育体系下上学，但对自身、环境和学校的缺陷做出的反应却并不一样。

孩子动力不足、表现不佳，很多父母会问："如果学校的教育体系有问题，会不会引发学生的厌学心理？"答案是会的。凯茜不是唯一发现这一问题的家长。在第一部分，我们留意到，美国很多学校和班级的管理与男孩大脑学习的特点不相匹配。如果学校不能把孩子需要的东西教给他们，孩子当然可能而且确实会变得动力不足。

下面，我们来看看有哪些具体情况与孩子的需求不匹配，导致他们动力不足，而家长们可以通过努力使它们有所改进。

早期教育阶段的发育迟滞。轻微的厌学情绪可能来自早期教育阶段，即幼儿园至小学二年级，原因是男性大脑的发育迟滞。这种迟滞不是障碍，也不是异常，不是坏事错事，仅仅是男性的特点。最常见的迟滞现象发生在大脑的布罗卡区和韦尼克区，这些我们之前介绍过。如果期望年龄很小的男孩能和语言能力发展更快的同龄小女孩一样，很好地写作、阅读或是说话，那将给他带来年复一年的困难，因为他确实在词汇表达和组织上发展滞后。其他给男孩造成困难的方面还有精细运动发展滞后，这会影响握笔和写字，以及边缘系统发育不成熟，从而影响对冲动的控制。

平均来看，这一系列与学习相关的大脑功能在男孩身上发展得都比女孩慢，因此如果我们在男孩的幼年时期迫使他们更快成长的话，他们会感受到很大的压力和很强的挫败感。这样一来，在他们上了四、五年级以后，就会出现动力不足的早期迹象，而父母和老师可能已经忘记或者从未完全理解男孩在三五岁时对自己的失败有过多少体验。

如果男孩的父母凭直觉让孩子晚一年上幼儿园或者小学，这种决定通常是明智的。他们可能下意识地判断出儿子的大脑对进入下一阶段的教育体系还没做好准备，难以承受相应的压力。包括英国在内的一些国家和地区，在小学一年级常规接收 7 岁的男孩和 6 岁的女孩，因为父母和教育工作者们认识到了男女大脑发育的差距，并对此做出了回应。在本章的后面部分，我们还会更加详细地探讨一个解决动力不足和轻微厌学的简单方法，就是使男孩们延迟入学。真希望有合适的措辞，能让这个决定听起来不那么消极。实际上，在很多男孩还无法表述也无法弄懂自己的困境时，这对他们来说是件很好的事。

静息状态。学校体系在教育男孩时遇到的最大难题之一，就是男性大脑整天都存在进入静息状态的内在倾向。我们曾指出，当男孩的大脑进入静息状态时，你会发现他在教室里望向窗外，在书桌前打瞌睡，或者两眼呆滞地盯着天花板，这些都是常有的表现。为了重新振奋神经，让自己从压力中缓过神来，或者对抗无聊和厌倦，他们的大脑暂时“关机”了。

宾夕法尼亚大学神经成像小组的领导者鲁宾·古尔证明，结构和生化的因素决定了女性大脑进入静息状态的深度和频率都不及男性大脑。[2] 在这方面，小男孩天生就处于劣势。女性最重要的激素是雌激素，它为增加大脑活跃度提供了生物化学的基础，女性大脑中的血流量可以比男性大脑多 15%。此外，女性大脑即使进入静息状态，也不会像男性大脑一样关机，而是有一大部分的血液停留在扣带回，这里堪称大脑的刺激和动机中枢。所以，即使女生在课堂上感到无聊，她的大脑仍然更有能力和意愿来保持活跃，支配她继续睁着眼睛做笔记，并处理眼前的信息。

尤其在以语言为导向的课堂上，男性大脑的静息状态会把男孩们置于更大的风险之中，使他们比女生更容易表现不佳、动力不足。我们很清楚，在学校体系中，男生更少做笔记、写作业，无聊的表现更多，他们自我激励的方式，比如敲击铅笔、惹恼邻桌、打断课堂，常常带来消极的后果。其实，静息状态才是这些消极行为的始作俑者，敲击铅笔和互相惹恼只是他们“保持清醒”的方式之一。

然而，这些行为会带来恶劣的影响。男孩要么昏昏欲睡，错过了课堂上的内容，要么就用学校和老师难以应付的方式来自我刺激：惹麻烦，成为“问题”，总的来说就是不好好学习、不好好表现。当他意识到自己不能胜任学习时，往往就会选择退缩。

男性大脑的静息状态只是影响学习的复杂因素之一。但是，和幼年的额叶发育迟缓一样，这个问题具有累积效应。比如，如果男孩在幼年时期额叶发育迟缓，或者面临其他学习方面的问题，就会对整个教育体系感到不适应；接着他用自我刺激的方式对抗静息状态，惹出了麻烦；再后来，学校里的负面经历累积起来，他会感到压力很大，产生轻微的抑郁情绪。在老师和父母眼里，他的表现常常显得“自尊心低下”。

自我价值和自尊心。在本章开始引述的电子邮件和信件中，在我们收到的大部分探讨动力不足的通信和互动中，父母、老师、男孩都提到了表现不佳的男生自尊心低下的问题。父母和老师通常把低自尊当作动力不足的原因之一。我们相信，他们的直觉是准确的。下面来仔细看看前因后果。

当父母和老师察觉到男生存在低自尊问题时，他通常正在读小学高年级或者初中，还没有进入青春期。他很可能在早期学习的过程中遇到过困难，但也并不一定。也许在小学低年级时，男孩的高能量常常让他惹出麻烦；或者他遇到过某种创伤，影响了学习；又或者学习任务的难度越来越大了，而他的身体和大脑即将经历青春期时认知、躯体和激素分泌方面的变化。总之，他开始表现出低自尊、动力不足和表现不佳的迹象。

轻微的抑郁和动力不足源于低自尊吗？的确，无论对男孩还是女孩来说都是这样。但是基于对青春期大脑的化学研究，我们得出的结论是：男孩具有一种男性特有的低自尊形式。青春期男孩在高中阶段的自我感觉，是他进入成年社会后作为一个男人自我价值感的基础。下面讲讲具体过程。

男孩在青春期时，体内的睾酮水平很高，个人面临着转变、挑战、煎熬，急于证明自己在世界上的价值。如果一个男生进入青春期，却在社交和学业上不及学校里的很多同学，也就说明他在过去的数年间没有建立好自尊心，在所处小学的系统中，大家争相建立自己的价值时，他失败了，或者接近于失败。于是，他从生理上就已经注定要出问题了。

主要问题在于，青春期是睾酮分泌的高峰，而睾酮是决定男性攻击性的重要激素，生理构造决定了青春期的男生大多倾向于通过进取和竞争取得成功，进而来寻找自身的价值。这是他们“找到自我”的一个主要方式，虽然不是唯一的方式。如果男孩在青春期一直得不到认可和赞赏，他们很可能会感到自己在校内外的活动中地位低下、郁郁不得志、毫无价值。

男孩也许会说：“我去上学完全就是浪费时间。”“谁会在乎作业啊，没用的。”“一切都是表面文章。”“学校什么都不懂。”

我和凯茜相信，现今的教育系统，尤其是初高中，在处理男性的激素、青春期和大脑化学反应引起的问题时，并没有对此有充分的理解。甚至在早期教育阶段学习还不错的男孩也会显露出这些问题。也就是说，即使在小学阶段，他并不符合心智发展迟滞、学习压力增大、读写能力低下、轻度抑郁厌学的消极预设，也同样可能会面对这些问题。

如果你观察一下自己的家庭、邻里或六至九年级的课堂，会发现一些男孩此前并没有遇到过什么麻烦，但现在看起来却正在走向失败，变得抑郁、行为出格、攻击性强，感到学习吃力，甚至辍学。迫于同伴的压力，他们一致认为“学校糟透了”。他们很可能也正在经历着生理和社交上的双重压力和烦恼。

当今教育体系与男孩学习方式之间的不匹配引发了他们动力不足、表现不佳的问题。这些问题或者在童年时期就已发生，或者直到接近青春期才出现，但都无法快速解决。有时候，青春期的男孩转入一个新的班级会带来转机，他也许能遇到一位新的老师，理解他身上新增的能量、累积的忧郁和出格的表现。有时候，男孩可能需要转学。在本章的后面部分我们会讲到，学校常常需要为动力不足的青春期男孩专门开展一项新的计划，它能比现有的体系更好地适应男孩内在天性中的挑战。

家庭内部的原因

男孩会把精神状态带入学校：那些他们受到的伤害、怀有的希望、快乐与恐慌。很多男孩的轻度抑郁和动力不足并不能完全归咎于教育系统与学习方式不匹配。家庭生活中的一些事件可能才是问题的原因，这些事件导致男性学习中的大脑在发展过程中受到了伤害或者忽视。受到创伤后，大脑会从情绪上和生物化学上对家里的问题做出反应，导致应激激素的水平上升，使得男孩的学业陷入困难、出现问题。增加男孩压力的因素有哪些呢?

父母离婚的创伤。如果父母离异，几乎所有的男孩都会陷入抑郁的情绪状态。和所有的抑郁状态一样，它会影响孩子在社交、学术和体育活动中的表现。

男孩的大脑、情绪系统和学习能力在抑郁期间会进入“自动驾驶”模式，不足以应对现在高压力的学习环境。如果家长、父母主导团队的成员或者专业教师留意到了孩子在父母分居或者离婚后动力不足，需要引起重视，尽快进行干预治疗。

身体、性或者精神虐待。青春期之前或青春期时开始表现不佳的男孩，常常是身体、性或者精神虐待的受害者。虐待使大脑内的皮质醇水平长期保持高位，通常在虐待已经实际结束后还会持续。[3] 例如，如果一个男孩在 10 岁时受到性虐待，他在少年和成年时期仍然可能出现创伤后的应激症状，比如做噩梦。拳打脚踢、性虐行为或情绪打击结束后，应激激素的水平并不会彻底降低。

所有经历过虐待的孩子都会受到抑郁的影响，记住这一点很重要。但是，并不是所有男孩的抑郁状态都会表现为动力不足。对于一些男孩，特别是学习能力很强的男孩来说，虐待反而促使他们更加注重学习，不惜一切代价成为好学生是他们内心的驱动力。在学校取得的成功可以帮助他们逃避在家庭、社区中受到的虐待。但是，对于很多男孩，尤其是那些在学校里已经感受到一定程度的动力不足或者格格不入的男孩来说，虐待会引发抑郁。很多受到虐待的男孩会借助毒品、酒精和其他高危行为来麻痹自己，使得学业的成功更加遥不可及。

依恋缺失。依恋的缺失会导致男生在学校中动力不足，尤其是在青春期初期。[4]一些男生把失败当作吸引注意力的手段，这是他们抑郁情绪的来源。如果进入青春期后，男孩身边没有积极的父母主导团队，没有祖父母或其他导师，而父母也很少在家，他可能会因为不安全的依恋关系而痛苦。

依恋的缺失会导致孩子缺乏良好的监护，如果孩子独自在家无人看管，他可能会出现危险、过早发生性行为、对电视电脑等媒体上瘾，在学校也表现出动力不足。男孩在青春期对实验、学习、成长和冒险有着天然的动力，要靠照料者为他们设置界限。如果与成年人之间缺乏良好的依恋关系，他们就容易走上歪路。

某些情况下，男孩会把实验玩得过火，从而博取照顾自己的成年人的关注。另外一些情况下，他会把危险动作隐藏起来，从心理上与父母隔绝，感到父母背叛了自己，或者根本不爱自己。一些男孩会选择在父母取得成功的领域表现不佳，比如社交或者学术方面，以此作为对父母的惩罚，或者令他们愤怒失望到一定程度，转而关注自己。消极否定的关注总好过完全得不到关注。

如果你社区中的某个男孩正在以身犯险，把动力不足和出格的行为作为抵抗孤独、依恋缺失或父母忽视的手段，那么治愈他的首要疗法在于重新审视父母对青春期孩子的责任。刚进入青春期的孩子在上学前、放学后、晚间和周末都需要父母的陪伴，尤其是男生，因为男生一般比女生成熟得更晚。如果父母无法做到这一点，就需要父母主导团队中有爱心的成员在孩子的生活和学习上提供指导。

社会环境的原因

教育学作家、咨询师保罗・斯洛克姆（Paul Slocumb）为男孩发表了一部宣言《听听我们的呼喊：危机中的男孩们》（*Hear Our Cry: Boys in Crisis*）。[5] 斯洛克姆把美国监狱中接近两百万的男性与贫困、种族、学校教育问题联系了起来。

斯洛克姆发现，大部分表现不佳、动力不足的男性成长于贫困的社会环境中，这一点并不令人意外。在工业化的社会和体制下，贫困带来的压力和社会问题不容低估，这是男性学生大范围动力不足的原因之一。斯洛克姆作品中的一些理论和论据来自鲁比・佩恩（Ruby Payne）的《理解贫穷的架构》（*A Framework for Understanding Poverty*）。[6]

贫困会对学习产生很多影响，直接关系到大脑基本的自然发育，这一点很明显。所有这些影响又都与动力不足直接相关，具体在下面的“你知道吗”专栏中有所展示。

你知道吗 THE MINDS OF BOYS

- 在贫困中成长的孩子掌握的单词量少于其他孩子。《理解贫穷的架构》的作者鲁比・佩恩根据 20 世纪 90 年代的研究[7] 指出，依靠救济金生活的孩子平均每小时听到 616 个单词，工薪阶层的子女每小时听到 1 251 个单词，专业人士的子女每小时听到 2 153 个单词。大量使用词汇在当今的教育体系中至关重要，也能刺激大脑布罗卡区和韦尼克区的发展。贫困儿童无法接收到和其他孩子同等的语言刺激。在语言使用上，这个群体中的男孩原本就不如女孩，进入学校时带有天生的劣势，贫困的成长环境更使他们的处境雪上加霜。
- 相比工薪阶层和专业人士家庭，营养不良和食物不足的情况在贫困家庭中更为常见。正如第 5 章中所述，身体摄入的食物和大脑的工作状态之间有直接的联系。

- 危险的社会环境，尤其是频繁的暴力威胁，使得生存需要的排序发生了变化。不同于暴力较为罕见的地区，在危险地区，男孩在学校表现得动力不足反而对他在社会上的生存是实用的。他需要利用体力或者拉帮结派来保护自己和家人，而中等教育帮不了他。对很多这样的男孩来说，花时间在学校好好表现并不值得。实际上，这反而可能让他们和家人受到更多来自贫困和死亡的威胁。

贫困是一个系统性的问题。为了不让任何一个孩子掉队，美国的教育体系每天都在试图应对这个问题。一个家境贫寒的男孩通常缺乏通过语言文字来学习的动力，而进入学校以后，主要的教学内容都是通过语言来传递的，而课堂内容又往往与他的生活无关。大多数老师没有接受过关于男孩大脑运作方式的培训，对他的生活方式也并不熟悉。

一位老师来自市中心贫民区的学校，她写给我们的邮件令人心酸：

> 我是一名白人女性，当初我进入这所市中心的学校教书时，没有接受过相关的培训，不知道如何管理这些来自贫民区的孩子，尤其是非裔男孩。他们中的很多人根本不正眼看我，或者极力避免眼神交流，我认为他们在“鄙视我”。
>
> 校长把我叫到办公室说：“谁告诉你的？对这些孩子来说，盯着别人的眼睛看才是不敬。如果他们与一个地位更高的人对视，可能会给自己带来危险。你别介意，这不是针对你个人，也不是一个纪律问题。”
>
> 这件小事给我带来了很大的帮助。它让我意识到，我行事的方式与他们如此大相径庭，我该如何教育他们呢？

这位老师正在跨越的是种族、性别乃至社会经济上的鸿沟，这对她来说非常困难。尽管她在邮件中表示，很高兴自己来到了这里，遇到了一位老师所能遇到的最好的学生。

当动力不足和表现不佳成为贫困的症候，就需要考虑男孩居住的社会环境和地区文化了。我们在教学中做出越多的调整，来帮助男性大脑的发展、支持陷在家庭创伤之中的男孩，他们就能越少感受到抑郁的痛苦。但是，如果无力应对人民贫困、社会不公和严重的种族分裂，便无法解决孩子们学习动力不足的问题。

现在，每4个非裔美国男性中，就有一个身在监狱或者受到法庭的监控。[8]这个数据足以让每一个致力于帮助男孩的人驻足深思。在提高个人学习动力和社交表现方面，每一个民族、种族和社会经济团体的男性都需要得到各自所需的、区别于其他团体的帮助。

在保罗·斯洛克姆和其他同事的协助下，鲁比·佩恩领导了“贫困计划”（The Poverty Project），成立了专门的网站，为帮助贫民区的学校开了一个好头。关于如何处理由贫穷引发的学习问题，你可以在该网站上找到给社区和学校提供培训的方法。针对不同性别、不同种族之间的教育差异来培训教师，也是解决这些深层次社会问题的良好开端。

当天才男孩学习动力不足时

来自阿肯色州的金是两个孩子的母亲，她写信跟我们聊了聊自己18岁的儿子：

> 桑迪上小学时是个优秀的学生。我和他父亲从未注意到，他其实毫不费力就取得了成功。当他上中学以后，我们发现他的成绩下滑了。老师跟我们联系，说他没有完成学习任务。我们帮桑迪把学习任务按重要性列了表，又带他去检查是否患有学习障碍。测验显示他的智商很高，没有学习障碍。我们感到非常困惑。他是一个非常聪明的孩子，可到了十年级，他在学校的成绩和智力测验得分之间的差距变得很大。在智力测验中，他的多项得分都很高；但是在学校里，他的各个科目都只得了B和C，还有一门是D。教育这个聪明的孩子是一场持久战。

> 去年他高中毕业了，平均成绩是C。我们觉得他能顺利毕业已经是一大幸事。现在他上了大学，但我还是没弄明白这个天资聪慧的小男孩身上到底发生了些什么。

有这样经历的父母不止金一位，他们因此感到心碎。康涅狄格大学内亚格教育学院的一项研究发现，尽管很多天资聪慧的女生也会动力不足，但是实际上，未能实现自我的男性是女性的8倍。[9] 内亚格学院的研究中，把“未能实现自我”定义为“在课堂上取得的成绩不及美国的标准化考试成绩，比如认知能力测试（GoGAT）、学术能力评估测试、大学入学考试（ACT）、基本能力测试（ITBS）”。孩子们在考试中取得的成绩超过95%～98%的学生，才有资格参与研究，属于“天资聪慧”的范围。他们还需要证明自己身上没有注意缺陷多动障碍或学习障碍等问题。

帕特里夏·圣杰曼是古里安研究所培训部门的一位注册培训师，同时也是一位老师。她发起了一个项目，来专门帮助那些天资聪慧而无法实现自我的少年。该项目基于内亚格学院的研究来认定哪些孩子属于这一类型，然后运用古里安研究所关于大脑性别差异的资料来帮助他们。下面是她对此的描述：

> 我在高中和大学教了25年的科学课。过去5年间，我在自己工作的高中开展了一项“天才计划”和一门叫作“大脑运作”的课程，来帮助被认定为能力较强的学生提高学习水平。在这个项目中，高中生们进行了大量元思维的训练。我的任务是帮助能力强而未实现自我的学生，他们的高中生活并不成功。一无所成和动力不足常常会导致这些问题：
>
> - 学习上的低自尊；
> - 对老师持消极态度；
> - 自我激励和自我约束能力低下；
> - 对学校持消极态度；
> - 对所学科目持消极态度；

- 设立目标和自我评价能力低下。

> 如果你的学生天资聪慧却动力不足，记住这一点很有用：对上学缺乏兴趣、态度消极会导致他难以获得成就感。对这些有天赋的孩子来说，这是一个恶性循环。令人意想不到的是，有天赋却无成就的孩子对学校的厌恶更甚于那些并不聪明的同学。他们自我感觉良好，表现得高高在上，好像自己并不需要学习任何东西。
>
> 但是，男孩的厌恶是源于对自己无法取得好成绩所感到的沮丧。同时他们也非常敏感，如果不能清楚地认识到课程的内容和自己相关，或者没有机会把学到的东西运用到现实世界中，就会感觉自己要学的东西毫无用处。消极的态度会使他们的动力减退。
>
> 在讨论天资聪慧的中学男生动力不足的原因时，我们需要谈到所有容易被忽略的因素。能力强却成绩不好的学生，尤其是男生，在初中阶段几乎与能力平常的同学所掌握的基本学习能力并无差异，比如写日志、列提纲、做笔记、在笔记本上梳理材料。这些天资聪慧的学生不需要依靠传统的学习技能就能获得高水平的学习表现。老师们知道，这些学生可以“在脑子里”学习，所以他们不需要通过锻炼学习技能来达到条理性的思考，不需要采用稳健可靠的学习方法。我在和他们交流时发现，在低年级阶段，他们什么都不做就可以取得优异的成绩。但是进入高中以后，他们碰壁了。这时候，要承认自己连最基本的做笔记和安排个人日常学习都不会，对他们来说是一次打击。所以，他们不承认自己的欠缺，而是开始逃避学习。

帕特里夏开发了一些非常实用的干预措施，帮助这些孩子重回正轨。她的措施行之有效，不仅在自己的研究中，还在康涅狄格大学一项更大范围的研究中得到了证明，对此我们会在第 11 章中详细讨论。就如何与天资聪慧却动力不足的学生合作，帕特里夏为我们提供了很好的出发点：

> 我们需要在智力方面尊重有天赋的学生，帮助他们发展元认知能力；建

议他们“以自己的思考方式思考”，询问并给他们时间来表达自己的所思所想，帮他们学会自助，通过让他们认识自己的所作所为，来改变其行为模式。这些孩子通常都是“思想家”。他们愿意思考，并思考自己的思考。论智力，他们完全能弄明白哪些细微因素决定了自己成功与否，知道自己与成功的差距在于自身的不成熟和其他我们提到过的问题。他们只是需要来自老师、咨询师和父母的帮助，来想通这一点。男生们特别清楚自己脱离了所在的教育体系，与之不匹配，但是他们很难用语言表述哪里出了问题。通过关注他们元认知的全过程，可以帮助他们重新把精力放在学习上。

在下一章，我们将专门致力于解决男生动力不足的问题。关于如何调动他们的学习热情，帕特里夏将提出更具体的建议。

努力“点亮”男孩的大脑

当我在学校中陷入困境、奋力挣扎时，我烦躁、好动、桀骜不驯、“行为有问题”，还厌学。但是，我的阅读速度不慢。书籍对我来说是避难所，让我得以逃避学校中的问题。在某种意义上，我大脑皮层的布罗卡区和韦尼克区可以说是过度活跃！高中一年级时，我竭尽所能地读了很多赫尔曼·黑塞的著作，比如《悉达多》，这些书讲了少年们出发寻找自我的故事，学校令他们不满，所处的文化对男子气概的表达方式令他们不满，物质至上的文化也令他们不满。我感到自己就和这些男孩一样：既理想主义，又困惑不解，为了成长愿意放弃一切。我在读这些书的时候，就像打了鸡血一样，充满了学习和坚持的动力。

然而，当我放下书本，理想主义消失了，现实生活回来了。一切又变得灰暗而沉闷。学校的生活枯燥无味，是难熬的苦差事。我学习的动力减退了，没完成的作业堆积起来。我把自己封闭在房间里或者电视前。

那时候，我还不知道额叶、扣带回和前额叶皮层，也不知道正电子发射计算机断层扫描和磁共振成像。我不知道，当一个人在做事情时感受到愉悦和满足，脑扫描就会显示他的边缘系统中的背侧纹状体被点亮。但是，我不断地尝试让自己的大脑“发亮”，想从学习中得到点亮大脑的火花。我不想让自己的背侧纹状体暗下来，不希望不开心不快乐。像悉达多一样，我知道“生活中少了些东西”。不知为什么，我能察觉到自己有轻微的厌学情绪，在追求学业成功的过程中，我需要帮助。

我相信，每一个动力不足的学生都有类似的痛苦。每个人都会感到抑郁，但仍希望在学校里和生活中取得成功，如果眼前有可以激发他们想象的参考样本或是解决方法，他们一定不会错过。正如我在读书时追寻的慰藉，动力不足的男孩们也一样在不停地寻找解决或是逃避问题的办法，这其实为父母、老师和关心他们的人指明了，我们能帮他们做些什么。

下一章中，我们会提供具体的方法，帮助男孩在学习的征程中重新点亮背侧纹状体。任何类型的抑郁，包括厌学在内，很大程度上都归因于生活中缺乏愉悦感和满足感。和第 9 章中提到的临床抑郁症不同，厌学情绪可能无法通过药物治疗。它通常不需要用药，而且服用药物的最终效果弊大于利。其他类型的干预措施往往更完善、更人性化，也更令人满意。

THE MINDS OF BOYS

11 如何有效激励男孩学习

对我来说，那时的一切都很糟糕。我没有一点儿学习的动力。我讨厌学校，意志消沉，想要放弃。但后来，有些东西发生了改变。我家搬到了一座新的城市，我转学了。我开始打橄榄球，从中受益良多。我有一个好教练，还交了一些新朋友，我重新找回了动力。大约花了一两年时间，我最终回到了正轨。我重新喜欢上了自己。

——迈克，凯茜的儿子，28 岁

在本书的引言中，我们为你介绍过凯茜的儿子卡尔，后来他自己把名字改为迈克。他正在接受培训，准备成为教师。在初中阶段，他曾失去了成功的动力，滋生出轻微的厌学情绪，被诊断为注意缺陷障碍和注意缺陷多动障碍。他感觉自己被学校“厌恶”，于是反过来“厌恶”学校。在学校，他格格不入；在家里，他又被父母的婚姻解体所困扰。

现在的迈克说：“回顾那段时光，真的是非常艰难。如果不是由于一些大大小小的事情恰好发生，我也不知道今天的自己会在哪儿。”

迈克的故事和其他很多动力不足的男孩相似。要使他们回到健康的学习轨道上，这些“大大小小的事情”是不可或缺的。那么这都是些什么事情？真正帮助男孩的是什么？

在本章中，我们将致力于在家庭和学校中找出答案。每个男孩动力不足、厌倦学习的故事都不一样，但对大多数男孩来说，改变他们的那些“大大小小的事情”却很相似，都包含了对家庭和学校的重塑。

让男孩爱上学习，父母可以做什么

帮助动力不足的男孩重回正轨、更积极地参与学校活动、在生活中取得更大的成功，是父母和父母主导团队的主要任务。即使父母像凯茜一样明确地知道，主要的问题源于学校教育与男孩自身情况的不匹配，能够率先对孩子施以援手的一方仍然是家庭。下面是父母和父母主导团队需要关注的一些方面。

找到适合孩子的导师

不管你来自哪个族裔，祖先们都会通过师父－学徒的关系来教导群体中的男孩。无论男孩的父亲是否已在战场上牺牲，母亲是否在分娩时去世，部落或村庄是否持续遭受攻击，无论男孩承受着什么样的压力，为了家族的生存和文明的传承，他们都需要学好技能，而建立一对一的师徒关系，能让他们学得最好。

在一位师父对一位学徒的稳定关注下，徒弟不太容易动力不足，即使有，也会很快得以纠正。如果家族和师父发现，男孩与这位师父不合适，比如大家都希望男孩成为一名铁匠，但他确实没有这个能力，那么他可以另行拜师学艺。

现在，当我们请家庭成员、父母主导团队成员或是来自职业学校和辅导机构的老师来担任孩子的导师时，也可以这样做。过去几十年来，有关抗压力教育的研究证实，针对缺乏学习动力的学生，效果最好的疗法就是让导师与其进行持续的一对一接触，提供特别的帮助。[1]今天，担任“师父”的可以是家庭教师、辅导学校老师、特别学习教练、学习顾问，以及辅导孩子学习的家庭成员。

过去，建立师徒联系不仅仅靠父母来安排，还须听命于部族中德高望重的男女长者。现在，“寻师”的重任往往落在了工作忙碌的父母身上。在这个挑战之下，你可以在做决定之前多考虑几位师父。特别是如果你的儿子已经六年级或者更大，如果可以的话，你可以考虑在女性导师之外再增加一位健壮的男性导师。他们可以是个人或团队运动项目的教练，不过运动教练通常还不足以激励动力不足的男孩，他还需要其他类型的老师：音乐、数学、科学、阅读和写作的辅导老师，有时候还包括精神导师，比如犹太教成人礼导师。除此之外，你可能还需要一名或多名家庭成员来充当儿子的家庭教师和作业辅导员。

谁能引领你的儿子重新找回学习热情和严谨的态度，这由你来决定。你可能会决定暂时去做非全职的工作，多花时间陪伴孩子。因此，在和儿子的互动中，你自己的角色会转变为类似师徒关系中的师父。我们知道一个例子，父亲请了长假，以便全天陪伴在学校中出现问题的儿子，辅导和支持他的学业。不过，你也可能无法选择非全职工作。这种情况下，发挥大家庭的作用至关重要。

借助大家庭的力量

如今在教育方面，几代同堂大家庭的资源尚未得到充分的利用。如果你在努力照顾一个学习动力不足的孩子，他的祖父祖母、叔叔阿姨、哥哥姐姐以及朋友的父母都需要参与到对他的“干预”中来。你需要给亲戚们打电话询问：“妈，你能为乔丹辅导科学吗？”“爸，你能为乔丹辅导数学吗？”

71 岁的卡琳有一个 6 岁的孙子乔纳森。卡琳对我们说：“乔纳森来到我家，就是我们关注的中心。不管他待多久，我们中至少有一个人会一心一意地陪伴他。在陪乔纳森阅读、完成项目和跑腿儿时，爷爷都非常细致。他喜欢把学习的体验融入每一件事，这对乔纳森非常好。”

爷爷承认说：“儿子成长的过程中，我花了太多的时间去工作。当我回过头来，才发现自己错失了很多。现在我的儿子也花了很多时间在事业上，以便养活他的家庭，我就通过陪伴孙子来帮助他。”

除了孩子的父母，祖父母和团队成员也可以参与到孩子幼年的成长中来，与他建立亲密的关系，为他打下良好的学习基础。如果男孩长大后出现了动力不足的问题，他们就可以在孩子的信任下为他提供辅导，整个家庭都做好了支持他的准备。

耐心地给予正确关注

与动力不足的男孩相处时，“严厉的爱”可以成为实用的激励手段。强势的父母可能需要对孩子采取直率批评、明确期待的方法。对儿子态度严厉并没有潜在的危险，除非施以身体或情绪上的虐待。一些父母和大家庭成员会回想起自己的童年经历，把这些办法纳为己用。

同时，家长过分强调批评的作用，往往会使动力不足的男孩无法得到恰当的关爱。通常，父母、大家庭成员和医学专业人士都能意识到正面关注的重要意义。如果耐心地给予孩子正面关注，他就会有所收获，当然，有时候你还需要带点煽动性。

第 9 章提到过的霍华德·舒宾尔医生与我分享了他从医的经验：

> 在工作中接触到父母和家庭时，我常说：“服用药物对动力不足的男孩不会真正起作用，激励比服药更重要。”经过合作，我们会认识到，从男孩自身、

他的生活和境况中发现并发扬积极的一面，可以帮他找回失去的动力。

正面强化确实至关重要，同时，优点的作用又不止于此，它们还是男孩的“能力之岛”。根据我的经验，可以通过提高男孩在这些突出领域的自我效能感来激励他们。把他们在自我发展中已经取得成功的领域展示给他们，将这份成就感迁移到他们缺乏动力的领域。就这样，我们利用优点来创造优点。

根据本书定义的模式，舒宾尔医生可以算作父母主导团队的一员。他需要在全家的帮助下了解男孩已经胜任的领域，与此同时，家人也需要和他一起帮助男孩。

舒宾尔医生与我分享了一个精彩的故事，阐述了他如何通过正面关注男孩的“能力之岛”，成功地帮助了动力不足的男孩。

有一位患者，来到我的办公室时穿着一件 T 恤，上面画满了来自世界各地的青蛙。这个刚进入青春期的男孩很聪明，但功课总是得 D。我问了他关于青蛙的问题，很惊奇地听他滔滔不绝地谈论生活在南美和非洲的青蛙。我问他从哪儿知道了这么多。他说自己对青蛙感兴趣，读了相关的读物。我对他的能力表示赞赏，给他分析在了解青蛙的过程中他所用到的能力：对一件事物感兴趣，于是付出努力去练习或者学习，然后展示技能，比如向我展示自己能做些什么。基于他的“能力之岛”，当他把兴趣、练习、表现这三项技能使用在其他领域，比如功课中时，我和他的家庭都向他给予了积极的反馈。

故事的结局是圆满的，这个男孩的成绩变成了 B。

管控屏幕时间和饮食

如果你没有读过第 5 章，可以先读一读。关于屏幕时间，第 5 章中有具体而重要的描述。当男孩在学校里动力不足时，很多父母却发现，他们在上网、玩电子游戏和看电视的时候表现亢奋，积极性高于学习。正如第 5 章中所探讨的，这对男孩学习中的大脑来说是不健康的。我们就如何管控这些屏幕刺激提供以下建议。

与经诊断患有注意缺陷障碍、注意缺陷多动障碍或其他学习障碍的孩子类似，动力不足的男孩通常也存在营养不良的问题，以至于轻度抑郁。他们可能吃了太多的糖，导致胰岛素分泌过多，进而影响到学习与感情生活；也可能摄入的 Omega-3 脂肪酸不足，妨碍了大脑的学习和成功。关于营养的问题，更多信息请参考第 5 章。儿子生活中的很多因素你无法控制，但是你可以逐渐改善他的饮食。控制饮食的效果在减轻厌学情绪、增加学习动力方面影响深远。

一个男孩看了什么、吃了什么会对他的大脑产生直接影响。因此，对于父母来说，特别关注他生活中的这两方面至关重要。一旦父母主导团队开始介入对男孩的辅导和帮助，你就可以有更多的时间和精力来关注屏幕时间和营养摄入的问题。

共同完成作业

深夜里，你的儿子已经入睡了。你有没有坐下来思考过，在他做作业的时候，你给予他的帮助是否足够，又或者太多了？你会不会因为总对他的作业碎碎念，扼杀了他刚刚萌芽的独立性而感到愧疚？又会不会因为不唠叨他的作业，放任他自己面对功课中的困难而感到愧疚？你有没有唠叨了以后发现无用，在他的叛逆中又收住了口？

完成作业对学习的成功至关重要。对儿子来说，这是学习上的一个主要问题，因为男孩的作业往往完成得比女孩差。[2] 对动力不足或有厌学情绪的男孩来说，家庭作业尤为重要。男孩陷入低价值感和低自尊的漩涡，很大程度上是由于他们难以顺利完成家庭作业。

所以，你的参与对儿子完成家庭作业会起到关键作用，参与家庭作业这项任务是父母义务的重要部分。这不意味着你或者某位家庭成员需要代替动力不足的孩子完成作业。包办代替最终会让他更加缺乏动力。但是，仅仅对他说“快去做作业”，寄希望于他自己完成，往往也同样危险。最好的折中之计是，父母或者某些父母主导团队的成员陪伴他写作业，而不是由他独立完成。家长可以提出建议，帮助他整理纸张和文件夹，教他如何更好地使用计算器和电脑，检查他的拼写，鼓励他的完成进度，能做什么就做什么，帮他把作业完成得更好。

由于男孩乃至全社会都在发出“别管我”的信号，父母会认为，不在孩子头顶“盘旋”、对他“不加干涉”是在帮他。但是在家庭作业这个问题上，关爱孩子的父母必须无视这样的信号。为了帮助动力不足的孩子，你至少需要每天花一个小时坐下来陪他完成作业。在这一个小时中，陪伴孩子的可以是父母中的一方或者双方、辅导老师，或者父母主导团队中的其他成员。如果完成作业需要不止一个小时，父母中的一方可能无法抽出这么长时间，那么就需要另一方、其他团队成员或者辅导老师参与进来。

如果你和儿子一起制订好一项作业计划，在作业时间段一对一地陪伴他，他通常会享受你的关注，开始表现得更好。当然，在作业时间里，很多家庭和个人的问题会冒出来“作妖”，让这段时间充斥着情绪。如果家长非常专制，这段作业时间对孩子来说就会成为压力而不是激励。这时家长面临的挑战是，通过更多的耐心和创意，把自己变成儿子更加积极的学习伙伴。

有一种创新的方法是，让儿子不要关起门来在自己的房间里做作业，而是坐在餐桌前，或者其他便于和家人交流的区域。这样还能增进家庭的关爱与和睦。由于很多动力不足的男孩会出现轻微的厌学情绪和抑郁倾向，努力让男孩尽量减轻孤独感，可以帮助他进步。

一位来自芝加哥的父亲给我讲了一个故事，在对待作业的态度问题上对我颇有启发。他的儿子在学校动力不足，成绩不好。直到终于高中毕业、进入大学，男孩仍然被这个问题困扰着，于是他和父亲达成了一项协议：父亲保证每天早晚各给他打一个电话，询问他学习的进展，帮助他完成作业或者其他项目。大学一年级的整整一年中，父子俩每天都会通话。最终儿子成功了，用他自己的话说：“如果我父亲没有每天花一两个小时督促我、鼓励我、给我动力，我认为自己不可能成功。”

帮助男孩在家自学

对于一些动力不足的男孩，无论你做什么，似乎都不足以激励他投入学习。但是，总还有一件事值得尝试。

来自迈阿密的克莱尔来信说：“我开始让两个儿子在家自学了，这总算令我松了一口气！他们在学校没有好好学习的动力，学校视他们为失败者。我发现太多的学习时间都被浪费在了应付标准化考试上。所以，我决定自己来解决问题。现在儿子们学得很好！他们的考试成绩优于大部分的高中生。”

在家自学并非对每一个家庭都可行，也不是对每一个孩子或家长都合适。但是，当动力不足的男孩不做作业、逃学旷课、表现出格或者放弃学业时，对父母来说，在家自学可以成为救命稻草。

莱斯莉是科罗拉多州斯普林斯市的一位母亲，在家教育自己的 7 个孩子，他们分别为 18 岁、17 岁、15 岁、13 岁、8 岁、6 岁和 4 岁。莱斯莉和丈夫乔尔在不同的时间段教过他们所有人。年龄较大的几个孩子部分时间入读公立高中，平均绩点在 3.5 以上，其中一人达到过 4.0。莱斯莉对凯茜说：“在我看来，在家自学为他们成绩优秀提供了最大的帮助，尤其是对男孩们来说。”

克里斯廷来自得克萨斯州，是 6 个孩子的母亲。她与我们分享了自己的故事：

> 我的第一个孩子是男孩，第二个是女孩。我试着在他们的教育问题上做出正确的决定，然而一想到即将把他们送进教育体系，又不断有报道说有多少孩子表现得不好，我就感到害怕。我的儿子是个典型的男孩：吵吵闹闹，动来动去，永不停息，兴趣多变。他并不像很多孩子一样喜欢上学，开始出

现一些问题。虽然没有取得教育专业的学位，但我接受过大学教育，认为自己可以搞清楚应当怎样教育自己的孩子。看到儿子的很多朋友在学校里表现得不好，我知道自己的决定对全家来说是正确的。

孩子在家上学的原因有很多，包括来自社会的和个人的因素。在家自学有利也有弊。

根据孩子的水平灵活安排学习是一大优点。克里斯廷开始在家教育孩子时，注意到的第一点就是：年龄不是问题。7 岁的男孩和 5 岁的女孩在同一水平线上学习，并没有出现她预想中的问题。在一些学科中，2 岁的年龄差让他们必须分开上课，但是，对于很多科学项目，甚至读写作业，克里斯廷都可以同时教他们两人。

克里斯廷还发现了在家自学的另一个优势。“我们每天花在‘课堂上’的时间只有三个小时出头。我不需要记录考勤、填写表格、回复家长的留言，而这些事情是老师课前必须完成的。我们把学习时间完全用来学习！科学课上，我和孩子们可以到当地一家牧场去看小牛如何出生；中午，我们可以去公园野炊。我把这些经历讲给教师朋友们听，他们都很羡慕。”

你知道吗 THE MINDS OF BOYS

根据美国教育部统计，美国有超过 100 万儿童在家自学。10 年前，这个数字仅为 36 万。不出所料，大部分在家自学的孩子都是男孩。[3]

如果男孩难以适应所处社区的教育体系，在家自学对他们来说会是很好的选择，这能让他们体验到：

- 一对一的师父 - 学徒式教学；

- 体验式学习，比如“实地考察”；
- 不僵化的基于能力发展的学习；
- 大量肢体运动。

总的来说，在家自学的孩子可以跟随自己的步调前进。他们很幸运，不需要承受被划分到某一“级”的社会压力。在必须学着静坐下来、集体合作之前，他们可以用自己习惯的方式，更加体验式地、积极活跃地学习。他们的日程安排比较灵活。在家自学回归了早期的教育模式，在历史上，孩子曾经拥有住在家里的老师，负责教授所有的课程。

然而在家自学并不是万灵丹。它只是一种选择，也有弊端：

- 父母中的一人或者父母主导团队中的其他某位成员需要全天在家。
- 这位家长或者团队成员必须擅长教育，有耐心，有条理，教育程度高。
- 孩子将失去某些只能来自大规模学校的社交机会、监护和指导。
- 父母主导团队必须付出额外的辛苦努力，来为在家自学的孩子安排课外的体育运动和其他活动。

将考取驾照当作一项成人礼

在成年的关头考取驾照对大多数孩子来说，已经成了成长经历的一部分。一些家庭也可以把考取驾照当作一项成人礼，把驾驶汽车的权利当作有用的激励手段，尤其在面对长期动力不足的男孩时。

在探讨如何把驾照当作激励方式使用以前，很重要的是牢记以下事实：在美国，机动车车祸是 16 ～ 19 岁年轻人的最大死因。这个年龄段的驾照持有人占美国人口的 7%，但是车祸死亡率占全美的 14%，所有事故发生率占全美的 20%。在这些事故的肇事者中，男孩的数量是女孩的两倍。1975 年以后，这个年龄段男孩的死亡人数上升了 40%。[4]

青春期时，大脑中多巴胺的水平通常会升高，使青春期的孩子更热爱刺激、新奇和冲动性的活动。然而同样是在这时，他们也在像即将脱缰的野马一样学习驾车！所以，当我们把驾照当作讨价还价的筹码时，需要充分考虑到上述危险数据。

你可以说："儿子，商量一下，咱们做一个重大约定。你即将进入一个兼具危险、权利和责任的世界。考取驾照、驾驶汽车是一项成人礼。你需要靠努力争得这项权利。"

你可以视儿子在学校的表现来决定是否给他买一辆二手车或者为他支付车险，这样考取驾照可以帮助和激励他完成其他积极的目标。比如，你可以规定，他开车的时间将取决于他在学校的成绩或者出勤率提高了多少。在当今的教育体系下，很多学校已经没有驾车培训的预算了。所以，父母承担了更多教孩子驾车的责任，或者必须自费给孩子报名专业驾校。此处，父母又被赋予了权力。"儿子，我们作为父母在这些事情上为你付出，现在该你做好分内的事了。开车的权利代表着工作和生活的成功，你不可以不劳而获。"

驾驶汽车是一项对多重任务加工能力要求非常高的活动。如果男性的大脑没有准备好承担这个责任，可能会是一个灾难。对于学习动力不足的男孩，驾车可以很好地帮助家庭对他进行管教和培养。幸运的是，通过这一件事，你就可以给予他完成成人礼所需的全面激励。

让男孩爱上学习，老师可以做什么

如你所知，很多学校把动力不足当作一种品行障碍、注意缺陷障碍和注意缺陷多动障碍，或者违纪问题来处理。而现在，我们很多人都发现，这是不公平甚至不道德的：一个孩子被贴上了患有大脑疾病的标签，而实际上，他只是在经历正常的发展阶段，或者是他所处的体系尚不确定如何来教育他，而他在以男性的方式进行复杂的自我调整。直觉是一个老师拥有的最高明、最有效的工具。一旦你看着男孩的眼睛，发现他有厌学情绪，你可能就会找到其中的原因，然后立即开始寻求自己的解决方法。

下面提供一些久经考验、切实有效的方法。希望在它们的启发下，你和你的学校能肩负起解决男生动力不足和厌学问题的重任。在你把这些策略付诸实践的同时，也希望你能把它们传授给其他面临同样问题的老师。正如家长团队可以帮助动力不足的男生，教师团队的作用同样至关重要。

10 个有效策略

作为前面章节的补充，我们提出了以下这些策略。如果你没有读过之前的章节，现在可以读一读，其中包含了在阅读写作、语言艺术、数学和科学领域中，针对学前儿童、小学生和中学生的教学方法。此处提出的策略需要与上述章节中的方法相结合，才能发挥最大的作用。以下简短的列表中，有三条策略是此前探讨过的，但用在动力不足的男孩身上，能起到更好的效果。

1. 每天与男生进行正式谈话。询问他们作业做得怎么样，在学校和家中过得怎么样，有什么生活感想。花几分钟倾听和引导他们。
2. 充分调动这些孩子的参与感！让他们成为课堂辩论的主力，参与感兴趣的话题。带动他们与其他学生互动。促进班级的团队合作，促成单性别分组，这一点已在第 8 章中讨论过。
3. 鼓励或安排他们坐在教室前排的座位上。座位靠前能让男孩听得更清楚，并且无法像坐在后排时那样分心走神。同样的道理，保证教室中有足够的光照可以增加视觉刺激，从而提高学习质量。

4. 调整教学方法，减少言语指导，增加实践活动。给三年级以上不擅长讲话和写作的孩子提供更多使用电脑的机会。对动力不足的男孩来说，大量的口头指示会让他们的大脑麻木。如果一些孩子仅仅因为没有像其他孩子一样掌握好连笔书写的技巧而产生了低自尊感，那么恰当地使用电脑可以帮他们更好地克服困难。

5. 在学生读书、写作、学习甚至使用电脑的时候，允许他们四处活动。在古里安研究所的试点学校中，为了帮助动力不足的男孩表现得更好，通常都会增加肢体运动。

6. 给学生准备柔软的物体，在不破坏物体的前提下供他们拿在手上持续地捏，这种方式可以让他们的大脑从生理上保持活跃，避免进入静息状态。

7. 根据青春期孩子大脑的需求，更改课堂安排。学校可以在早上开设音乐课，把他们的大脑唤醒。我们希望高中的改革者未来能够把上学时间改为朝九晚五，这样不仅更符合青春期的生理节律，还能帮助解决孩子下午留守在家、无法得到适当监护的问题。

8. 体育是一门能够激励学生的重要科目，尤其对于表现不佳的男生来说。肢体活动有利于刺激大脑进入学习状态。初中生每周的体育课应该在一次以上，每次 50 分钟。体育教练与学术教师的配合尤为重要，因为动力不足的男生常常会选择一项运动来刻苦训练，同时忽视自己的学习。如果教练和老师能够每周碰一次面，一起回顾孩子的学习记录和需求，动力不足、表现不佳的学生就会得到自己所需的特别关照。

9. 小班制学校和课堂会给学生带来更大的动力。关于班级规模的相关研究不断证明，小规模班级有利于提升学生的学习水平，减少纪律问题，提高学生在学术和课外活动中的参与度。对于动力不足的男生来说，大规模的班级更容易带来困难，因为老师能一对一关注他们的时间不够。

10. 给动力不足的学生安排一位导师。可以通过学校的心理咨询项目、孩子的班级、老师与家长的会议，或者孩子的体育教练来促成师徒关系，老师也可以和男生聊一聊，问问在他敬佩的人中，有谁可以帮助到他。

学校的必要干预

当学生长期动力不足、表现不佳时，学校很有必要进行干预。刘易斯与克拉克高中是华盛顿州学生表现记录最佳的学校之一，学校通过“宣传圈”对学生进行激励，这种模式值得其他学校效仿。[5] 下面的“试一试”专栏将对此详细描述。

THE MINDS OF BOYS

试一试

- 每一位学生，尤其是表现不佳、动力不足的学生，都被视为一个圈子的中心。这个圈子由父母、学校老师和其他学生组成，对他形成支持。
- 学校的理念是“让学校变小”。如果你所在的学校位于大城市，实际就读的学生数量无法减少，那么就让学生身边拥有更多的支持者，这样也能让学校变小。
- 高中 4 年间，每周二的学生集会时段都由同一位老师负责。集会教室可以更换，但是在周二这个特定的日子，孩子们可以和一位他们信任的导师、老师和支持者在一起，这一点不会改变。
- 老师们把表现不佳的学生委托给顾问办公室的作业辅导中心。成绩在 C 以下的学生中，80% 都不交作业，这是导致他们成绩差的主要原因，所以辅导中心会直接把关注重点放在作业练习上。
- 成绩为 C 的学生可以自愿加入辅导中心，而成绩为 D 和 F 的学生则必须加入。
- 如果学生们加入辅导中心后仍然没有进步，那么他们就需要参加每周六的补课。

类似这样的干预措施能帮助动力不足的学生重新取得成功。如果父母和老师可以协同配合，学生就能得到更多帮助。协作的方式包括学校和父母主导团队频繁会面，保持邮件联系，持续支持男孩在学习动力上实现转变。即使一开始男生们可能会抵触这样的干预，但最后也通常会改变态度，这主要有赖于整个学习团队的良好配合。但是，最重要的因素是，在人与人的关系和互相的鼓励中，男孩感觉自己找到了写作业、交作业的理由，希望用自己的才华让老师和父母骄傲。

如何激励天资聪慧却一事无成的男孩

资深教师帕特里夏·圣杰曼在前一章中帮助我们分析了天资聪慧的学生无法实现自我的原因。她是这个领域的专家，还分享了工作中与这类男孩相处的“秘籍”。下面的“试一试”专栏中列出了她的建议。

THE MINDS OF BOYS

试一试

- 专注于简单的任务，以便取得直接、显著的成功。男孩们可以借此重获成就感、使命感和个人荣誉感。
- 与学生进行一对一的交流，让他们有机会在私密而安全的环境中承认，自己学习不好是由于未能掌握基本的学习技能。
- 与学生一起对考试失败的原因进行归类。询问他们自我感觉是否需要学习某种技能，以此来界定失败类型。让学生选择一种他认为自己可以展示的技能，来向自己和咨询老师证明其能力。一次只教一种技能，把这种技能教好。让学生从一张列表上选择一项实际任务来负责，例如记录日程安排。让他用两周的时间“试用”这项技能。在每天检查他的进展时，试着充当一位“成功教练”，而不是一位“老师”。两周结束后，再次与他进行交流，探讨怎样来展示自己的进步。

- 记住，如果你认为结果不够好，就不能算数。向男生们发起“得分”的挑战时，必须牢记这个理念。比如，你可以说：“布兰登，我需要看到你在这方面有特别大的进步。”
- 帮助男孩制作一页以月为单位的日历，贴在他们卧室的镜子上，或者其他类似的地方，便于他们记住自己的任务。
- 允许男孩用笔记本电脑来做笔记，效果往往比手写笔记更好，其原因大多与男性大脑的功能有关。
- 每个班建立一本档案夹，以简单省事的方式帮男孩在学校里战胜他们认为的失败。

执行这些策略的同时，帕特里夏会直接要求有天分的孩子掌握一项学习技能。她在报告中称，确保他们把一件事情做好能提升他们的自信心，由此带来的影响会延伸到所有的学习领域。她写道：“通常，如果这些孩子可以掌控一个简单的过程，就可以凭智力将成功经验发挥到其他领域。阻碍他们获得学业成功的原因，往往是他们无法通过顺利完成作业等方式来证明自己的能力。”

帕特里夏从一开始就执着于创立对不交作业零容忍的环境。她先会确保自己布置的作业是有价值的。如果学生可以用不同的方式完成，她会允许他们与自己协商，以怎样的方式来展示她要求的技能。帕特里夏建议，可以让他们按规定的方式完成作业，也可以允许他们采取其他方式，“但是不能任由他们随意选择作业，也不能采用积分制，否则他们会想办法做最少的作业就把积分拿到”。

帕特里夏对自己在这一专业领域的建议进行了总结，结论并不令人惊讶：“天资聪慧却一无所成的孩子和其他学生一样需要辅导老师。在某种意义上，他们甚至对导师有特别的需要，尤其需要一位特别聪明、反应敏捷的导师，有本事接得住聪明孩子发的招。在帮助有天分却没动力的孩子更上一层楼的过程中，这位导师的作用无可取代。”

关于如何与天资聪慧但动力不足、表现不佳的孩子合作，帕特里夏从数十年的教育工作中总结了经验，也接受了学习理论方面的多项培训。其中一项正是本书的理论基础：大脑的性别差异。

和很多把这项理论融入男孩教育的老师一样，帕特里夏总结出了究竟什么才能真正激励男孩和少年们。她成功地激发了男孩身上的“情感价值”，这种所谓的“情感价值”就是其他老师口中的“荣誉感”。

通过成人礼来激励孩子

保罗·马库斯也是古里安研究所的一名助理，他发起了一个示范项目，致力于激发男孩身上的情感价值，也就是荣誉感。他以争取荣誉为原则，设计了一个成人礼，男孩们可以在这个项目中重新找回自我。按帕特里夏的表述就是：“他们可以感受到自己做的事情富有价值。”

“荣誉感”对很多人来说似乎是一个老套的词语，在动作电影或者大部头著作里常会用到。但是在当今时代，这是一个至关重要的词，它就像一扇窗户，透过它可以直接打入男孩动力问题的内部。它还可以鼓舞人心，让男孩恢复良好的表现。

保罗是新墨西哥州阿尔伯克基学院的一名咨询师，他发现有必要为学校的男生提供一项最新计划。我在关于青春期男孩的著作《优秀的年轻人》中列举了一种荣誉模式，在此基础上，保罗和同事们在学校的咨询部门创立了一项荣誉计划，具体如下：

> 我们在六年级和七年级实施这项计划，由一男一女两名咨询师负责，其中男性咨询师就是我本人。在这项计划中，所有的咨询课程都是单性别的，

男生来找我，女生找我的女同事。我运用了一种个体性和角色化的课程来帮助男生探讨他们的价值、他们尊重的人、他们心目中的英雄形象，以及媒体中的“硬汉”。在探寻荣誉的意义是什么、怎样的行为值得尊敬时，他们讨论了自己的父亲和他们崇拜的其他人身上值得“引以为荣”的特质。我们把这部分教育穿插到野外、城市探索，以及社区服务等体验式教育的前后。

我们谈论过的具体问题包括：

- 男生和女生在生理上有什么区别，包括生殖系统和大脑？
- 应该如何对待女生？
- 应该如何面对自己逐渐显现出的性别特征？
- 在学生争取个人荣誉的过程中，学校的角色是什么？

我经常利用电影片段来启发与孩子们的交流。在整个计划中，媒体认知是一个效果强大的元素。

这项计划贯穿整个学年，在结束的当天，男生会参与到团队建设活动中去，接受关于竞争与合作的领导力培训。早晨，大家在花园里安静地展开工作，互相只能通过非言语方式沟通。此后，由男生公开回答来自女生的匿名问题，女生则在一旁静静观看。当然，女生也会和男生交换角色，做同样的事情。

这项课程的最终“产品”就是男孩的荣誉准则本身。他们要在笔记本上写下：他们想成为什么样的学生；作为学生和年轻男人，他们现在能做些什么。项目中，有些男孩的父亲并不活跃，有些男孩得到的来自男性的影响力不足。但他们都真心喜欢这项计划，喜欢与比他们年长、比他们“有智慧”的男老师接触。我发现，在帮助男孩变得热爱学习、有志于成为优秀公民的过程中，男性的力量至关重要。关于动力、成绩、荣誉或是人生，成熟男性有很多东西可以教给他们。

保罗的计划是为各个成绩水平的男生创立的，也包括动力不足的男生。该计划也启示我们：应当更加重视男性在男孩成长中的关键作用，尤其是对动力不足的男孩的影响。

男性长辈不可或缺的作用

在严重动力不足的男孩中，很多人都缺少来自父亲的影响和来自男性的引导，无法与“年长而富有智慧”的男性进行足够多的接触。这是他们生活中缺失的核心。如今，半数的男孩成长在没有父亲的家庭中，“男性激励者”的缺失是一个重大问题。每一个被男孩的动力不足或轻微厌学困扰的学校和家庭，都可能面对这样的问题。

有一年夏天，我收到了一封令人心酸的信。来自洪都拉斯的 25 岁男青年乔斯在从迈阿密开出的一条航线上工作。在信的开头，他描述道，前些年自己在学校里遇到了困难，造成意志力和动力欠缺。他写道：

> 和其他数百万不知道自己父亲是谁的男孩一样，我来到了这个世界。母亲曾告诉我，她既是我的妈妈，也是我的爸爸。当然，我并不相信。即使她很努力地又当爹又当妈，但“父亲就是父亲”，当我对自己的人生有感触或是有疑问的时候，父亲都不在。
>
> 现在，我 25 岁了。那些烈火灼心的岁月已经过去了，现在我可以告诉你，我差点活不过那些年。我还没有自己的孩子，但对我的孩子来说，未来一定会不一样。在他将要经历不同人生阶段的煎熬与痛苦时，我知道作为父亲应该如何应对。

乔斯的意思再清楚不过了。25 岁时，他感觉到自己缺乏清晰的男性特质。他在信里表明了自己对来自父亲的精神食粮和情绪支持的渴望。现在，作为一个年轻的成年人，他立下誓言，将要成为父亲，养育自己的孩子。他很清楚地认识到，自己作为父亲，将成为孩子成功的重要依靠。

戴维·布兰肯霍恩（David Blankenhorn）在《失去父亲的美国》（*Fatherless America*）中，阐述了一项极其细致的研究，探讨了和乔斯一样的年轻人所面对的问题。[6] 相比其他孩子，没有父亲的男孩不仅会经历更多身体虐待和性虐待，罹患更多精神疾病，承受更多情感伤痛，他们的成绩也更差，辍学率更高，在学校违纪的频率更高，受到少年法庭审判的人数更多，自我报告的自尊与学习期望值更低。古里安研究所开展的研究也得出了类似的结果，对青春期的男孩来说，在影响他们产生积极动力的环境因素中，来自男性的养育和指导不可或缺。

女性能否填补空缺

你或许留意到了，到目前为止，本书中引用的大多数电子邮件和信件都来自女性。大多数故事的讲述者也都是母亲或者女老师。这绝非偶然。而且此类书籍的读者大多数也是女性，她们在父母合作协会、读书俱乐部或妈妈联谊活动中读书，在托儿所和幼儿园里读书，在家里和学校读书。能每天与动力不足的男孩亲密接触、向他们提供帮助的人也大多数都是女性。

这种情况既可以说是女性的功劳，又说明了当代文化相比过去发生了深刻的变化。工业化把男人带到了工作场所，使他们与自己的孩子分离，脱离了与孩子一起的生活；女性则肩负起了养育男孩的责任。男孩的能量使他们需要足够的新鲜感和创造性，女性为此做出了前所未有的努力。儿子动力不足带来的痛苦也由母亲分担，她们在书籍、电视节目、杂志和相关志愿工作中寻找可以激励孩子走向成功的建议和方法。

但是，女性无法仅靠自己就解决男孩动力不足的问题。她们明白这点，也希望在男孩的养育过程中注入男性的活力。她们明白，男性已经成了男孩成长经历中的隐形资产。儿子动力不足的母亲尤其明白这一点。正如凯茜所说："想要帮助在教育上出现问题的男孩，而他的生活中没有一位能给予其关爱的男性，就像在驾驶一架没有副驾驶员的飞机，风险太大了。"

按乔斯的表述，母亲和女老师可以带给他很多东西，但无法带给他男性本身的特质。只有父亲、男性导师和老师才能赋予男孩以男性的身份。现在，社会中男性的职能在不断变化，从根本上看，这是一件好事，意味着每个人都能拥有更多的自由和机遇。但是，在男人带给男孩的馈赠中，男性职能只是一小部分，而其中最重要的，是乔斯所失去的：对男性身份的认同。

身份认同不是通过一句话、一个词就能传递的，而是要通过男性长辈经年累月地参与到男孩的生活中。把“学习者”或“好学生”的身份赋予男孩，不能只靠一位父亲某天说一句“儿子，该学习了”。真正关爱孩子的男人会参与到男孩的学习中。他们不需要等到自我感觉已经到达了“权力的巅峰”，或者实现了财务自由，才能让男孩的灵魂认同男性的身份。他们只需要看着男孩的眼睛，然后发自内心地对他说：“有我在。”

健康的男性仪式

达朗是两个儿子的父亲。他成长在威斯康星州的一个大家庭里。12 岁时，父亲带他和爷爷、两个叔叔，以及三个表兄弟一起去钓鱼。他回忆道：

> 对我家的男人们来说，每年都有这么一个仪式。我们住在帐篷里，生火烤东西吃，一周不洗澡，不过每天都在湖里游泳。在我第一次野营以后，一整年都期待着能再去钓鱼。直到上了大学、结了婚，我仍会参加每年的野营。我的大儿子刚满 12 岁，就被邀请加入我们。为了延续这项男性的仪式，我们努力克服了各种困难，但当我看着儿子的眼睛，就明白一切都值得。

达朗的故事勾起了我们的回忆。当初那个年代，家庭在地理上不像现在这么分散，因为离婚而破碎的家庭也比较少。当然，达朗家的仪式不是所有人都能复制的。但是，如果你在家庭或者学校中面临着男孩的学习问题，那么，男孩的学习团队首先要做到的就是设法帮助他完成男性身份的塑造。你可以参考很多书籍和网站，来激发你的社区对男性的关爱，借鉴关于男性成人礼的经验。希望你能找到这些资源，试着用乔斯这样的故事来启发你社区中的男性。

在人类历史上，有一个常见模式值得我们记住：男性的祖先在成长过程中，尤其是在青春期期间和之后，身边至少会有两位男性参与对他们的养育：父亲和师父。他们是在男孩身边照顾他的核心集团。此外，还有 5 ～ 10 个重要男性影响着青春期的男孩，形成了一个外围集团。而今天，我们想让父亲参与男孩的成长都很困难。

当前社会中，每一位父亲都需要为当代的年轻男孩做出承诺，不仅要养育自己的孩子，还要指导至少一个别人家的孩子。这样的指导可以发生在邻里间、学校里、运动场或是工作室。如果一个男人认可这个理念，他就会明白，仅仅关爱自己的孩子并不意味着全面的成功，他还需要加入其他年轻男性的教育团队中。如果他没有自己的孩子，也没有为别人的孩子当过导师，他同样也会认为自己做得不够。

男性可以用他们最大程度的关爱来实现这个高标准的愿景吗？他们可以做到，也必须做到。男孩人生的动力就掌握在他们的手中。

不让任何一个男孩掉队

有时候，我们会听到青春期的男孩说："学习一点儿都不酷。"他们的话中包含着我们需要听到的东西。他们真正想说的是："我的老师和学校没能让学习变成很酷的事。"

这些因素影响了男孩学习的动力，男孩的能量让他们需要做一些很酷的事，而美国文化却常常忽视了这一点，忘记了对于男性来说，智力学习往往和其他成长中的集体密不可分。让学习变酷，就是要让它成为一件合群的事，与整个社会和男性群体相融合。

在古典教育模式中，智力学习是通过辩论或对话的形式进行的，比如苏格拉底时期。老师向年轻男子发出挑战，共同来学习成功的、必要的、真实的东西。男孩之所以愿意学习，是因为他们所学到的品质和理念具有巨大的价值和实用性，这让教育变得“很酷”。

确实，今天的教育一般都“不酷”。它不具有创新性和挑战性，也不适合男孩。男孩在学校里往往找不到情感的依托，无法解决内心或家庭的问题。但是，男孩必须学会在学校或者相关的活动中取得成功。国家下定决心，不让动力不足的男孩滑入深渊。我们相信，任何一个孩子都不应该被弃之不顾。

男孩通常都像“群体动物”一样行动。当然，必要时候的独处会让他们感到满意，但是他们也想在或大或小、等级森严的群体中树立自己“很酷”的形象。他们常常需要学校和社会来帮助自己找到赫尔曼·黑塞笔下的那种“酷”。在黑塞的经典小说《悉达多》中，作者描写了一个对自己的生活和教育不满的年轻男人。他知道自己缺少了一些东西，那就是支持男人去学习、成长和成功的深层精神动力。寻求这种深层的精神动力，可以重新成为所有男孩的目标，而我们可以帮助他们实现这一目标。男孩们再也不需要在上学路上说“我讨厌这儿”或者“学习不酷”。我们会不停努力，决不自满，直到激发出男性对人类教育的热情。

THE MINDS OF BOYS 12

理解那些内心敏感的男孩

男孩欣喜若狂，海浪冲洗着他的赤脚，海风吹拂着他的头发，
久久幽闭在心中的爱，现在解放了，终于汹涌地爆发出来……

——沃尔特·惠特曼

福特森来自科罗拉多州大章克申，她写信对我们说：

我很担心我的儿子，他9岁了，上四年级。他和大多数男孩不一样。我也见过其他一些像他这样的孩子，我称他们为“低配男孩”。和这些孩子一样，我儿子非常聪明：他的阅读和数学哪怕达不到高级水平，也称得上熟练精通。但是他仍然讨厌上学，尽管他的学校很不错。他不喜欢体育锻炼，也不追求运动场上的成就。他曾经加入过足球队，也尽力训练了，但还是无法摆脱对球的恐惧。他有很强的团队意识，但是其他男孩更擅长踢球，都不会正眼看他，更不会如他所愿和他击掌。所以我可以理解，他在一连三个学期经历了这种孤独感和挫败感之后，选择了退出球队。

他现在会骑自行车。但是在他6岁学车时，曾经摔了下来，从此不肯再

骑。我们劝了他好几年，他才重新开始骑车。

他不是传统意义上争强好胜的孩子。他参与过最激烈的竞争就是一项决斗牌游戏。令我感到不可思议的是，在参加比赛的两年间，他一次都没赢过……而他看起来似乎并不介意。

我儿子想象力丰富。他喜欢画画、写故事、用玩具来演戏。他能一连好几个小时沉浸在自己编的故事里。他心思敏感，懂得为他人着想。同时，他也害怕很多东西。其他人会占他的便宜。他说有些五年级的孩子欺负他，甚至还有幼儿园的小朋友冲他扔石头。

我们知道他喜欢过班上的女生。他天性敏感，温柔体贴，很有艺术气质。正因为如此，他自怨自艾，开始意识到自己不属于典型的男性世界。

老师和家长能做些什么，来帮助这些敏感的“书呆子”“低配男孩”呢？我想帮儿子在这个世界中做他自己，我需要得到一些指导。尽管爱好运动、富有攻击性和掌控欲是同龄男孩的共同特点，但这些并不符合我儿子的本性。

福特森的邮件捕捉到了敏感男孩在学校和社会中遭遇的痛苦。她的儿子很聪明，成绩也很好，但是，在广大的社交群体中，这还不够。男孩是广大男性社会的一员，他不得不尝试着适应这个群体的传统价值排序。但是，他发现自己内心的才情、希冀和梦想与这样的价值排序并不相符。他常常感到受伤、孤立，认为自己是失败者、冒牌货。他的社会处境无药可治，因为原本他就没有生病，仅仅是天性和普罗大众不一样，但他和别人都无法通过改变天性来互相适应。没有谁是错误的、病态的，他们只是不一样而已。

为了回应福特森的邮件，我与她取得了联系。她告诉我，基于从儿子和儿子的朋友们身上得到的感悟，她开始着手研究，并且准备写一本叫作《低配男孩》（*Underboys*）的书。这本书太宝贵了！在读到她的邮件以前，我从没听过“低配男孩”这个词，但是它顿时打动了我。

在我自己的学生生涯中，我很多时候就是一个“低配男孩”：不擅运动、骨瘦如柴、发育不良。我比其他很多男孩更加敏感体贴、善解人意，无法融入周围男孩的圈子。我的灵魂渴望拥有沃尔特·惠特曼诗中那个狂喜的男孩所经历的同情与感悟。我渴望像他一样，海浪冲刷赤脚，海风吹拂头发，心中深藏着爱，只待汹涌澎湃。我希望学校是能带来安全感和学识的地方，在这里，外在的"行动"与内在的"求知"相统一。我就是这样的人，我能感觉到大多数男孩都跟我不一样，我是一个异类。

福特森根据自己的经历创造了"低配男孩"这个词。大多数老师则把这种孩子称作"更敏感的男孩"，这听起来也是准确的描述。多年以前，综合自己在脑科学方面的研究，我创造了另一个词："桥梁型大脑"，希望至少能大体描述出这类男孩，还有那些与众不同的女孩的相关特点。

拥有桥梁型大脑的男孩

借助这个词，我希望可以捕捉到较为敏感和较为阳刚的男孩的大脑中有哪些有趣的差异。敏感男孩的大脑，或者说桥梁型大脑中，血液里的睾酮水平可能较低，而催产素水平较高。因此，基本生理构造就决定了这样的男孩不擅长通过攻击来实现自我，而是要通过建立共情关系。同时，他的语言能力常常超出平均水平，因为大脑皮层的语言中枢更为活跃，两个脑半球之间的通路更为丰富。此外，他大脑中传输情绪信号的神经通路可能更为发达。他的胼胝体可能比普通男性更大，因而可以促进左右脑沟通，增强对情绪的加工能力。鉴于此，敏感男孩的大脑可谓两性之间的"桥梁"。

很多男性作家和艺术家的大脑就类似于这种。很多"书呆子"在一定程度上也符合这种类型。一位一年级男老师很可能拥有一颗桥梁型大脑，一些全职爸爸也是。想要连续多年成功地照顾好婴幼儿和小朋友，这些男人需要拥有较高水平的催产素以提高亲和力，较低水平的睾酮以降低攻击性，由于边缘系统与额叶言语中枢之间的连接更多而拥有较强的用语言表达情绪的能力，由于枕叶较为发达而拥有良好的倾听能力和其他感官技能，能察觉到其他孩子不断发出的细微感官信号。

和福特森一样，所有人都能凭直觉在家庭和教育体系中发现很多敏感男孩、低配男孩和拥有桥梁型大脑的男性。这个群体一共有多少人呢？可能还需要一二十年才能得出明确的数据。但是，剑桥大学学者西蒙·巴伦－科恩（Simon Baron-Cohen）已经通过开展脑扫描给出了预测。

西蒙·巴伦－科恩是《本质区别》(*The Essential Difference*）一书的作者。他在十多年里为男女大脑分别进行了正电子发射计算机断层扫描和磁共振成像检查。2004年3月，他发布的脑科学研究报告显示，一个人的大脑属于“男性”还是“女性”，在刚出生时就可以辨认！他的研究还发现，每7个女性里就有一个人拥有所谓的“男性”大脑，每5个男性里有一个人拥有所谓的“女性”大脑。巴伦－科恩在报告结尾合乎情理地提出：“这些发现具有许多实际用途，比如可以运用到学校中。男女大脑可以受益于不同的教学风格。”[1]需要指出的是，与古里安研究所的工作一样，巴伦－科恩在剑桥大学的研究中使用的“男性大脑”和“女性大脑”等术语并不带有任何性别偏好，只是为了按照性别对大脑进行宽泛的划分。不是所有的男人和女人都是分别按一个模子构造出来的，其实，没有任何两个人的大脑是完全一样的。有些男人和女人的大脑彼此相似的程度足以超乎你的想象。

我所谓的“桥梁型大脑”就可以归为这一类。巴伦－科恩把每7个女性大脑中的一个与每5个男性大脑中的一个，认定为女性大脑和男性大脑中的“例外”。本章特别关注的敏感男孩或许就属于后者。

对抗性别的刻板印象

阿奇来自得克萨斯州，是一位老师，也是一位父亲。他通过电子邮件告诉我一些打动人心的小事。他在邮件开头写道："我问一群4～8岁的孩子：'什么是爱？'两个男孩给出了美妙的回答。"

> 4 岁的比利说："当一个人爱你的时候，他们叫你名字的方式是不一样的。你会知道，你的名字从他们嘴里说出来是安全的。"
>
> 7 岁的波比说："当你在房间里拆圣诞节礼物时，如果你停下来听一听，就能听见爱的声音。"

杰登是一个 4 岁的男孩，他母亲讲了一个关于他的故事："隔壁邻居是一位年长的男士，最近他的妻子去世了。当杰登看见这个人哭泣的时候，小小的他跑到邻居家的院子里，坐在邻居的大腿上，直到对方停止了哭泣。我问杰登他当时对老人说了什么，杰登说：'我什么也没说，只是陪着他哭。'"

这些小男孩的情感、思想和行为是对生活的回应。他们心思细腻、情感充沛。这些回应提醒了我们，敏锐的情感也是男孩能量的一部分。因为我们的儿子和学生中，喧闹活跃的男孩太多了，所以学校、家庭、文化在对待男孩的能量时，常常把它等同于高强度的体力活动和肢体触碰。我们或许忘记了，"听一听房间里的声音"、感受来自爱的安全感、温柔地帮助悲伤中的人，也同样是男孩能量的一部分。世上的每个男孩都有多愁善感的时刻，即使看起来坚强无比的青春期男孩也可能情绪敏感，而本章关注的敏感男孩更多地把自己的男孩能量用在了内省、流泪、柔情，以及情感丰富的言语和思想中。

敏感男孩因为拥有一种特别的男性气质而承受着背叛"传统男性文化"的压力，这令人悲哀。迫于社交压力，他们不得不成为最典型的男性：热爱运动、行为出格、显得"坏坏的"。这让他们感到困惑，自我认知受到了碾压。人们甚至对他们产生了偏见，说他们"娘娘腔"。他们被主流男性群体排挤在外。

为了尽责去保护敏感的男孩，我们先要与这一类的性别偏见抗争，这也是一场最重要的抗争。作为个体，每个人都可以在日常生活中投入到对抗性别刻板印象的斗争中。看见敏感男孩遭受侵扰或者辱骂，我们可以本能地反抗。听见有人叫敏感男孩“基佬”，我们可以站出来声援他。在这个过程中，我们表现出了对社区中男孩的包容与关爱，为他们和我们自己做出了示范。那些和福特森的儿子一样的男孩可以更多地表达自己的感觉，对他们来说，我们的支援救助和直接的同情关爱极其重要；对那些不擅长自我表达的敏感男孩来说，救援和共情更是必不可少，他们在感觉和情绪上需要得到我们更多的帮助。

敏感男孩的情感世界

充满关爱的成年人在帮助敏感男孩时，最先想到的或许是救援，然后是直接的关心，我和凯茜称之为“用语言交流感受”。也就是说，我们帮助这些男孩“说自己的话”，用语言表达出他们在情感上的深层体会。如果他们可以很容易地把情绪转化为语言，我们会说：“没关系，你不需要其他男孩的认可。”或者：“别听他们的，他们太粗鲁了。”又或者：“你是独一无二的，孩子，你不需要像他们一样。”我们或许会问：“你还好吗？跟我说说你的感受吧。”期待用语言交流感受是人类自然的冲动，然而对很多男孩来说，这样做其实是错的，因为他们也许找不到合适的词语来形容自己的感受，这会让他们更加沮丧。但是，面对拥有桥梁型大脑的男孩时，鼓励他们用语言交流感受可能就是一个好办法。这些男孩常常使用语言来描述自己的感受，比如“我感到很伤心”“我感到很生气”“我是一个失败者”。通过这些对感受的描述，我们可以在餐桌前、在男孩的房间里或者学校的咨询室里，与他们进行大量有效的沟通。在下面的“试一试”专栏中，你可以了解经实践证明行之有效的方法，来帮助男孩提高用语言交流感受的素养。

THE MINDS OF BOYS

试一试

- 想让男孩向你袒露他的感受，你可以先描述自己的感受；同时，不能让你的感受掩盖住他的感受。你可以说："儿子，托德那样对你我很难过，非常非常难过。但是我想知道你的感受是什么。"
- 询问男孩的感受时，不要漫无边际地提问："你是不是做了这个，还有那个，还有这个，当时你是怎么想的……"先准备好你的措辞，在提问和评价的时候要符合时宜、切中要点，比如："乔做这件事时，你做了什么？"如果你问："这些孩子这样做，你的感受是什么？"这常常会引起某些男孩在情感上的回避。可以试着问他："这些孩子这样做，你怎么看？"一开始，分享自己的想法会比分享感受让男孩觉得更舒服。
- 选择合适的时机，向男孩重述他说的话。"嗯""是"以及其他一些话术都可以鼓励男孩继续分享他的情感故事。完全保持安静也可能会有帮助，尤其在他哭出来的时候。让你的直觉告诉你，什么时候该回应，什么时候该沉默。
- 在男孩回答关于情感的问题时，允许他毫无头绪地漫谈。但是如果他一遍一遍地重复同一个故事，你可以温柔地提醒他："我知道了。"向他解释你听到的内容，然后问下一个问题。
- 当男孩哭泣的时候，给他一个拥抱，拍拍他的背，揉揉他的肩，或者以其他合适的方式与他进行身体接触。如果他表现出不适，你就要收回手；但如果没有排斥，他可能真的很需要一个拥抱，或是通过其他肢体的方式感受到关爱和支持。
- 跟随男孩的情绪走向。如果你一开始想听他谈一谈他的女朋友，他最终却与你聊了他的父亲，这也很好。

迪克是一位古里安研究所认证的培训师，负责教授如何开展适合不同大脑的学习。他来信讲述了当年用语言交流感受对自己这个曾经的敏感男孩是多么重要。

> 我还记得自己的青春期，那时彻底的孤独感包围着我。我感觉自己与朋友和家人是那么不同，那么疏离，就好像我在经历一些没有人明白的事情。我开始写诗，把它们装在棒球手套里，藏在床底下。写下这些诗句，就好像一个全新的人在这个隐秘的地方一页一页地生长出来，变成了……变成了什么呢？变成了我。我相信，每个男孩都在悄悄地打理一个叫作“自己”的秘密花园。他每天都在观察着新的、意料之外的植物生根发芽。

这是多么美好的一段话！它讲述了男孩的少年时光。男孩需要把极其细腻的情感诉诸文字，渴望把心灵寄予诗歌和对话。

用非言语的方式交流感受

我们强调了用语言表达感受的重要性，同样重要的是，即使对最敏感的男孩们来说，男女间的直接差异仍然不可忽视。迪克告诉我，在为学生和老师们上课时，他非常清楚地明白这种差异。

男性的细腻情感往往无法从语言中获得安慰，当然女性有时也是如此。女孩们往往比最敏感的男孩更能轻易实现“语言与感受”的相通，尤其是在青少年时期。所以，面对男孩，你在用语言交流感受时，可能常常断线。

当你对敏感的儿子，或者班上遇到麻烦的敏感男生说“告诉我出了什么问题”的时候，他们可能会回答：“啊？”当你问他们“我怎样能帮你”的时候，他们可能会以某种方式告诉你：“走开！”当你直接对儿子或者男生用语言提出愿意救助或者支持他们时，他们往往会因此退缩。你可能会想：这是个细腻而温柔的孩子，他为什么不肯和我聊聊呢？男孩的行为说明，此时使用语言表述的方法已经不足以处理男性的情感了。

过去的几十年来，我们倾向于通过语言交流感受，以此来了解孩子的情感生活。在通往情感生活的道路上，我们把沟通的热情投入了更加女性化而非男性化的方式之中。这种方式极其有效。为了促进人类通过语言进行直接的情感交流，我们所做的任何努力都应受到天然的尊重。在关爱男孩的情感生活时，语言确实是强有力的工具。

同时，除了使用语言之外，关爱男孩的细腻情感还需要其他方式。本章的后续部分将帮助你将其他情感策略运用到照顾男孩之中，尤其是对最敏感的男孩。

"脱缰野马"的故事

芙洛来自威斯康星大学，是古里安研究所的一名助理。她在坦帕向老师们培训过大脑性别差异，其中一位五年级的老师与她分享了一个故事。这位老师写到了一名学生，是她教过最敏感的男生之一：

> 我们把他称作"脱缰野马"。他是那种无法融入班级的孩子。有时候他在课堂上大发雷霆，随后就像脱缰的马一样跑出教室。把他追回来、重新带回教室已经成了校长助理的固定工作了。无论我们做什么，都无法帮他在学校的课内课外和其他孩子在一起时，控制自己敏感的情绪。
>
> 参加了你的培训，学习了大脑的性别差异以后，我们改变了策略。下一次"野马脱缰"的时候，我决定不再直接与他交谈，而是带着球去找他。几天以后，他果然又"脱缰"了一次。我跟着他，在外面找到了他，然后对他说，我们可以一起来回击球。一开始他显得有所猜疑，不过还是同意了。我把球弹过去，他把球弹回来，来来回回。很快，变化发生了。不久，他开始一边击球一边说话，发泄出很多情绪。冷静下来以后，他走回了教室。
>
> 一个星期以后，当他在课堂上或者与其他学生相处时遇到严重问题以后，

就会主动告诉我或者其他老师，比如他会去校长助理的办公室。到了办公室后，他和校长助理照例先击球，再聊天。在那一年余下的日子里，他再也没有“脱缰”了。校长助理对我说：“哇，这法子真管用！”

这是个很典型的例子，对非常敏感的男孩来说，语言可能一开始并不起作用，还需要其他“法子”。是什么呢？这位老师从自己学到的男性大脑研究结果中提取了三个元素，运用到了她的方法中：

1. 增进人与人之间的亲密感能促进男孩的情绪加工。当然，这对所有孩子都有帮助，但是由于男孩可能不那么擅长用语言抒发心情，他们就需要更多的情感联系来提升安全感。对于处在两个极端的男孩，即非常敏感以及“情感淡漠”的男孩来说尤其如此。情感淡漠的男孩需要更多帮助，来激发出潜藏的情感；而极度敏感的男孩也需要更多帮助，从他们正在奋力应对的杂糅情绪中清醒过来。
2. 肢体运动可以帮助大脑提高使用语言和行动来交流情绪的能力，对“脱缰野马”来说，击球就有这样的作用。由于男性大脑对小脑活动的依赖程度更高，而小脑是执行“行动”的部分，把这一部分调动起来，就能刺激其他大脑中枢，比如情感和语言中枢。
3. 空间身体活动，尤其是体育运动能帮助男孩提高情绪上的安全感，促进情感交流。相比静止状态下的男孩，身体处于运动中的男孩通常更容易把握自己的感想和语言，因此能获得更多情绪上的安全感。尤其在父母、老师、朋友和他一起“行动”的时候，他会感到特别安全，并且有能力掌控自己的情绪。

“脱缰野马”的故事告诉我们，在开展情感对话时，用语言交流感受通常是我们首先采用的互动方式。但如果这种方式一开始没得到回应，那么采用一种更“活跃”的情感应对策略往往更有用，而且也是必要的。新的策略还可以帮助男孩更好地在语言和情绪之间建立联系，提高情绪的稳定性。也许一开始它并不能引出父母或者老师所希望的长时间对话，但很可能创造出他们所需要的深度情感沟通的契机。

帮助敏感男孩，父母可以做什么

所有的男孩一生中都需要得到情感上的帮助。敏感男孩通常需要更多来自父母和父母主导团队的关爱。要帮助他们，常常需要父母、祖父母、朋友、邻居和其他所有照料者协同出力，为他们共筑一张安全网。

同时给予坚强与温柔

敏感男孩的父母和照料者们常常会纠结，要不要把他推入竞争的环境中。也许你有过疑问，该不该保护他完全远离竞争？也许你有过顾虑，如果在竞争性的运动中失败了，他的自尊心会不会严重受挫？同时，你又会思考，如果现在不让他接触竞争，他成年以后，会不会在这个竞争激烈的世界中失败？

当然，面对这些揪心的问题，你并不是孤身一人。所有人可能都听过父亲或是其他家长说："那个男孩如果不克服女孩子似的怯懦，是不可能在生活中成功的。"而从母亲那里，我们又会听到相反的说法："别再试图改变他了！他现在的样子挺好的。"

通常的规律是，敏感男孩要想获得情感生活和社会生活中的成功，需要同时听取这两种声音之中的可取之处。虽然父亲这时说的话带有成见、更加粗暴，但也不乏道理。如果男孩受到过度的保护，避开了争斗，他很可能会在进入成人社会后面临更严重的困难。他确实需要掌握一些主流社会要求的技能。

同时，他未来的成功也并不取决于改变他大脑原本的样子。实际上，“做自己”才能最终让他成功。如果这个敏感男孩了解自己，知道自己是谁、在社会中会受到哪些局限、但又有哪些独特之处，他就能成长为自信的男人，发展出强大的核心自我。要获得这个强大的核心自我，并不是通过学习什么新技能，虽然新技能也是其中一部分；而是通过了解“我是谁”，认识到自己的特质和个性。

如果你是敏感男孩的母亲，而他的父亲对待孩子很严苛，你可能必须寻求帮助，请孩子的祖父、叔叔、教练、老师以及心理咨询师等专业人士来为这对父子提供一些亲子活动。通过活动，男孩可以学会坚强，而父亲可以找到一种适用于男性情感的新语言，从而理解“发展核心自我”的真正含义。当然，情况也可能相反。在对待敏感的男孩时，有些母亲比父亲更严格。

为敏感男孩选择合适的运动

很多男孩可以在任何团队里、任何教练的指导下生存。不管运动团队中的用语多么严酷，他们都能茁壮成长，也不介意从失败中学习如何成功。这些男孩通常不是敏感男孩，我们一般也不需要花那么多功夫为他们选择体育项目。但是，对敏感男孩来说，我们需要更加慎重。

- 在帮助敏感男孩选择体育运动时，你可以做些事情来帮助他在这项运动中茁壮成长、长期坚持。
- 与教练和其他家长聊一聊，试着去了解在这个团队中，你的儿子是否会因为争夺第一或比赛输赢而焦虑。
- 了解教练和其他参与其中的成年人对这个团队采取的是“导师式”管理还是“竞争式”管理。导师式的教练希望教给孩子的除了竞争，还有纪律、合作、情绪管理、自我控制以及自我价值感。他希望孩子偶尔体验失败，因为只有这样才能体会到“真实的生活”。
- 分析某个团队或者某项运动是否符合你儿子与生俱来的天性。如果他天生不适合团体运动，那么可以试试游泳、跑步、网球或者高尔夫，这些运动也需要组队参加，但是主要追求个人能力的提升和个人努力的回报。

- 帮助你的儿子发现体育运动和其他他喜欢的活动之间的联系。或许他有非常精确的方位感，又或许他非常在意营养的摄入，那么体育运动也可以渗透到这些兴趣之中。或许他痴迷于读书，同时又参与了某项运动，那你可以给他买一些关于这项运动中杰出运动员的书籍。
- 把媒体与体育运动相结合。运动主题的电影如今层出不穷，可以和你儿子在家庭电影之夜一起看这些电影。比如《追梦赤子心》（*Rudy*）和《真情电波》（*Radio*）就讲述了敏感男孩通过体育运动成就成功人生的故事。

关注超重男孩

上高中后的第二个星期，我的女儿加布丽埃勒对我说："爸爸，我真庆幸自己是女孩。其他孩子不会像嘲笑胖男孩那样嘲笑女孩子胖。男生们总是拿胖男孩开玩笑，真是悲哀。"

一开始，我难以置信地看着她。男孩对男孩的体重更加苛责，比女孩对女孩的态度更甚，她是说真的吗？可是，买减肥餐和减肥书籍的大多数都是女性，进食障碍患者大多数也是女孩。很多女孩执迷于外貌形象的美化。在我这里咨询过的女生当中，就有人因为超重了一点点，承受了来自朋友的恶意批评。

我把她们的经历讲给加布丽埃勒听，她说："是啊，我知道女生有时候很刻薄，但男生更是没有丝毫的同情心。"

这是加布丽埃勒对男女生文化的体会。我没有与她争论，而是回忆起自己的小时候。我是一个骨瘦如柴的孩子，单凭这一点就足以招来很多麻烦了。上初中以后，我有个很胖的朋友，他更是麻烦不断，常常被人叫“肥仔”“肥臀”或者“胖子”。而现在，很多绰号更加残酷无情，甚至包含脏字。

如果男孩太瘦或者太胖，不符合身强体壮的外形标准，就可能会招致其他男孩的粗暴对待。现在，男孩的体重问题带来了更多潜在危机，不仅仅是身体上的危险，还可能给敏感男孩带来严重的情感创伤。如果一个男孩生性敏感，又恰恰体重超标，他可能会遭到更多的贬低、骚扰和排挤。

如果你关心一个超重的男孩，一定要做到下面这些基本要求。

1. **提供更加营养的日常饮食。**不管你怎样设计儿子的日常饮食，都需要在他摄入的食物和饮品方面做出改变。第 5 章就饮食安排的问题提供了更加详细的建议。
2. **强制孩子参加锻炼。**在 20 世纪 60、70 年代，男孩的运动量远远大于今天。男性身体天生就需要每天锻炼。人类的身体是在捕猎采摘和农业耕种的社会发展进化而来的，那时的儿童不断地活动、劳作、锻炼，进行有氧和体育运动。超重儿童的身体尤其需要“回归”我们体内的好动天性。
3. **展开家庭讨论。**很多家庭为了保护超重孩子的自尊心，会回避就在眼前的问题，而这往往事与愿违。如果一个 100 多千克重的男孩每天下午久坐在电视机前或者玩电脑游戏，照顾他的人有责任指出这种行为会毁掉他。
4. **在有必要时寻求医学帮助。**你的儿子可能需要做一次甲状腺测试。儿科医生也许还会推荐其他有价值的检测和办法。
5. **保护孩子不受欺负。**附录中列出了保护男孩免受欺凌的方法。通常，由于体格强壮，超重的男孩不会遭受身体上的伤害，但是他可能会遭受大量的言语侮辱。他可能需要我们帮助他准备好反击的语言，比如学会说：“我是胖，但至少……”他需要我们帮助他学习如何脱身，还需要我们帮助他消化悲伤和孤独的情绪。

帮助敏感男孩面对心理创伤

凯蒂来自亚利桑那州，有一个 12 岁的儿子名叫布赖斯。她写信说："我儿子非常聪明，但也非常敏感。去年他 11 岁时，我和他爸爸离婚了。布赖斯无法接受。他现在极其敏感，任何批评都会把他激怒，让他发火或者生闷气。他也不做作业，成绩下滑。关于儿子，我和他爸爸每周至少要聊一次。我们决定送他去做心理咨询。咨询师告诉我们，布赖斯正在经历'创伤反应'。她帮了布赖斯不少。"

有些男孩在经历个人或者家庭创伤后，在学校会表现得更好。他们似乎想通过更加努力学习来分散自己的注意力，摆脱伤痛。但是，还有更多男孩的学习则变差了。很多敏感男孩对创伤的反应表现为情绪波动、表现不佳。

男孩的情绪波动和表现不佳常常传达了情感联结的信号。在创伤产生的过程中及以后，他的应激激素水平升高，导致肾上腺素水平升高，整个大脑出现了化学变化。男孩最想要也最需要的直接安慰就是"情感联结的安慰"，从积极的情感联结中得到美好的感觉。通过离经叛道、表现不佳、喜怒无常，他的大脑和心灵都在呼喊，渴求更加稳定而强大的情感联结。

不只是敏感男孩，很多男孩缺乏学习动力都是出于基本的心理原因：渴望那些爱他们、尊重他们的人可以给他们多一些陪伴。如果男孩的父亲或母亲去世了，又或者父母正在办理离婚，他最需要的陪伴变得难以得到，甚至根本得不到，至少无法得到过去那么多。这种感觉会给男孩带来毁灭性的悲痛。

对敏感男孩来说，与他们生命中最重要的成年人更多地相处至关重要，尤其是在发生父母离婚或者其他创伤性事件时。当男孩的生活中出现了任何一种个人或家庭创伤，他都需要与父母主导团队的成员增加一对一的联系。虽然老师也可以为高度敏感的男孩提供帮助，但是主要责任在于男孩的父母、祖父母、家庭教师以及其他与他亲近的人，他们需要增加与男孩一对一相处的时间。心理咨询师此时也可以成为父母主导团队的一员。

尽管有时候你或许觉得："这孩子退缩不前，桀骜不驯，他的生活不想要我参与。我还是不干涉他了，随他去寻找自我，自己挺过难关吧。"但他发出的信号事实上说明他很需要你的关爱和指导。

讨论创伤后的敏感易怒时，我们以父母离婚为例，因为这是当代美国男孩面临的最常见的创伤。但是，导致敏感男孩学业脱离正轨的创伤不止这一种。性虐待、身体虐待以及情感虐待都会导致皮质醇和肾上腺素的水平升高，从而以上文描述的方式，引起男孩大脑中的化学变化。

帮助敏感男孩，老师可以做什么

敏感男孩给如今的老师们带来了很大的挑战，尤其是在当前的教育体系下。很多敏感男孩变得抑郁、独来独往，一些人在学业上加倍努力，但很多人选择了放弃。如果美国的在校学生中，真的有 20% 的男孩符合桥梁型大脑的范畴，那么大量男生都可以被视为敏感男孩。学校的管理者和教职员工想必都不希望失去他们。幸运的是，有些改革措施已经证明对敏感男孩行之有效。它们可以立即为学校所用。

善用男性支持者

舒尔茨在 20 世纪 90 年代中期成了堪萨斯州奥拉西北部高中的一名学校咨询师，该校共有 1 600 名学生。他来信说："学校咨询师是一个非学术的顾问职位，在需要的时候可以对学生进行家访，并为特殊教育计划提供服务。作为一名自由顾问，我的工作是帮助所有有困难的孩子。我处理过各种自杀威胁和其他严重事件。"

在学校里，舒尔茨的存在对学生们产生了深远的影响，尤其是对极度敏感以及视自己为异类的学生。舒尔茨给我讲了一起突发事件。当时，一群哥特摇滚青年在一场学生集会上找安保人员的麻烦，舒尔茨出面干涉，试图让他们冷静下来，“结果他们反过来追问我远在 20 世纪 60 年代的高中生活经历”。

舒尔茨在我的书中读到了“桥梁型大脑”的概念，发现自己如今帮助的很多学生都是敏感男孩，拥有桥梁型大脑。舒尔茨说：“与他们在一起工作，我学到了关于亲疏关系的重要一课。”这些学生渴望爱和依恋，但是他们认为学校的环境对他们的自我充满了敌意。他们退出了大众社交的群体，带着沉重的孤独感与之对抗。

舒尔茨写道：“他们是极其敏感的男孩。宠物或者祖父母的去世、父母离婚的痛苦、单身母亲的养育是他们通常面对的问题。我听说过很多父亲，虽然存在，但并不参与孩子的成长，还有一些离了婚的父亲更是常年缺席。我有一位咨询对象是个年轻男孩，他天资聪慧却饱受困扰，在帮母亲维护电子邮件账户时，他发现了母亲的婚外情。”

在奥拉西北部高中，舒尔茨作为一位男性长辈，在解决违纪问题上发挥了显著作用，这本身就说明了男性长辈在敏感男孩生活中的重要地位。舒尔茨的同事们也认为，在一所大型高中里，对于被孤立或者受伤害的学生来说，拥有一位像舒尔茨这样年长的男性支持者是有用且值得称道的。一位老师说：“男性长辈就像男孩的伯伯一样，能带给他强大的力量。他是一个受尊重的男人，但又不是父亲，他态度中立，值得信赖，有话直说。”这也让其他老师有一种“轻松感”，因为现在，学生和老师们可以找到一个人，毫不含糊地对男孩的困扰做出回应。舒尔茨回忆道：“我有很多女同事在谈到她们的‘男生们’时说，很高兴能有一个‘男人’来与孩子们对话。”

舒尔茨还提出了忠告：“作为学生支持者，我学会了处变不惊。有时候你需要关起门来对男孩们严辞斥责，有时候你需要倾听，而且是真正的倾听。你需要花时间来建立信任。如果你匆匆忙忙，希望快速解决问题，只会让他们失望。”

舒尔茨总结道：“边缘化、被孤立、没有存在感的学生们需要有个地方，能坐下来谈谈。如果有个人肯接近他们，努力与他们建立依恋关系，威严而不专制，那么他们往往会做出积极的回应。这些男孩大多拥有桥梁型大脑，认为学习的环境令人不适，但他们会友好地对待关爱自己的男人。”

提供心理咨询帮助

很多学校并没有学生支持计划的预算，或者预算面临削减。这为敏感男孩以及所有感到焦虑、抑郁、孤独、格格不入的男孩施加了更多压力。如果不是因为奥拉西北部高中安排了顾问的预算，舒尔茨也无法帮助学校中的男孩。同样，来自密苏里州堪萨斯城帕克希尔斯学区的沃克来信讲述了她所在的学校在教育需要额外帮助的男孩时取得的成功经验。学校对咨询师进行了有关男性情绪发展的培训，培训项目被列入了政府预算，产生了很好的效果。她举了两个例子：

> 我们学校有一个高中生，在家庭暴力中长大。通过学校咨询师的介入，他现在与一对失独父母生活在一起，这对父母的孩子在大学一年级时去世了。这个男孩曾生活在很危险的处境中，但现在即将在秋季上大学了，有望成为一名医生。
>
> 还有一个六年级的学生，也来自家暴家庭。他过去每门课都不及格，上课缺席率超过30%。老师和社工带他进行了有关抑郁症和自杀倾向的心理咨询。他现在真的好多了，是个成功的例子。

心理咨询师和治疗师在工作中面对男孩时发现，与他们讲话、聊天常常会起到重要的作用。但是，坐在办公室里聊天或许并不是最好的办法。与男孩一起动起来，尤其是边走边聊，效果比坐在办公室里聊天更好。因此，接受过脑科学培训的咨询师会对“静坐咨询”进行反思，转而采用“散步咨询”。

静坐咨询一般遵循“到我办公室来坐坐”的模式。学生们坐下来，展开思考，调动情绪，但是不能活动身体。散步咨询采用的则是边走边聊的经典古希腊模式，对很多男孩来说更有用。因为一旦他们坐下来，试着盯住咨询师的眼睛，他们的大脑就很难受到情感上的启发。被迫进行的眼神交流以及静坐的姿势会使男性大脑的情绪与语言中枢关闭。

所以，沃克、舒尔茨以及其他众多为男孩提供咨询的顾问都发现了使用创新型咨询方法的重要性。即使是拥有桥梁型大脑的男孩，语言和情感技能发展得很好，也仍然会受益于多种多样的咨询方法，从小组咨询到小组讨论，再到散步咨询，男孩们可以用更加自然的方式感知自己某一时刻的情绪，胜过坐下来看着别人的眼睛。

不管顾问或社工采取哪一种咨询方法，心理咨询项目对男孩的必要性都显而易见，不可低估。舒尔茨发现，学校的违纪处罚减少了，学生的学习成绩提高了；而圣心里吉斯学校的校长安妮指出，心理咨询挽救了孩子们的生命。

应对攻击和霸凌

劳丽是三个孩子的母亲，她来信说：

> 我三个儿子中的两个从后门冲进来，当时我正站在屋里的洗手池前。10岁的二儿子大喊：“他要捶我们，他要捶我们！”他边跑边笑，他哥哥也是。接着，我丈夫跑了进来，手里拿着一个雪球。他在和孩子们打雪仗，儿子们浑身是雪，巴不得被“捶”。我的“男孩们”又从前门跑了出去，乱扔雪球，大闹天宫。
>
> 我记得当时自己在想：“他们干吗要说‘捶’这个字呢？”实际上，我常常希望他们别玩得那么暴力。在我的教养和处事方式中，“捶”这个字太陌生了。即使我已经有一个丈夫和三个儿子，它仍然让我感到害怕。

但是，他们四个正在前院里互相砸雪球，砸得痛也砸得欢。我有什么办法呢？他们就爱这样。

虽然劳丽的故事凸显了男性好斗情绪可能产生的负面影响，但它同样也肯定了这种好斗情绪在男性教育中的重要性和复杂性。通过互相之间的捶与被捶，男孩可以学到很多。他们能学到竞争与同情，知道在哪里划定界限；能学到坚强与温柔；能学到什么行得通、什么行不通，了解自己能跑多快或者躲得多快；能体会到被击败的滋味，但是一小时以后又反败为胜。男性的生理机能迫使他们从勇狠之中学到许多人生的功课，包括身体、语言、社交等各方面。所以，尽管对敏感男孩的保护欲常常会让我们想要制止他们面对的嘲弄、捶打和男性特有的学习方式，但是这样做往往对他们无益。

同时，再次提醒大家，男孩拥有某种勇狠的能量并不能改变这样一个事实，即这种攻击性常常使敏感男孩受到伤害。每一所学校、每一个家庭都应该保证孩子的安全。特别是极度敏感的男孩和女孩，他们在面对男性天生的攻击性和男性文化中不幸的暴力倾向时，需要得到更多帮助。如今，暴力倾向在女性文化中也呈现增加的趋势。

在男性对勇狠的正常学习和危及他人的可能之间，家庭和学校该如何正确地划清界限，来保护我们身边那些最为敏感的孩子呢？家庭和学校应该怎样更好地解决霸凌问题？

古里安研究所为嘲弄和霸凌订立了标准，提出了干预措施，并设计了记录表。这些工具在附录中有全面的介绍，适合分发给学校员工。华盛顿州在 2002 年颁布了《反欺凌法》，许多专家参与其中，为华盛顿州立法机关提供了帮助。我们的标准和措施是在这部法律的基础上进行的修订。

选择决定成功

维克托·弗兰克尔（Victor Frankl）写道："作为人什么都可以失去，唯独不能失去的只有人类最后的自由：在任何处境之中选择自己的态度，选择自己要走的路。"[2]

弗兰克尔曾是个敏感的男孩。他出生在纳粹统治与毁灭的时代。从纳粹集中营里获救以后，他成了一名心理学家和社会哲学家。他发明的意义疗法所依据的理念是：一个人无论在生活中遇到了多少艰难困苦，都能够选择某种形式的成功。

敏感男孩常常受到的挑战是，面对大众，如何选择自我。他们不能改变大众，也无法改变连老师、家长甚至整个社会都无法改变的大多数男孩，让这些男孩去适应低配男孩、敏感少年以及他们桥梁型的大脑。我们呼吁所有谨慎的、充满爱意与保护欲的成年人，包括父母、老师和所有公民，监督与引导大众提高共情力、理解力和情感素养。

同时，男性大众群体之所以存在，正是因为他们是成功的，被社会所需要。男性的勇狠、才智和力量是我们建立社会的基础。社会需要大众群体，同样也需要那些无法融入大众的人。这一小部分人改革、创造、与大众对抗，或者退后一步、思虑周详，他们频频受伤，直到所受的伤害最终推动他们，决定以改变大众为己任。人类因此不断进化，持续向善。

"低配男孩"可能会觉得自己缺乏力量，然而，他的力量恰恰源自他与大众群体的不同。这就是弗兰克尔获得的那种力量，它是来自纯粹自由的力量、选择自己的态度与道路的力量，它是无法融入大众的人必须获得的力量。因此，敏感男孩能从我们和他们自己身上获得的最大帮助，就是态度与选择的力量。

如果你认识的敏感男孩在学校里正遇到许多麻烦，也许你可以和他讨论自由的意义，告诉他无论面对怎样的困难，我们每个人都在追求这样的自由：无论别人怎么做、怎么想、怎么伪装，都能坚持做自己。

在本章开头，我们引述了福特森创造的“低配男孩”一词。现在，她已经成功帮助了自己的儿子。一方面，她倡议学校和社区，多给孩子一些体恤；另一方面，她教育孩子依靠自己内心的力量、态度的力量。当儿子长大成人，她希望这个孩子可以不再经历那位心理学家弗兰克尔承受过的磨难，但是能从弗兰克尔与磨难的斗争中学到走向成功和幸福的秘诀，那就是：坚守自我，保持独特，汹涌澎湃。

THE MINDS OF BOYS

后记

为男孩的独特能量寻找成功的机会

世界的未来安然于校园里孩子们的每一次呼吸之上。

——《塔木德》(*The Talmud*)

本书起源于两个故事：一个是男人的故事，也就是我自己，心中带着些许苦痛，回顾在学校中度过的童年岁月；另一个是女人的故事，也就是凯茜，怀着类似的心情回顾她儿子的校园时光。本书不仅提供了敏锐的专业视角，也奉上了两颗坦诚的心。我和凯茜希望，下一代的男孩可以热爱校园生活！学校可以成为也应该成为男孩的安乐窝，而不是令他们心生恐惧的地方。

我们希望，本书能为你带来最新、最有力并且实践证明真实有效的理论和方法，帮助你教育自己的儿子以及学校、社区中的男孩。如果要完全顺应男孩和男人的天性，美国文化需要进行重大的变革。我们不能退回到一个充满刻板印象的世界，认定男人都是同一种类型；同时，我们也不能完全倚重一种意识形态，比如女权主义。男孩多种多样，教育他们的方式也不止一种。

为了保护和引导男孩的头脑，除了我们一直在做的事情之外，我们还需要做到更多。这是你的神圣职责。这是你的理智和正义感孕育出的精神结晶。这是一场为男孩的能量寻找成功机会的奋斗，这样待他们长大成人后，才能心存感激地通过从事的工作和取得的荣誉，将能量回馈给社会。

现在，我们比任何时代更需要男孩们的狂野、专注、渴求、才华、荣誉感和爱。我们生活在复杂多变的年代，需要用一个文明国度中最高水准的教育，把男孩培养成男人。你为关爱男孩的心理世界所做的每一件事，都不只是为了一两个男孩，为了一个班级或是一所学校，而是为了整个国家。这个国家正在发问："什么是真正的男人？男孩如何成长为男人？成年人应该如何关爱男孩？"

在人类的历史上，还从没有非常坦然地公开讨论过这些问题。它们的答案是假定的。但是时代变了。回避关于女人或男人的定位、角色和身份的问题，就是忽略了当今社会人类对话中最重要的话题之一。

我们希望本书成为一个样板，可以被你带入社区，满怀热情而贴合实际地运用到对男孩的教育之中。我们知道，它只是一个样板，一种愿景。我们也知道，在社区讨论中，它能带去的、我们希望你带去的，只有理智、清醒的对科学的信赖。

让科学也参与到对孩子的教育之中吧！历史上，宗教原型和意识形态架构奠定了国家的根基，而现在，我们的儿子不仅要接受它们的影响，也应当受到最好的科学熏陶。在社区对新的脑科学知识的运用中，希望你能找到一个通向男性灵魂的窗口，希望你的儿子在未来享有一个健全的学校环境，希望你能感受到他清爽的呼吸。

处理男孩群体中霸凌问题的10个建议

应对一般程度和极端严重的霸凌时，我们需要记住和做到下面这些建议。

1. 互相捉弄是孩子生活中的一个正常部分，并不一定构成霸凌。男孩之间很多类型的攻击性行为都不构成霸凌。确切地说，霸凌应该被定义为一种暴力：它指的是，某一个人或者群体企图从身体或者情感上摧毁另一个人或者群体的核心自我。

2. 听听你儿子讲的所有细节，判断一下，是朋友以友好的方式捉弄了他一把，是熟人为了有效激发他的进取心向他发起了挑战，还是他真的遭受了霸凌。做出评判时，参考多个成年人的意见，借助父母主导团队来确认事实。

3. 如果你的儿子受到了捉弄或挑战，你和团队成员在介入时，可以帮助他认清自己有什么弱点会成为别人刁难他的地方。你可以通过积极的评价来提升他的自尊心；对于他的“朋友”是否堪称朋友，你也可以提出忠告。现在，你儿子的一些行为正导致他受到攻击，你可以帮助他做出决定，是有所改变还是坚持自我。

4. 但是，如果生活中的争端导致他在身体或情感上遭受暴力，以至于形成了霸凌，家庭、学校或者社区的介入就必不可少了。打电话或写邮件给学校、体育组织或其他机构的权威人士。与霸凌者的父母进行电话沟通也是合情合理的，但是需要谨慎行事。父母主导团队应该和学校、社区结成统一战线。

5. 与权威人士或者霸凌者的父母联系时，尽可能地多列举出霸凌行为的证据。获取证据的第一种方式是，倾听你儿子描述的所有细节，详细、如实地按他的叙述记录下霸凌者的一言一行。如果你儿子处于小学高年级或者年龄更大，他可以通过在电脑上打字或者手写的方式，记录下这些证据。

6. 第二种获取证据的主要方式是与霸凌行为的目击者展开访谈，对他们的陈述做清晰的笔录。如果证人愿意在父母的帮助下写下自己陈述的内容则更好。

7. 在你准备与权威人士或者霸凌者的父母接触的过程中，在确保安全和成功的前提下，不断想办法让你的儿子独自或者在同伴的陪同下与霸凌者本人进行对质。父母主导团队的参与并不能代替一个青少年在成长中直面生活的困难，通过合作和挑战才能历练得更加坚强。你可以在儿子身边支持他，但是，如果你能帮助他在同龄人的环境中解决霸凌的问题，他此后的处境就会少一些尴尬。

8. 在你准备与权威人士或者霸凌者的父母接触的同时，确保自己已经周全地顾及了儿子当前的安全需求。有时候，为了确保他的安全，你并没有多少准备时间，而是需要立即采取行动。你可能需要在尚未掌握证据的情况下，直接给学校校长打电话。如果你需要这么做，千万不要犹豫。

9. 确保与权威人士或霸凌者的父母跟进事态。你需要确保，在之后几周中，你儿子仍能放松心态与你聊聊事情有没有发生变化、如何发生了变化。如果他在对父母中的某一人谈及自己的处境时，更加自在放松，那么就支持他的选择。如果他需要与学校的咨询师、心理医生或者其他可以信任的导师交流，也要支持他进行联系沟通。

10. 帮助孩子走出霸凌时，保持一个“过来人”的姿态。轻描淡写或小题大做都是出自本心、未经深思的反应，但并不一定对孩子最有帮助。深思熟虑、经过提炼的回应，也不一定对孩子最有帮助。有时候，在校外受到霸凌，你儿子可能必须反击，如果你告诉他绝对不能打架，则可能会让他困惑，把他推得更远；有时候，他需要逃离，如果你告诉他必须反击，则可能引发更严重的暴力。你的儿子正在经历着恐惧、尴尬、耻辱，有时候还有暴怒。对他来说，你能扮演的最有帮助的角色是一个清醒明智的成年人，倾听他，给他有所准备的回应，支持他度过人生的成长期。

THE MINDS OF BOYS
注释与参考文献

扫码下载“湛庐阅读”App，
搜索“男孩的学习方式大不同”，
获取全书注释及参考文献。

THE MINDS OF BOYS
致谢

每一本书都是集体努力的成果。我们深深地感谢使本书得以完成的集体。我们的编辑艾伦·林兹勒（Alan Rinzler），引领着整个项目从初现雏形到最终付梓。他是业内最出色的编辑之一，我们对他的关怀与热情、敏锐与能力表示感谢。我们同时向参与这个项目的珍妮弗·温策尔（Jennifer Wenzel）、莱斯莉·尤拉（Lesley Iura）、米歇尔·琼斯（Michele Jones）、萨拉·米勒（Sarah Miller）、南希·罗思柴尔德（Nancy Rothschild）、卡罗尔·哈特兰（Carol Hartland）以及其他工作人员表示感谢。非常感谢出版人保罗·福斯特（Paul Foster）和德布拉·亨特（Debra Hunter），他们从项目初始就抱有信心。

同时，我们对项目的倡导者和代理人坎迪斯·富尔曼（Candice Fuhrman）深表感谢。

我们还要感谢的人有丹尼尔·亚蒙博士、霍华德·舒宾从尔医生、斯科特·霍兹曼（Scott Haltzman）博士、凯瑟琳·克拉多克（Catherine Craddock）、洛丽·赛德－梅尔滕斯（Lori

Seyde-Mehrtens）、詹姆斯·祖尔（James Zull）博士，以及帮忙校稿的劳伦·E. 瓦尔德斯（Lauren E. Valdes）。

在写作过程中，唐·史蒂文斯（Don Stevens）在科研方面为我们提供了极大的支持和帮助。我们对他和菲尔·古里安（Phil Gurian）表示感谢，后者在网络和科研方面的技能使我们从互联网上获得了写书时必需的精彩资源。

令我们心怀感恩的还有老师、学校管理者和家长们，他们与古里安研究所分享了很多自己的故事，我们才得以与读者们分享。我们的培训体系有幸能在美国与全世界推广，得益于来自个人、专业人士和社会团体的帮助。尤其需要感谢的是海伦妮·帕罗夫（Helene Paroff）。

我们向古里安研究所的注册培训师致以特别的感谢，他们的个人事迹展示在了研究所的网站上。这些培训师与我们一起指导学校和家长，如果没有他们的支持，我们的工作将无法开展。尤其需要感谢的是玛丽莲·奥尔特曼（Marilyn Altman）。

同时，我们深深地感谢支持发展脑科学研究的大学。基于科学研究，老师们才能在课堂上采用有效的教学方法，让男孩和女孩都能享有最大的成功机会。这些大学中，位于科罗拉多州斯普林斯市的科罗拉多大学是我们暑期学校的大本营。

最后，我们一如既往地感谢家人，谢谢他们不厌其烦地倾听我们团队的声音，用他们的倾听、点评和爱，支持着我们的创作。

希望这本书能如其所是地被阅读：它代表了深厚的爱意，献给所有支持孩子健康成长的家庭和集体。

THE MINDS OF BOYS

译者后记

两年前的我，正过着夜醒奶娃多次、白天勉力工作的日子。但是当好友问我，湛庐文化有一本教育题材的书籍，有没有兴趣试译时，我仍然没有犹豫就欣然接受了。学习英语专业多年，我参与翻译了不少作品，但终究没有署上姓名的机会；留学剑桥教育系毕业，也终究没有从事教育相关的事业。难得有机会，可以给自己一个交代。湛庐文化选书的品位和出版的品质，更让我感到信任而心生荣幸。

于是，我的译书和育儿同步进行，译的是教养男孩的书，而养的却是个“女汉子”。这个过程中，我作为一个教育专业毕业生，不再痴迷于教育的力量，反而更加惊叹于天性的神奇。翻译过程中，我读到，男孩的能量与勇狠难以驯服，也不应该被驯服。带娃时，我发现，女儿的活泼霸气完全不同于我幼年时的安静怯懦。我不用再提醒自己培养孩子的独立人格了，因为她的一言一行全都在告诉我，她就是她自己。茁壮成长是个平凡到有点俗气的词，但这就是我对她的全部希望。作为母亲，我愿当她生命中的第一个园丁，也只是一个园丁而已。

笃信天性是“佛系”，但不代表不学习、不作为。在这个信息爆炸的时代，为人父母很容易被焦虑裹挟。阅读教育学、心理学的书籍，是可以帮助我们减少焦虑的一大武器。孩子 3 岁还不识字的时候，我不焦虑，因为我相信，教育是引导，不是灌输，不是往一个容器里装东西。孩子发火了，叫嚣着要把我抽筋剥皮时，我很淡定，因为我读过，儿童存在一个“咒骂敏感期”，这是他们在感受语言的威力。那么，读了《男孩的学习方式大不同》，如果你的儿子坐不住、说不清、学不进，你不会再焦虑，因为这可能是多数男孩的共性。如果你的儿子多愁善感、温柔细腻，你也不会焦虑，因为天性原本就多种多样。遇到问题，“佛系”的父母不是胸有成竹，而是胸有丘壑。

感谢好友艳霞，惦念着我的教育情怀，你的引荐让它有了一次落地的机会。感谢湛庐文化的编辑，你们的鼓励与耐心给了我勇气。感谢父母和师长，如果说，是天性让我成为我自己，那么是你们的教育，让我成了今天的我自己。感谢女儿，你用最纯洁的爱包容了我每一次劳累时的情绪。感谢家人，你们的支持给了我力量。

最后，感谢古里安先生和史蒂文斯女士，谢谢你们带给我的思考，不仅关于教育，还关于一个更加平等而多元的世界。

未来，属于终身学习者

我这辈子遇到的聪明人（来自各行各业的聪明人）没有不每天阅读的——没有，一个都没有。巴菲特读书之多，我读书之多，可能会让你感到吃惊。孩子们都笑话我。他们觉得我是一本长了两条腿的书。

——查理·芒格

互联网改变了信息连接的方式；指数型技术在迅速颠覆着现有的商业世界；人工智能已经开始抢占人类的工作岗位……

未来，到底需要什么样的人才？

改变命运唯一的策略是你要变成终身学习者。未来世界将不再需要单一的技能型人才，而是需要具备完善的知识结构、极强逻辑思考力和高感知力的复合型人才。优秀的人往往通过阅读建立足够强大的抽象思维能力，获得异于众人的思考和整合能力。未来，将属于终身学习者！而阅读必定和终身学习形影不离。

很多人读书，追求的是干货，寻求的是立刻行之有效的解决方案。其实这是一种留在舒适区的阅读方法。在这个充满不确定性的年代，答案不会简单地出现在书里，因为生活根本就没有标准确切的答案，你也不能期望过去的经验能解决未来的问题。

而真正的阅读，应该在书中与智者同行思考，借他们的视角看到世界的多元性，提出比答案更重要的好问题，在不确定的时代中领先起跑。

本书阅读资料包

给你便捷、高效、全面的阅读体验

本书参考资料

湛庐独家策划

- 参考文献
  为了环保、节约纸张，部分图书的参考文献以电子版方式提供
- 主题书单
  编辑精心推荐的延伸阅读书单，助你开启主题式阅读
- 图片资料
  提供部分图片的高清彩色原版大图，方便保存和分享

相关阅读服务

终身学习者必备

- 电子书
  便捷、高效，方便检索，易于携带，随时更新
- 有声书
  保护视力，随时随地，有温度、有情感地听本书
- 精读班
  2~4周，最懂这本书的人带你读完、读懂、读透这本好书
- 课　程
  课程权威专家给你开书单，带你快速浏览一个领域的知识概貌
- 讲　书
  30分钟，大咖给你讲本书，让你挑书不费劲

湛庐编辑为你独家呈现
助你更好获得书里和书外的思想和智慧，请扫码查收！

（阅读资料包的内容因书而异，最终以湛庐阅读App页面为准）

湛庐阅读App

思想者的
声音图书馆

倡导亲自阅读

> 不逐高效，提倡大家亲自阅读，通过独立思考领悟一本书的妙趣，把思想变为己有。

阅读体验一站满足

> 不只是提供纸质书、电子书、有声书，更为读者打造了满足泛读、通读、精读需求的全方位阅读服务产品——讲书、课程、精读班等。

以阅读之名汇聪明人之力

> 第一类是作者，他们是思想的发源地；第二类是译者、专家、推荐人和教练，他们是思想的代言人和诠释者；第三类是读者和学习者，他们对阅读和学习有着持久的热情和源源不绝的内驱力。